正在成為大人的我們，就算迷惘也沒關係

關於成長路上的每一個難題，心理學給你的21個解答

Person in Progress

A Road Map to the Psychology of Your 20s

潔瑪・史貝格 Jemma Sbeg 著

林易萱、謝汝萱 譯

目錄 Contents

前言

這個時期並不完美，但值得認真探索與體驗

我花很多時間思考自己人生中二十幾歲這個時期。這十年聲名狼藉、讓人混亂又挫折，卻也刺激又神聖。人生中這個篇章轉瞬即逝，唯一能確定的，只有不確定。這是一個介於青少年與成年之間奇妙的真空地帶，彷彿我們一隻腳還在體驗生命，另一隻腳卻被拉進成人世界，在責任與最後一絲純粹的自由之間不斷拉扯。

二十幾歲的人生階段是我最拿手的主題，同時是我最大的焦慮來源，又是我最好奇的事物。我用各個角度審視這十年，聽過成千上萬個故事，講述我們如何迷失，以及在這個不穩定的時期摸索愛有多困難，因為我們會經歷難以釋懷的錯誤和失敗，以及一個又一個看似重要又影響深遠的選擇。我也花了無數個小時，沉浸在學術文獻中，只為尋找一個科學上的解釋，搞清楚為什麼這段人生路程這麼坎坷。寫下這段文字的此時，我自己仍深陷其中，努力

在答案不充分的情況下，給予同行者真誠的建議。

當我開始經營《你的二十幾歲心理學》（*The Psychology of Your 20s*）這個podcast，它成了我永久保存個人經歷和當下心情的方式，就像一本數位日記。我從很小的時候就開始被一個想法困擾：我們的記憶並非永恆不變，它們會被重塑，甚至會被遺忘。我就想：**「如果我無法記得自己的經歷，那我要如何確定它們是真實的？」**於是我瘋狂記錄，寫筆記、寫日記，把那些重要的時刻，甚至是生活中的無聊小事，一一保留下來。

這個podcast，就是源於我想要透過「記錄當下」來留住過去的渴望。我知道，二十歲到三十歲的這個階段有某種特別之處，未來某一天，我一定會想回頭看看。後來我發現，有很多人對我的經歷感同身受。隨著聽眾越來越多，podcast也越做越深入，這個原本純粹出於個人熱情的計畫，最後竟然成為我的全職工作。做為podcast的聽眾，你們一路陪著我，見證我從大學畢業、我的第一次和第二次心碎（然後是第三次）；你們聽我談論自己失去了曾經視為靈魂伴侶的朋友、搬到陌生的城市、重新愛上一個人，以及如何深陷心理健康問題、經歷生離死別、面臨失業打擊。我試著用我最信任的「科學」，來理解並處理所有的感受。這本書正是這些經歷的總和，也融入了許多我的朋友們，甚至是你們的故事。我只希望能為這混亂的十年寫下指引手冊，讓我們在這趟旅程中，至少不那麼孤單。

這本書其實不只是寫給二十幾歲的人看的。我越深入探索這個年齡層的各種里程碑與經歷，我就越意識到，這些課題其實一輩子都適用。你可能已經三十幾歲、四十幾歲，甚至七十幾歲了，卻還在愛裡掙扎，試圖尋找人生目的、努力療癒童年創傷，或者仍在思索自己是誰。這本書也寫給那些想更了解這個世代的故事和掙扎的人，還有為什麼我們看待世界的方式，與前輩們如此不同。父母、老師、同事、上司、導師、朋友、伴侶——在這個快速變動的時代，也許有很多事情你們並不了解，又或者，早已不是你們熟悉的模樣了。

就像閱讀任何一本書，這本書裡有些內容你可能無法產生共鳴。也許你已經找到生命中的摯愛，所以不需要再了解分手的痛苦和心理學；又或者你的工作不是朝九晚五，所以那種伴隨例行性工作而來的存在危機，也與你無關。那也沒關係，你可以從頭到尾細讀這本書，也可以只挑自己有興趣的部分看。無論如何，我想傳達的訊息始終如一：**二十歲到三十歲的這十年真的很難熬，但它有跡可循**。更重要的是，**我們真的有辦法成功度過**。那些讓我們感到孤獨的經歷——恐懼、不確定、心碎、寂寞——當我們理解表面之下真正發生了些什麼，並且知道自己並不孤單，這一切將變得容易許多。儘管會有許多艱難時刻，但這段時期同時會帶來驚人且美好的成長，即使當下未必感覺得到。當你回望那些感覺自己落後、希望自己知曉所有答案的時光，你會對自己說：「那些時刻造就了現在的我。」你會在這十年間經歷巨大的喜悅，也會擁有真正的欣喜和陪伴，所有的不確定都將變得值得。如果你事先知道未來會如何發展，或一開始就知道所有問題的答案，那就沒有任何驚喜可言了。即使二十幾歲這個階段不是你「人生中最美好的時光」，這些驚喜依然能讓我們充滿樂趣。

給所有正在經歷二十幾歲的你：歡迎加入。

給年齡稍長、走過這段旅程的你：歡迎回來。

讓我們一起探索這十年真正的意義，用心理學揭開二十幾歲這個難以捉摸的階段。

第一篇

二十幾歲的迷惘，是危機還是契機？

到了二十五歲前後，青年危機（quarter-life crisis）就會像整點報時一樣，準時報到。它是每個人的成年禮，迫使我們認真思考，自己一步一步建立起來的生活，是否要繼續走下去。我認為這是一個蛻變的時機，更新舊有的友情、價值觀、夢想、生活環境，最重要的，是脫去舊的自己。

一如所有轉變，這段過程必定會伴隨著痛苦，因為我們必須和過去習以為常且讓我們感到舒適的人、事、物告別。最困難的是，在放下「過去的我」和找到「全新的我」之間有一段過渡期，在這之間我們必須冒險、犯錯，並且深思自己究竟是誰，以及心中真正的渴望。此時感到迷惘是再正常不過的事。曾經有位治療師告訴我，這就像拿著一個壞掉的指南針在沙漠中行走，你終究要決定往一個方向走，卻完全不知道自己會走到哪裡去。

但如果我們把青年危機視為「契機」，會怎麼樣？

新的開始、新的起點，聽起來總是很浪漫。如果一個人從十八歲到八十歲，一輩子都沒有改變，那才是真正的悲劇。所謂的青年危機，賦予我們的是「進化的機會」，其實並不是危機。接下來我們會談談，如果我們能在二十幾歲時專注於**犯錯**、**冒險**、**選擇癱瘓**（decision paralysis）和**自我認同**這四個關鍵因素，就能幫助我們擁抱這個「青年契機」。

第一章 歡迎光臨青年危機

擁抱迷惘，展開新生活

我六歲時想當律師，十五歲時想當總理。到了十九歲，我夢想中的職業是顧問，雖然我當時根本不了解那到底是做什麼的。二十二歲時，我只想繳清每個月的帳單，然後不要把卡刷爆。二十三歲，我莫名其妙成為全職podcast主持人；二十五歲，我對於自己想成為怎樣的人毫無頭緒。我該放下一切搬去哥斯大黎加（Costa Rica）嗎？還是重返校園，再苦讀三年，接著找一份穩定的工作，然後成家？又或者乾脆賣掉所有東西，當個遊牧民族。

我唯一知道的是我正在寫這本書，講白話一點，我正在經歷青年危機。

什麼是青年危機？

我們都知道中年危機（mid-life crisis）是什麼意思。這個詞已是大眾熟悉的心理學術語，會讓人聯想到紅色跑車、外遇、過度消費、新髮色、五十歲去穿鼻環，同時還有那些早已過了二十幾歲，開始面對「人生其實比想像中短暫」這個存在主義事實的人。

中年危機和青年危機的共同點，就是我們對生活核心支柱的迷惘與不安，這些支柱包括職涯、關係、財務、健康和未來的走向。這兩種危機都發生在人生即將開啟新篇章、邁入新階段的時刻，我們不得不回答一連串令人不安的問題：我想從人生中得到什麼？我現在快樂嗎？我錯過了什麼嗎？我錯過的那些事會讓我快樂嗎？要怎麼樣才能活得淋漓盡致，或至少把握剩下的時光？於是，我們會經歷一段充滿恐慌與不確定的時期，強烈渴望做出某些重大改變，試圖重新掌控自己的命運。

也許你會覺得，把二十幾歲的人也納入這種恐慌行列有點太誇張了。對很多人來說，二十幾歲應該是感覺最自由也最無所畏懼的時期。世界向我們招手，到處都是機會，青春和熱情就是我們的優勢。我們還年輕，還保有一部分童年的夢想；我們對未來十分樂觀，同時也累積了一點知識和人生經驗，讓自己能像個大人。然而，我們完全沒有準備好面對即將在這十年間迎接的種種挑戰。

也許你已經體會過這種滋味，或是正在經歷這一切。其他人彷彿都已經對人生了然於心，而你卻連明天會發生什麼都不知道。這種感覺既困惑又心碎——友情的變化、寂寞、看著父母漸漸變老、為金錢煩惱、為找尋人生意義而焦慮，同時這個世界仍然每分每秒都在變動。未來讓人望而生畏，但眼前同樣混亂且不穩定。儘管所有人都告訴我們要好好享受這個已經不是小孩、也還不完全是大人的時期，但我們內心深處卻充滿不安，覺得自己完全迷失了方向，而且沒有人能告訴我們接下來該往哪裡走，甚至連下一步是什麼都不知道。

二十幾歲的危機時刻

歡迎光臨你的青年危機。已有數百萬人經歷過這段朝聖之旅，你也不會是最後一個。知道自己並不孤單，或許能讓你獲得一點安慰。但當你意識到你必須自己開闢道路，無論前人走過多少路，都沒有人能給你答案，你仍會感到不安。不幸的是，這條路你必須自己走。雖說「不幸」，但其實能夠將人生真正掌握在自己手中，也是一件獨特又令人興奮的事。**你的不適，正是你經歷成長、進化為全新自己的徵兆。你正在蛻變，舊有的外殼、過去的自己，都已不再適合你。**沒有可以遵循的守則，所以只要能讓你感到快樂，就沒有人能告訴你什麼是對、什麼是錯。

然而，你的眼前有截然不同的人生決策與道路選擇，讓這場危機變得更加複雜。一方面，我們面對著社會的期待，要我們安定下來、為未來擬定五年計畫，並朝著固定方向前進。社會期待一個穩定、合理的人生故事，遵循傳統藍圖：完成學業、找一個好伴侶結婚、有份穩定的全職工作、生兒育女、升遷、退休，然後死去。這個故事聽起來不錯，但我相信不是只有我覺得這套劇本讓人窒息。這不僅不是每個人的夢想（即便那樣的未來能讓你快樂），我們這一代還要面對額外的困境：幾十年來最嚴重的經濟衰退、日益上升的通貨膨脹、氣候危機、全球疫情，以及日益加劇的不平等。即使如此我們還是不明白，為什麼到了這個年齡，還離社會所期待的「大人」形象這麼遙遠。當我們無法像父母或身邊的人一樣找到自己的道路時，就會感受到越來越強烈的焦慮，迫切想找到所有答案。**這份迫切感，正是青年危機的源頭**。我們的大腦其實並不擅長處理「不確定性」，因為不確定代表著未知——而從演化的角度來看，未知可能代表著危險。想想我們的祖先，對祂們來說，茂密的森林遠比一望無際的平原充滿更多不確定與潛在危險[1]。我們偏好可以預測、可以看見的結果，因此這十年的混亂和種種決定，自然會引發巨大的心理壓力與不適。

也許我們真的做到了：我們擁有了夢寐以求的一切，擁有了每個人都說「擁有才能快樂」的東西。但明明走在正確的道路上，卻感到極度不滿足。這也是觸發青年危機的原因。人類最根本的心理需求，包含「成就感」或「目的感」。美國心理學家亞伯拉罕・馬斯洛

（Abraham Maslow）最著名的「需求層次理論」，將人類的普遍需求描繪成金字塔模型，他認為「目的感」和「實現潛能」重要到必須被放在金字塔的最頂端[2]。而科學研究也證實了這一點。目的感不僅對我們的情緒和心理健康有益，對我們的身體健康同樣重要。二〇二〇年，一群研究人員分析了一萬三千七百七十位剛退休的受試者，持續追蹤他們八年，共進行了五次評估[3]。研究最初假設，很多人結束職業生涯後，會因為失去目的感而產生各種問題。結果卻發現，那些退休後仍持續設定目標、擁有生活方向，或找到更多人生意義的人，不僅心情更好，身體也更健康。他們更常保持活躍，不太會抽菸、酗酒，或抱怨失眠。換句話說，「目的感」就像是心理的營養品，不僅滋養心靈，也有助身體健康。

簡而言之，「目的感」就是指我們朝著對自己有意義的方向努力。這會為我們帶來指引、長期目標、成就感，以及組織人生的定見。這聽起來很理所當然，但事實上，當我們的行為與自己的使命、價值觀或渴望相符時，我們才能真正找到目的感。一個深深關心他人的人，可能會在護理師的身分中找到目的感，因為這符合他們內心渴望助人的價值；而一個將物質上的成功視為人生最高追求的人，則可能在擴大投資組合或提升名望的過程中找到目的感。這很主觀，因為每個人心中都有比自己更遠大的東西，能賦予生命意義。

當我們不知道如何讓自己的行為與使命、價值觀或渴望對齊時，就會出現青年危機特有的心理不適感。要解決這種不適感，就必須改變我們的價值觀或行為。如果你重視冒險和助人，卻從事一份久坐不動、只為自己而做的工作，你的價值觀和行為就會產生衝突。或許轉行成為巡山員、環境保護主義者，或從事冒險旅遊的導遊等職業，會更符合你的內在價值，並減輕危機感，即使這代表必須轉換人生方向。同樣地，如果你身處一段無法讓你感到滿足的感情，讓你覺得這與你想像中能夠燃燒全世界的愛情不同，你也會感到衝突。離開這段關係，去尋找更符合內心渴望的愛情，同樣能減輕你的危機感。無意識（unconscious）的內心交戰，正是讓你如此痛苦的原因。

無法逃脫自己親手建立的人生，這種感覺很窒息。也許你從十幾歲就被迫朝某個方向努力，又或者你只是不小心走上了這條路。你被困住了。困在全職工作裡，困在不適合的感情裡，困在一個無法讓你感到滿足的環境中。這種困頓感，通常會伴隨著憂鬱和恐慌。

這正是危機的開始。你曾經渴望的一切如今卻無法讓你感到滿足，這很可怕，但同時也代表你正站在人生重要的十字路口——你可以改變一切，可以重新開始。事實上，二十幾歲這個階段，也許正是最適合改變的時候。恭喜你！與其繼續壓抑這些感受二十幾年，不如把握這份禮物，在一切都還相對容易的時候，去探索全新的開始。在這個年齡，大部分的人還沒有小孩、房貸、大事業，或是讓人無法棄之不顧的家庭。我們還不用面對五十歲轉換職涯、六十五歲展開新戀情時，可能遭遇的社會眼光與歧視。你正處於改變的最佳位置。事實上，我相信這十年是為改變而生。

危機中的一線曙光

當你走到這場危機的關鍵時刻，你會被迫反思，並重新調整自己的價值觀，以化解內心的恐慌。你會變得謙卑，明白人生不是非黑即白，然後學會放下那些無法掌控的事，轉而專注於可以掌控的。這份重回的主導感，會驅使你做出改變，無論重大或微小，這些改變都是走出困境的必需品。要解決一場危機，最有效的方法就是「行動」，朝任何一個你覺得有意義的方向前進。如果你此刻正處於這個狀態，那就先專心改變生活中某個讓你感到停滯或枯竭的部分。你不需要立刻拆除整棟房子，但可以選擇一個區塊，試著用不同的方式進行，或是讓你的行為更貼近內心深處的渴望、夢想或價值觀。多數人會從以下四個方向著手：

工作與職涯

在目前的崗位上尋找新的機會，爭取主管的位置或升遷機會、開始物色新工作、聯絡一位你一直很想建立關係的人、開始為一個你感興趣的領域投入心力。

日常作息

試試新的健身計畫、設定新的健康目標、開始重視睡眠品質、在週末多留點時間給朋友、一個月不喝酒、睡前寫日記，而不是追求看劇或滑社群媒體帶來的短暫多巴胺快感。

環境

把室內運動換成戶外活動、重新佈置你的家，為生活注入更多活力、搬到新的街區，甚至是新的城市、安排週末小旅行，到鄰近城市的國家公園走走、開始斷捨離。

人際關係

透過參加社交活動來結交新朋友，不要再等別人來規劃聚會，或者主動邀請你。加入新的運動群體、重新開始約會，或者休息一陣子、與伴侶一起進行一個重燃熱情的新計畫。

請記得：除非你改變，否則一切都不會改變。這句話再基本不過，但有時最簡單的話語往往蘊含最深的真理。當你開始用不同的方式做事、開始挑戰那些你早已習以為常的事物，機會之門就會為你打開。這是一種滑坡效應（slippery slope）——某天你開始每天晚上投履歷，不久後你就會準備好離開那份讓你厭煩的工作、建立新的友情、一個禮拜換一種髮色、和過去的關係告別、重拾童年夢想，或是訂下那張單程機票——因為你已經開始擁抱隱藏在青年危機之中的各種可能與機會。

如果沒有這份不適感，不知道我們之中有多少人會在二十年後，依然困在一個根本不適合自己的生活裡。因此，我再次正式歡迎你來到這場青年危機，同時也希望能讓你遇見正在成長中的自己——誕生於你接受二十幾歲的混亂那一刻，自此便不斷成長。

我們這一代的處境，和那些為我們制定人生標準的前幾代人，已經非常不同了。覺得迷惘沒有關係。因為，其他人也一樣。

你現在的恐懼與不安，正是你在乎未來的證明。這是件好事！沒有混亂，就不會有成長的動力。

在你之前，有數百萬人經歷這一切並順利度過了。你也會找到屬於自己的出路。

第二章　掌握搞砸的藝術
犯錯也沒關係

雖然這聽起來有點沮喪，但錯誤往往會讓我們學到最多。像是睡過頭、對朋友說了不該說的話、考試不及格，又或者沒仔細檢查，就把歡迎新進員工的電子郵件寄給全公司，事後才發現自己把「歡迎加入我們的組織」寫成「歡迎加入我們的高潮」*——這是真實事件。

我們每個人都還在成長的路上。沒有人一出生就完美無瑕、擅長所有事，至少我還沒遇過那種超人類！學習的過程有一半是從那些搞砸的部分裡汲取經驗，並從錯誤中調整。聽來簡單，實際上很難，這是所有犯過錯的人都明白的道理，包括我自己。錯誤常常像一朵揮之不去的烏雲，更糟的是，好像全世界都看見你搞砸了。

錯誤讓我們意識到，我們並不像自己希望別人相信的那樣完美，而且會讓我們對自己的能力、才幹、智慧，甚至是善良或體貼感到不安。而最糟的反應，就是讓那些錯誤定義我們

——尤其在二十幾歲這個階段。當身分認同不穩固時，任何小小的失誤或挫敗，都會在我們腦中被不可思議地放大，彷彿我們犯的錯是別人會記得的唯一一件事。但事實上，沒有人會在幾個月後還花好幾個小時反覆咀嚼你的錯誤，除了你自己。有很多人比你犯過更大的錯，現在還是活得好好的，而且他們都重新站起來了。奧運滑雪選手琳賽·雅各貝利斯（Lindsey Jacobellis）參與二〇〇六年的冬季奧運，她在勝利前兩秒摔倒、錯失金牌；十六年後，她重返賽場並贏得冠軍[1]。也有人曾經投資失利、傾家蕩產，最終卻建立了成功的事業。甚至有些人曾入獄數十年，如今成為激勵人心的演講者或慈善機構的執行長。類似的例子不勝枚舉。提醒自己這些故事的存在，可以幫助你從「天塌下來」的感覺中回到現實。

我想再次強調，沒有人會像你關注自己那樣，時時刻刻留意你的行為——這句話有憑有據。早在一九九七年，研究人員羅賓·鄧巴（Robin Dunbar）和安娜·馬里奧特（Anna Marriott）就開始研究人一天當中都在想些什麼[2]。他們觀察人們的對話，發現七八%的內容都與自己有關——自己的想法、恐懼、欲望與觀感。只有相對少數的談話是關於工作、金錢，或對他人的負面評論，儘管我們常常誤以為大家都在批評我們。

* 譯註：組織（organization）與高潮（orgasm）在英文中拼字相似。

當我們犯錯時，總會覺得有一顆超大的聚光燈照在我們身上，以為所有人都像我們一樣不斷回想那些事，然後覺得後悔又難堪、看不下去。當我們開始意識到事實根本不是這樣，就能掌握「搞砸的藝術」，並且接納做為一個人的現實：我們會犯錯、有缺陷、很笨拙，有時也會感到迷惘。美好事物總藏在這些不完美之中，幽默常常來自我們犯的錯，而很多成長也源自失誤。

接受我們的錯誤

我們當中其實沒有多少人學會如何「正確地」失敗，因為這個社會太過沉迷於成功與成就。炫耀自己的成績與表現是再正常不過的事，但要公開談論自己的失敗，以及我們從中學到了什麼，門都沒有。所以我們只會用羞愧來面對錯誤，因為我們從小就被教導，錯誤是一種「禁忌」，或見不得人的東西。然而，如果我們無法接收到蘊含在錯誤之中的祝福，就會錯過那些可以幫助我們避免重蹈覆轍的珍貴人生課題。**學習「搞砸的藝術」，尤其是在二十幾歲的階段，可以讓我們從加諸在自己身上的心理壓力與情緒懲罰中解放出來**，讓我們擺脫完美主義，並提升成長與改善的能力。想建立這種能力，就需要徹底轉換心態與態度，從「把錯誤視為失敗」轉向「把錯誤當成機會」。這些機會往往會帶給你比一帆風順更多的收穫。搞砸的藝術是一個三步驟的過程：

一、辨識你犯了哪種錯誤。
二、決定要吸收這個錯誤，還是放下它。
三、專注於從這個錯誤中能學到的事物。

現在，讓我們一起經歷這段過程。

錯誤的不同類型

首先，錯誤並不只是「大家都會犯的蠢事」。它們其實有各種來源，而這些來源可以幫助我們判斷自己到底應該承擔多少罪責或羞愧，又有哪些負面想法其實可以忽略。

在二〇一五年一項名為〈何謂愚蠢？人們對無知行為的理解〉（What Is Stupid? People's Conception of Unintelligent Behavior）的研究中，三位研究人員試圖了解人們如何看待錯誤[3]。他們想知道，為什麼某些行為會讓我們覺得自己很愚蠢或可笑，以及這種想法是源於什麼心理機制。他們讓受試者閱讀一些來自《紐約時報》（*New York Times*）、TMZ*、BBC和《衛報》（*The Guardian*）等媒體的新聞報導，其中敘述人們做了一些我們可能會認為很蠢的事。例如小偷闖入民宅偷電視，卻忘了拿遙控器、男子搶劫銀行時在臉上塗檸檬汁，以為這樣就能擋住監視器畫面（顯然他錯了）。研究人員請受試者為這些報導評分，並指出造成這些愚蠢行為的原因。

結果發現，錯誤大致上可分為三種類型。第一種是**「自大型錯誤」**，這是當人的自信遠超過實際能力時會犯下的錯，也就是所謂的「達克效應」（Dunning-Kruger effect）[4]。簡單來說，就是我們常常以為自己比實際上更厲害。幾年前，抖音（TikTok）上曾經流行過一個挑戰，內容是詢問男友、爸爸或男性同事：「如果你從未接受過飛行訓練，你覺得自己能讓飛機安全降落嗎？」結果大多數男性都認為自己做得到。這就是自大型錯誤的典型案例。

第二種是**「衝動型錯誤」**，也就是我們在情緒激動或意氣用事的情況下做出決定，冷靜下來才發現自己搞砸了，我們原本可以做得更好。這類錯誤通常是因為我們讓欲望控制了行為，而這樣的行為在相對應的情境中並不恰當。例如，明知對方不可靠，卻還是忍不住跟他說同事的八卦。

最後一種是**「粗心型錯誤」**，也就是我們在注意力不集中或思緒模糊時犯下的錯。例如，考試當天關掉鬧鐘繼續睡，或寄出一封重要的信件，卻完全沒注意到裡面有超級明顯的錯字（像是本章開頭那個「歡迎加入我們的高潮」這種真實案例）。

我們可以用以上三種分類來辨識自己的錯誤，並學習如何避免它們再次發生。舉例來說，自大型錯誤需要我們重新思考自己的能力範圍，在行動前進行更實際的評估；衝動型錯誤可以透過調節情緒來改善；而粗心型錯誤則可以仰賴建立行事的先後順序、在心裡制定明確的清單來避免。換句話說，錯誤的源頭本身其實就藏著解方。這就是我們在二十幾歲這個階段犯錯時，首要的辨識方式。

此外，我們也可以依據錯誤的嚴重程度來分類。比如，約會時講話結巴、錯過期末考試和墜機，這三件事顯然不是同一個等級的錯誤。我們要承認錯誤有程度上的差異，才能學會原諒自己，並繼續前進。我喜歡把錯誤分成「小錯誤」、「中等錯誤」以及「重大錯誤」三種等級。我們可以根據行為本身，以及行為的後果對未來和他人會造成的影響，來判斷錯誤屬於哪個等級。

「小錯誤」是那種你在一週內就可以淡忘的小事，也是最常見的類型。根據我的經驗，我們花最多時間反覆煩惱的錯誤，大概有九〇％都屬於這一種。這些錯誤通常不會影響你的未來，也不會對人際關係造成難以挽回的傷害，長遠來看甚至還能成為寶貴的經驗。舉例來

＊譯註：福斯娛樂（Fox Entertainment Group）旗下一家名人八卦新聞網站。

說，你忘記自己在同一個時段安排了兩件事，所以不得不臨時取消其中一個與朋友相約的行程。這確實是個錯誤，但很明顯，這只是因為你當時太粗心，或安排上出了差錯。這時通常只要誠心道歉，事情就會過去。又或者，你在工作上錯過了交辦事項的完成期限。當下雖然會覺得很丟臉，但一週內你就會從中復原──向主管說明原因、道歉，然後繼續努力。「小錯誤」只有在不斷重複乃至成為習慣時，才會變得嚴重。但大多數的小錯，都是可以釋懷並跨越的。

「中等錯誤」可能會對你的未來或身邊的人產生一定的影響，或許需要幾個月甚至幾年的時間來恢復。如果說有九〇％的錯誤都是小錯誤，我會說大約有九％屬於中等錯誤。這些錯誤值得我們擔心，因為發生的當下可能會帶來極大的壓力。但隨著時間推移，我們仍能從中復原。中等錯誤可能像是做了一個糟糕的投資或理財決定、選錯大學、花太多時間和不適合的人交往、交了一些不太好的朋友，或是在一份沒有未來的工作中浪費時間。這些都是我們寧願避開的選擇，但人生中不是每件事都能預測，往往要親身經歷才能體會。將眼光放遠到整個人生，中等錯誤也許會改變我們當下的生活軌跡，但不會摧毀它。

最後是**「重大錯誤」**。這類錯誤會同時對我們的未來以及他人造成深遠的影響，而且會成為人生故事的一部分。重大錯誤發生的機率不到一％，有些人甚至一輩子都不會遇到。重大錯誤通常涉及極為嚴重的後果，比如詐騙、謀殺、盜竊或傷害等，你甚至可能因此入獄。

這些錯誤會徹底改變人生，或對他人在情感、身體或心理上造成無法修復的創傷。重大錯誤通常是由多次錯誤決策與衝動行為累積而成，這些行為一旦發生，就無法回頭。

我從來沒有犯過重大錯誤，希望未來也不會犯。不過問題在於，我們常常會把小錯誤或中等錯誤視為重大錯誤，然後恐慌到彷彿人生即將毀滅。如果無法以正確的視角看待那些每個人都會遇到的小插曲，尤其如果你容易災難化思考，或是有完美主義或討好型人格，壓力就會很大。一旦做錯事，即使是無心之失，也會覺得自己沒救了。但其實，有時只是需要一點時間或新事物來分散注意力。接著我們就會突然發現，這根本沒那麼嚴重。如果我問你六個月前最煩惱的事情是什麼，你很可能完全想不起來，但你大概從那個經驗中學到了一些教訓，而那些教訓現在可能還展現在你的行為中。我們從失敗經歷中學到的，往往比失去的還多。能讓你五年或十年後還記得的錯誤其實非常少，大多數人也沒本事製造出足以顛覆人生的混亂，只要我們留心。

要在二十幾歲這個階段學會「搞砸的藝術」，第一步就是分辨清楚：你犯的是自大型、衝動型，還是粗心型的錯誤？它是小錯誤、中等錯誤，還是重大錯誤？接著再根據錯誤的類型，調整你的反應。

當你已經釐清錯誤的類型和等級，接下來就要判斷：**這個錯誤是你該吸收的，還是該放下的？**

先劇透一下：我們很少需要把一個錯誤完全吸收，因為我們對錯誤的詮釋，往往被「抓戰犯」的心態給模糊了——不是過度責怪自己，就是過度責怪別人，這兩種方式都不是真的有幫助。當我們選擇吸收錯誤，往往會把它當成對自己人格的評價，好像這個錯誤代表了我們是怎樣的人，但事實並非如此。這樣的態度也可能阻礙我們從中學習，因為我們想找個人負責，以逃避錯誤本身。

與錯誤共處

與其一味「吸收」錯誤，不如用中立的態度來看待二十幾歲時犯下的錯。拆解錯誤，弄清楚發生了什麼事、為什麼會發生，以及能從中學到什麼。當你在思考為什麼的時候，請著重於客觀上的事實，而非情緒化、主觀的解釋。

你可以告訴自己：「我在那件衣服上花太多錢，當時我沒有控制好預算，也沒有考慮到接下來的開支。」而不是：「我會買那件衣服就是因為我毫無節制，我很蠢，我根本控制不了自己。」前者是務實的反省，因為你可以改善預算規劃，避免同樣的情況再次發生；後者只是打擊自信、貶低自我，根本沒碰到犯錯的源頭。要是你內心早就認定自己是一個「無可救藥的爛人」，那就不會有改變的動力。就像我常說的，你沒辦法靠「討厭自己」來改變行為。不過，如果你能放下錯誤，留下有用的那部分，就能專注於這個經驗教會了你什麼。

你在二十幾歲時常犯的錯，還有它們會帶給你的教訓

錯誤一：花太多錢

可以學到的教訓：學會規劃預算，計算短期與長期支出，為財務自由鋪路。

錯誤二：忽視身心健康，直到筋疲力盡

可以學到的教訓：察覺該休息的訊號，避免未來過勞。

錯誤三：搞砸工作

可以學到的教訓：釐清老闆的期待，以及如何讓他們印象深刻。

錯誤四：跟錯的人交往太久

可以學到的教訓：認清自己需要什麼樣的伴侶。

錯誤五：傷害了一位朋友

可以學到的教訓：學習負責任地承擔錯誤，誠心道歉。

錯誤六：在夜店喝太醉

可以學到的教訓：重新思考自己與酒精的關係，並了解自己的極限。

看著這些教訓，我覺得它們全都是在二十幾歲這個階段應該要學到的、最重要的能力。這些我們必須帶走的經驗，才是真正關鍵的事，我不想為了留在舒適圈而錯過任何一件。現在的安逸，往往代表未來會有更多的不適。我們有可能及早意識到這些可能在未來幫我們一個大忙的關鍵，也有可能在年齡更大的時候才學到這些教訓。事實上，錯過這些經驗，可能比我們在二十幾歲時適度「搞砸了幾次」更具傷害性。

史丹佛（Stanford）與哈佛（Harvard）大學的教授曾創造出「失敗剝奪」（failure deprived）這個詞，用來形容從小到大，甚至到了二十出頭歲都沒真正經歷過「適當」失敗的學生[5]。當這些年輕人終於在人生中犯下第一個錯，而身邊又沒有父母或老師可以伸出援手時，他們完全不知道該如何面對，因為他們從未經歷過「嘗試之後失敗」。他們只知道什麼是「嘗試之後成功」，或是收到「做得好！」的讚美，因此更有可能休學、面臨心理健康問題，或是自尊心大幅降低。我從沒想過自己會說這句話，但也許我們應該感謝老天給我們犯錯的機會，讓我們把事情搞砸，然後試著修補。做出錯誤決定，學著適應那種不舒服的感覺。我知道這聽起來很簡單，但「不舒服」有時就像一桶冷水，把自己整個人泡進去，就會漸漸習慣，下次我們就不會那麼害怕了。

當我們開始習慣犯錯，也就能夠慢慢習慣失敗，因為「失敗」並不是那麼糟糕的事。事實上，如果某人「失敗了」，那代表他至少嘗試過。或許不像「成功了」那樣讓人羨慕，但絕對比「什麼都沒做」來得好。習慣失敗，代表你可以突破自己，因為那些遠大的目標不再那麼令人生畏。跨出舒適圈不一定要一舉成功或全盤皆輸——因為即便失敗了，你也比原地踏步的自己更前進了一步。有時候，從失敗和錯誤中學到的經驗，還可能帶你走向比原本預期更好的結局。

接下來會怎樣？

我二十歲那年，唯一的願望就是進入某間名氣響亮的公司，拿下一份實習顧問的工作。老實說，我根本不知道「顧問」實際上是做什麼的，但在我的專業領域，每個人似乎都在申請這種工作。於是我全心全意準備面試，結果沒有被任何一間公司錄取。有一次我搞錯了案例分析的題目，導致整場面試的回答都是錯的。在另一場面試裡，當被問到「你為什麼想要這份工作？」時，我根本回答不出來（因為我其實並不是真的那麼想要這份工作）。

其餘兩場面試我則是緊張到無法表達，支支吾吾。身邊的人似乎都進行得很順利，於此同時我整個暑假都待在奶奶家，從未如此深刻地感受到失敗。但正是因為那些失敗，讓我開始思考要不要來做個podcast。我隔年也沒能進入研究所，於是轉而申請了一份讓我必須搬去雪梨（Sydney）的新工作，並且在大學畢業後擁有三個月的空檔，可以專心投入《你的二十幾歲心理學》這個小小的節目。那些失敗是入口，讓我可以走上截然不同的道路。如果一切都照計畫進行，我反而會錯過這個版本的人生。

那你呢？錯誤正在為你準備怎麼樣的道路？如果失敗其實只是讓你的人生轉個彎呢？有時候，當你沒辦法在錯誤中看到任何益處，確實很難保持正向的態度。沒關係，我自己也經歷過很多這樣的時刻。這時候我們只需要瘋狂地「自我疼惜」（self-compassion），並練習原諒過去那個不懂事的自己。

「同情」與「負責」是自我寬恕的兩個關鍵元素，你需要同時掌握這兩者。第一步，是對自己展現你願意給予別人的那份憐憫。想像一下，如果今天犯錯的是你最好的朋友、兄弟姐妹，或是你的伴侶——任何一個你深愛的人——你會希望他們原諒自己嗎？你會給他們什麼建議？你是否能將這些話，也用在自己身上？你會給他們什麼樣的愛？那你也該這樣對自己。一如接納他們的遲疑與過失，你也應該接納自己。你也值得寬恕。第二步，是負起責任。我們都知道，最棒的朋友就是那種會指出你哪裡做錯了的人。他們不會美化你的行為，也不會立刻說「沒關係啦」，因為有時候真的「有關係」。你要成為自己的這種朋友。承認你可能在哪些時候違背了自己的直覺、忽略了錯誤，然後從中學習。大多數人寧願選擇鴕鳥心態，或替自己找藉口，因為這樣舒服多了。但這種做法長遠來說對你並沒有幫助，反而會讓錯誤失去隨之而來的轉化力量。最終，它只會變成你想掩蓋的羞愧記憶，但是本來它有機會讓你成為更好的自己。

如果你持續練習這門搞砸的藝術、越來越自在地面對自己的錯誤，就會成為更好的人。辨識自己犯下了什麼類型的錯誤、選擇放下而不是吸收，並將這個處境當成受教的時刻。

如果這件事五年後就不再重要，那就不要煩惱超過五分鐘。

沒有人真的那麼注意你。根本沒有聚光燈照著你做錯的所有事情。

多數錯誤都是小錯誤或中等錯誤，而非毀滅性的重大錯誤。用適當的態度看待。

當我們從錯誤中學習，它們就有價值；當我們內化錯誤，它們就一文不值。

第三章 年輕就要勇敢拚？你該勇於冒險的理由

二十幾歲這個階段是人生中的冒險年代。搬去新城市或異國、在職涯上從頭開始、鼓起勇氣接近那個剛認識的人、結束一段停滯不前的關係、辭掉那份有毒的工作開始自由接案、全力投入你的熱情所在。每個人心中或多或少都有一件覺得太冒險、不切實際的事。然而，冒險其實是我們讓生活與價值觀和夢想對齊的方式，也是在對自己宣示：「我在乎我的未來，所以我願意現在就做這些可怕的事，免得將來後悔莫及。」

再也沒有比現在更適合做一件讓你跳出舒適圈的事了——一件由熱情而非理性驅動的事，或是某個出人意料的行動。安於現狀或許讓你感到舒服，卻也讓你困在一條可預測的時間軸上。凡事都可以預期，通常會變得百無聊賴。如果你從未習慣對自己的選擇和後續結果感到有些害怕，那麼隨著年齡增長，你會越來越難擁抱風險。你在二十幾歲這個階段選擇的冒險不盡然危險（甚至不一定是衝動的），但如果你打算放手一搏，再也沒有比這十年更適合的時機了。讓我來告訴你原因。

為什麼該在二十幾歲時冒險？

為什麼在二十幾歲時擁有適當的冒險精神格外重要？首先，冒險往往是改變人生、讓一切大轉彎最好的催化劑。有時候，冒險往往是可以帶來最多報酬的選擇。如果你能跨越最初的恐懼，選擇去做那件困難的事，你就成為一％的少數勇者，可以驕傲地說：「我做過、我試過，我走過別人不敢走的路。」

其次，冒險對你的成長與自我發展來說非常關鍵，因為它會幫助你認識真正的自己。最深刻的回憶與最大幅的成長，往往都發生在你「不知道接下來會發生什麼」的時候。這個狀態給了你更多探索空間和挑戰自我的機會，同時也讓你對自己的能力與韌性更有信心。我在辭去全職工作、開始以談論二十幾歲的生活為業時，就深刻體會到這一點。當時雖然很害怕，但我願意嘗試一切。而當我給自己更多空間說「好」，前方的道路也越來越清晰。如今回頭看，我知道那是我做過最好的決定之一。我想現在的我又回到了那個情境裡，對未來感到不安，但也願意敞開心扉迎接可能性。先前轉職的經歷教會我，恐懼、不確定和順勢而為，都是過程中的一塊拼圖，而「有點害怕」或許是最不可或缺的那一塊。俗話說得好：「鑽石只在高壓之下形成。」

冒險也是你探索未來的心態中必備的。它讓你看見外面的世界和潛在的可能，尤其是在這個年齡，社會對即興發揮與自由自在的態度還相當寬容。此外，冒險會讓你在年齡漸長時，擁有值得驕傲的事。它們會成為你美好人生的禮物，變成精彩的故事。即使你現在才二十幾歲，五十年後你也能對你的孫子或是療養院裡的朋友說起過去的某段冒險，讓他們讚嘆：「你真的不虛此生！」但更重要的是，冒險會賦予你主導人生的感覺。你是駕駛，你是決策者，你掌握著自己的命運。

隨著年歲增長，我們會越來越習慣選擇顯然更方便的路，因為那條路阻力最小。我們變得不那麼主動做決定，老實說，也越來越習慣除了舒適之外再無其他。但你必須跨出舒適圈、捨棄安全感，才能真正成長，並擴展幸福。另外我也發現，看起來容易的選項不一定是最好的。整天窩在家看電視很簡單，但到了晚上，你不見得會感覺很好。做別人期待你做的事情也很簡單，但那不代表你為了自己而活。不搬家、不轉職，一輩子待在同一座城市或公司很容易，但那不一定會帶給你滿足。最後，丟掉你的遠大理想和絕妙創意也很容易，因為光是想到失敗你就會害怕。但如果不去嘗試，又怎麼知道結果如何呢？

你選擇的冒險，自然會根據自身的價值觀與人生願景而有所不同。可能是在二十九歲重返校園、花一年獨自旅行、創業、搬到一個完全陌生的新城市，也可能是還不確定下一步就辭掉爛工作，選擇把時間投入到熱愛的嗜好或熱情中，或是去創造點什麼。從更粗淺的層面來看，冒險也可能發生在與他人的日常互動中，例如更誠實地表達自己的感受、主動自我介紹、做一些讓你害怕的事、即使沒有把握也勇敢舉手、獨自參加活動，或是進行一場困難的對話。無論如何，重點在於，當機會出現時，哪怕你還沒準備好，也願意說「我願意」。

從表面來看，這些事好像沒那麼難。如果冒險真的能換來我們被承諾的一切——豐厚的回報、精彩的回憶、自我成長、成就感、興奮，以及更美好的未來——那麼真的很難想像為什麼有人選擇安於現狀而拒絕冒險。但任何曾經考慮過放手一搏的人都知道，伴隨冒險而來的，是極大的恐懼。

恐懼是夢想的殺手。恐懼讓我們裹足不前。我們害怕失敗、害怕事情不如預期、害怕為夢想傾注一切，卻什麼都得不到。我們害怕孤獨、格格不入、沒有安全感，害怕自己能力不足。我們也害怕別人的想法——批評論斷、隨時會面臨尷尬窘境，或是讓某些人失望。這一切之中藏著對未知的恐懼。如果你已經用某種方式度過了人生的前二十年，現在卻要為了一個無法預測的結果而翻轉一切，那會是多麼不安全、多麼陌生。

為什麼我們害怕風險？

若要勇敢冒險，我們首先要重新定義與「恐懼」之間的關係。恐懼其實是一種非常有價值的情緒，它和其他所有情緒一樣，都有意義和功能。恐懼能保護我們，讓我們意識到周圍潛在的危險——無論是身體、社會，還是心理層面的威脅[1]。當我們面對可能造成傷害的情境時，身體會啟動一套自動機制，幫助我們提高生存機率。這一切始於大腦中負責處理恐懼的「杏仁核」（amygdala），它會向指揮中心「下視丘」（hypothalamus）發出警報，下視丘再通知全身進入備戰狀態。心理學稱這種反應為「戰或逃反應」（fight-or-flight response），現在也常加入第三種選擇：「僵住不動」（freeze）。

簡單來說，當一頭野獸朝我們衝過來時，我們有三個選擇：擊退牠、逃離現場，或是靜止不動、祈禱牠沒發現我們。而在做出決定的那一刻，我們的交感神經系統（sympathetic nervous system）——也就是身體面對危險與壓力時的應變部門——已經開始全力運作。它會讓腎上腺素湧現、心跳加快，以讓更多氧氣快速送達身體的重要部位。同時，它也會暫時關閉那些當下不必要的機能，讓我們進入一種高度警覺、緊張甚至恐慌的狀態。

這種恐懼反應，隨著現代環境不斷演變，也逐漸適應了新的壓力源與危機。它不只對外在威脅有反應，也會被內在的壓力觸發，比如害怕被評價、對未來感到焦慮、存在焦慮、與他人比較等，這些我們預期會動搖內心安全感的想法。這些恐懼可能是具體的，也可能是想像出來的情境，例如：「我會失敗，一無所有。」、「我會做錯決定，最後孤單一人、破產，或永遠迷失。」這些想法讓我們裹足不前，因為我們會本能地抗拒這些讓負面預期成真的可能。與其想像自己成功，我們更容易預期失敗，因為大腦的本能是優先注意那些更具威脅性的結果。

要讓這些恐懼永遠不會實現，有一個最簡單的方法，就是「永遠不要冒險」。太棒了，我們找到解方了！恐懼再見。但是很遺憾，完全不冒險，同時也是走向無聊人生最快的方式。當然，你可以一輩子待在安全的泡泡裡，不用擔心任何事。但到了人生的終點，你可能會面對一個更可怕的現實——你從未真正活過。這一切無可挽回。你需要認清並接受，人生中絕大多數的決定，其實都可以反悔和修正——除了那些你從來沒有做出的決定。

害怕冒險，不全是因為恐懼，也跟我們如何看待各種選項與可能的結果有關。有些人比其他人更容易意識到事情可能在哪裡出錯。他們很在意決策中的不確定性，也會設想最壞的情況有多可怕，而這種思維會讓他們停下腳步、避免冒險。從風險承受度來看，人們大致上可以分為三種類型：**風險迴避型**、**風險中立型**還有**風險愛好型**[2]。

風險愛好型的人，即使沒有明確的結果、不保證有回報，也願意碰運氣去冒險。他們可能會為了一份國外的工作機會放下一切，甚至可能在抵達當地時還不確定那份工作敲定了沒，或是覺得時候到了就果斷辭職，哪怕還沒找到下一份工作。大多數人並不是這種類型，我們通常屬於**風險中立型**或**風險迴避型**。

風險中立型的人可能選擇冒險，也可能選擇放棄。他們不會被風險發生的機率影響，也不太在意結果的不確定性，而是只關心哪個選擇能帶來最大的回報。在他們眼裡，如果要在穩定的工作和全新的創業點子之間取捨，他們不會去思考成功的機率有多高，或潛在的風險有多大，而是單純看哪個選項能給他們最多想要的東西——無論是自由、金錢、社群，還是名聲。

風險迴避型的人極不願意用自己目前擁有的一切去賭一個「可能更好，也可能更糟」的未來。他們在做決定時，「確定性」往往比任何未知的回饋來得重要。一份由賓州大學（University of Pennsylvania）研究團隊發表的論文指出，這種風險迴避傾向在焦慮的人身上尤其常見[3]。這個論點就像「天空是藍的」或「人類需要氧氣才能生存」一樣，其實我早就知道了——我們這群容易焦慮的人，當然會更害怕冒險，因為我們早就想像過所有最壞的情況，也反覆思考過無數次每一種可能的結局。焦慮的本質就是如此，我們想盡辦法為「可能發生」的一切做好萬全準備，以防它們真的發生。即使我們假設的情況不太可能成真，但它們無須成真就足以讓我們恐懼。於是我們選擇了唯一可以確定的結果，也就是「現狀」。

恐懼與風險迴避阻礙我們冒險，但除此之外，還有一種內在的拉扯：**熱情與現實之間的**

競爭。有不少二十幾歲的人，並不是真的一心只想奔向日出、追逐夢想。他們同時也是照顧者、父母、背負貸款、需要養家的人。你可能渴望實現某個夢想，但你同時也必須顧慮金錢、生活穩定、健康、家庭和各種責任。我們很容易因為看到一個人「放棄」夢想，就斷定他是害怕、不敢冒險。但並不是每個人都生來就有某種特權，能請假一年去旅行、搬到世界另一端，或辭掉朝九晚五的工作去經營副業。

冒險，往往代表放棄一些東西。也許是你曾經懷抱的夢想，又或者是目前的舒適生活。對有些人來說，冒險的代價，可能是完全放棄原有的生存模式。對多數人而言，現實往往會戰勝熱情。然而，當我們願意用不同的角度重新理解風險，也許會發現，我們假設的冒險成本與代價，其實是錯的。「冒險」歡迎所有人，即使是只能冒一點點險的人。

如何更勇於冒險

不可否認，冒險有改變人生的力量，但不一定必須是很重大或突然為之的行動。我們可以有意識地思考要冒什麼險，並且謹慎地選擇。我認為人們對冒險有很大的誤解，認為冒險就等於「拋開一切顧慮」或「完全沒有計畫」。其實，我們可以承擔兩種不同的風險，而其中一種，至少在我看來，明顯比另一種更值得一試。我們來談談**有限風險**（bounded risk）

和**無限風險**（unbounded risk）之間的區別。

有限風險非常美好，是一種值得嘗試的風險[4]。它們的潛在損失有限，但潛在收穫卻無限，這表示你最多只會損失固定範圍內的成本。有限風險通常需要初始的投資，但那就是你唯一需要付出的代價。這是一次性的暫時損失，不過一旦開始行動，從這個決定中可能獲得的成果是無上限的。就像是開始錄podcast、學習新技能、報名馬拉松、訂一張無法退款的機票——這些都是有限風險。就算結果不如預期，你也不會損失超過你原本投入的成本。想想那張機票，如果你沒能成行，最多也只是損失那張票的錢；但如果你真的出發了，你可能會收穫滿滿。你和實現夢想之間，只有按下「預訂鍵」的距離。假如你的冒險是學習新的程式語言或技能，你隨時可以喊停，但如果成功了，這可能會為你開啟全新的職涯、全新的身分認同，甚至是全新的生活方式。

相對於有限風險的，是**無限風險**。這類風險無法控制，損失也沒有上限。我最常舉的例子是跳傘。跳傘時，你可能會失去的東西沒有限度，包括生命；另一個例子是，把所有資金與存款全部投入一個規劃不周的創業點子。或者，在網路上發表具爭議性的言論——這可能會讓你賠上名聲、友情，甚至整個職業生涯，卻換不回任何可以預期的收穫。希望你已經明白這之間的差別。

幫助你簡單記憶的定義

有限風險：代價小而可控，可能有很大的收穫。

無限風險：代價無上限，收穫也無法預測。

在我們二十幾歲的時候，保持一定程度的理性是很重要的，因為冒險本身需要判斷力。沒錯，的確會有人告訴你，他們做過最棒的決定，就是放手一搏，然後實現夢想、賺了大錢。但你不該在思慮不周的狀況下為這種幻想買單。當我們仔細規劃並通盤思考，原本的無限風險也可以變成有限風險。

有計畫的冒險

冒險不一定是出於衝動，它也可以被計畫。你可以花時間準備，和家人朋友討論清楚。只要確保你所謂的「準備」，並不是一種無意識的逃避——也就是你一直停留在規劃階段，總是有理由不付諸實現。

你永遠不會百分之百準備好，任何事情都一樣。你總會有點遲疑，也總會發生一些無法預料的事。但這些未知的驚喜不見得是壞事，它們也可能讓人興奮，因為事情往往比預期中還要好。為了讓自己適應未知，同時測試這場冒險是否可行，你可以試著在準備階段，先嘗試一些小小冒險。如果你想轉職，先開始建立人脈，應徵薪資更高、責任更大的工作，之後再考慮辭職。如果你想創業，可以先仔細檢視自己的財務狀況，看看是否能先推出一項成功的產品或服務。如果你想一個人旅行，卻怕會孤單或不安全，那麼可以先安排一趟獨自露營的旅程。如果你想搬到另一個城市，不妨先去那裡住一個禮拜，實際感受看看。

你不需要一下子跳進深水區、賭上全部，你可以慢慢地踢水前進。用你自己的步調嘗試承擔風險。

關於二十幾歲的冒險，我常聽見另一個巨大的誤解，那就是「只有做一些從來沒想過，或是非常驚人的事，才算是真正的冒險」。例如認為本來在辦公室工作，卻跑去爬聖母峰；或是把頭髮剃光，然後一口氣灌下南美通靈藥「死藤水」（ayahuasca），這樣的人才是「冒險者」。

與其把冒險想成那些會永遠改變人生的重大決定，不如把它視為價值觀的重新校正。**冒險是一個方法，讓你重新調整人生，思考你是誰、你真正重視什麼、以及你對未來的期待！**也許你一直覺得自己是個有創造力的人，你對美有獨到的眼光，想創作出打動人心的作品。也許你缺乏一場能帶你走出舒適圈的冒險，門檻要夠高，才能驅使你全心投入。其實這場冒險，就是去創作，不管別人怎麼看、不管會不會失敗，就是去創作。至少你能對自己說「我去做了」，而且真的有讓你引以為傲的作品。

又或者，你是那種熱愛冒險的人，帶點遊牧性格。也許疫情過後，你一直感到受困，因為你為了實現夢想不得不全職工作、拚命存錢。這時候，你要冒的險，就是重新踏上旅途，對自己說：「管他的，這才是我想要的人生！就算這個選擇有點辛苦，就算別人無法理解也無所謂。」其實這場冒險，可能就是開始安排週末的小旅行，或是設法讓旅行重新成為你的優先選項。

冒險不只是用來改變生活的催化劑，更是在幫助你重新校準人生方向，讓你離開「所有人期待你走的路」——那條看起來最輕鬆的路——回到屬於你自己的道路上。也許那條路會改變一切，甚至開啟你夢想中的未來。最糟的情況不過就是失敗，也就是回到原點，而那只是個如果你從未嘗試，就永遠不會離開的地方。

你對自己有一份責任，要做那些也許一開始會讓你有點不安，但有可能徹底改變人生的決定。你也有責任與恐懼和平共處，因為你知道，在它的另一端是更好的自己。沒有人會突然跑過來，把你的人生變精彩，只有你自己能做到。也許不是每個人都懂你為什麼這麼做，但沒關係——因為幸好這是你的人生，不是他們的。這是你的人生，好好對待它吧。

你最大的冒險，就是選擇最安全的路、什麼都不做，卻奢望人生能剛好如你所願……沒有行動，這一切都不會成真。

當你選擇只求安穩，就是讓恐懼主宰了你。如果你選擇擁抱風險，代表你承認恐懼的存在，但依然願意嘗試。

冒險不一定是一時興起，也不一定這麼恐怖，你可以慢慢計畫。

這十年，請你勇敢做夢、放手一搏，然後用餘生收穫果實。

第四章　選擇困難不是你的錯，是「選擇悖論」惹的禍

人生進入二十幾歲這個階段，別人會期待我們做出重大決定，例如未來的職涯規劃，還有所謂的「人生計畫」走向。如果說這十年是我們探索的時期，那麼越接近三十歲，對於往後的路要怎麼走，我們的壓力也會越來越大。但有個問題始終讓人難以回答：「我到底想要怎樣的人生？」

你或許不意外，這個問題根本沒有唯一的正確答案。每個人對這件事的理解都不同，甚至可能同時對好幾種答案有所共鳴。這聽起來很自由，但其實也很可怕，因為沒有直截了當的答案，代表選項多到讓人無法招架。有選項就意味著必須做選擇，而每做出一個選擇，感覺就好像關掉了無數扇門。你會開始害怕，現在走的這條路，會不會其實不是對的路。

選項超載

論起我們這一代在職涯選擇上的自由程度，大概是有史以來最幸運的，儘管我們自己不一定總是這麼覺得。未來的工作、旅遊、熱情、計畫，有無限的可能。這要歸功於快速發展的科技，它不但創造出全新的職業，也打開我們的眼界，串連全世界。

過去幾代人在我們這個年齡的時候，職涯選項少得可憐，如果考慮到有些事業或手藝是家族世代傳承，選擇就更少了。當時的人們從事的是社區需要的工作，而傳統又僵化的階級制度，也進一步限制了人的道路：務農、從軍，或學一門手藝。對女性來說，選項更是少得可憐：成為母親、人妻，孑然一身或守寡。或許偶爾還能當個祕書、女傭或詩人（當然，要以丈夫的名義發表作品）。

如今，我們的人生道路不再那麼死板、狹隘。從來沒有任何時代像現在一樣，有這麼多種工作，各式各樣的人生樣貌也都被社會所接受。聽起來我們應該會感覺更自由、更滿足，但其實在很多方面，這反而讓選擇變得更困難，因為我們開始意識到，為了選擇一條看起來最適合的路，我們也必須拒絕其他無數種可能。在二十幾歲做這種決定，感覺格外沉重。

我要去環遊世界嗎？要不要回去讀書？還是要成家？要每天朝九晚五地上班、存錢，還是要辭掉這份沒有未來的工作？我要不要去學一門技術？我要追隨自己的創作熱情嗎？

這些問題只是眾多選項的其中幾個，但如果我們心裡有兩種理想的生活，而它們彼此衝突、無法兼得，該怎麼辦？我們該怎麼選？你不是第一個面臨這種兩難的人，也不會是最後一個。詩人希薇亞．普拉斯（Sylvia Plath）在她的著作《鐘形罩》（*The Bell Jar*）裡寫過這種窒息感，而這竟然來自於自己的自由和想像力，實在諷刺[1]。

人生就像一棵巨大的果樹，每根樹枝上都掛著無數顆香甜的果實，代表各種可能的未來，而且每一顆都在向我們招手。它們可能是美好的伴侶和快樂的家、成名的作家、孩子的家長、古怪的單身阿姨、運動員；當然也有住在義大利、擁有無數情人的神祕藝術家，環球旅行家、主管、零售店員。問題是，我們要摘下哪一顆？我們最想要哪一種未來？

越是猶豫，就有越多果實腐爛、掉落，剩下的選項也越來越少，我們開始為了本來可以吃到的果實感到惋惜。二十幾歲的我們很清楚，一旦選擇了其中一種人生，就代表犧牲掉另一種人生的自由和彈性。所以我們卡在原地，被困在時間裡，遲遲無法做決定。

你可能會發現自己無止境地研究各種產業、職位、公司，想找出最能帶給你滿足感和成功的那一個。另一種情況則是你沒辦法定下來，或長期投入一份工作，總是跳來跳去，只要感到無聊就會馬上辭職。

我有一個很親近的朋友克蘿伊（Chloe），她就是這種類型的代表。我剛認識她的時候，有位共同朋友告訴我：「愛上克蘿伊，就是習慣她離開，然後永遠不知道她過著什麼樣的生活。」我那時不太懂這句話的意思，只覺得這樣形容一個你所愛的人，有點奇怪。時間一長，我發現她換工作的速度快到讓人跟不上。那年年末，她在加拿大當滑雪教練，到了隔年四月中，她已經跑去德國讀碩士了。但她的碩士生活也很短暫，她搬回家，接著買了一台露營車，開始在澳洲自駕旅行。她不想錯過自己心裡「各種可能的人生版本」。但我們其他人的狀況很可能沒這麼好，常常會陷入極度的焦慮與恐懼，在失眠的夜裡想著我們每做一個決定就要放棄一些東西。

我們此時所經歷的，其實在心理學上稱為**「選擇悖論」**（paradox of choice）。這個理論指出，**當選項越多，我們反而會越難做決定**。有趣的是，選項越多，也表示我們對於往後的選擇，滿意度通常也越低。因為你會有更多機會去比較，思考如果當初做了別的選擇，結果會是如何。最經典的例子就是「果醬實驗」。

二〇〇〇年，心理學家希納．伊恩加（Sheena Iyengar）和馬克．萊珀（Mark Lepper）在一家高級超市做了一個實驗[2]。他們在第一天擺出了二十四種果醬供顧客試吃，第二天則只擺出六種。他們想知道，選項越多是否會讓人更願意購買。結果超出預期：當只有六種果醬時，反而有更多人買，而且這些人事後對自己的選擇也比較滿意，不太會後悔。這個實驗跟二十幾歲時的人生選擇有什麼關係？它證明了我們早就知道的事：**選擇越多，並不代表越自由、越快樂**。事實上，當眼前有這麼多可能的道路，反而容易讓人陷入「選擇癱瘓」。

你可能會因為害怕錯過更好的選擇而遲遲無法投入某個職涯方向；或者有某個新機會突然出現，但這代表你得放棄原本的計畫，所以你猶豫不決。要衡量的因素實在太多，導致你耗費大量心力，也讓做決定的速度變得很慢。如果選項只有六個，那麼「正確的選擇」反而會更明顯，因為通常會有一個比較突出的選項。相較之下，如果有二十四個選項，而且每一個感覺都很不錯，你反而很難看出誰更勝一籌。選項少時，我們比較不會覺得負擔太重，也更容易對最終的決定感到滿意。而這種「分析癱瘓」（analysis paralysis），正是讓我們在二十幾歲時對未來感到不安和焦慮的主要原因之一。

擺脫對後悔的恐懼

第二個需要考慮的因素，是後悔。後悔是人生路上最令人害怕的現實之一，因為它會讓你不斷思考，如果當初做了不同選擇，是不是就可能成為「另一個自己」。我們不希望錯過任何事，也不想被「如果當初做了更好的選擇，現在會怎樣」的種種可能性所糾纏。在有限的人生中，每一個獲得快樂、喜悅、財富、愛與滿足的機會都彌足珍貴，我們不想活在「如果我做了不同選擇，也許會更好」的懊惱中。此外，我們之所以這麼害怕後悔，是因為知道自己無法回頭、無法修正這些「錯誤」。所以我們能保護自己的唯一方式，是「預防」。

這正是我們反覆猶豫、難以做決定的原因。我們陷入一種思維謬誤，認為只要想得更久、更深，就能找出最好的選項、得出最佳結論，答案也會突然出現。但我們也知道，過度思考只會加劇懷疑和不確定感。

想要創造美好的人生也會加深我們對後悔的恐懼，因為我們認為需要為自己的選擇負起全責。然而事實上，事情並沒有我們想得那麼嚴重或極端。最糟的選擇，是什麼都不做。雖然待在原地看起來比較安全，但研究顯示，比起真正採取行動的決定，我們更常對沒有做的選擇感到後悔。

在我最喜歡的一項研究中，研究人員發現，在人們最常感到後悔的六大人生領域，也就是教育、職涯、感情、為人父母、自我成長，以及休閒生活中，大多數人後悔的並不是「做了什麼」，而是「沒有去做什麼」[3]。當我們真的選擇並走上某一條道路時，至少可以大聲說：「我嘗試過了！」只要有選擇，就會有結果；但如果什麼都不選，就代表什麼都不會發生。那麼，這份研究給了我們什麼啟發？

不是每一條路都很完美，我們也不可能沒有取捨。我們要做的，是選擇當下覺得最適合的那條路，看它會帶我們去哪裡；忽略那個總是想讓你「再等等」的不確定聲音，反正選擇也不會因此變得更簡單。另外，研究也指出，當我們真的朝一個方向走，走得越遠，就會越快樂。因為我們會慢慢適應自己所選擇的生活，並從那些原本沒預料到的地方發現幸福。

接下來，我們來談談「一次選擇定終身」這個想法。「命運底定，回不了頭」的想法其實是錯的，它讓你對未來充滿恐懼，也讓你害怕承諾投身於某個夢想、職涯或目標。但這根本不是真的。**一個人在退休之前，職涯方向平均會轉換三到七次，而且在我們這個世代，次數只會更多**[4]。更重要的是，只要你願意面對自己的恐懼和不確定感，隨時都可以轉彎。

假設你十八歲時立志成為律師，到了二十五歲卻發現這其實不是你要的生活，你想要更有彈性，於是你也許投身餐飲業，或乾脆開一間自己的咖啡店。這聽起來很可怕沒錯，因為這等於在推翻自己過去五、六年來的想法和努力，原本追求的目標突然失去了意義。但比這更可怕的，是你又等了五年才發現自己只是用一堆藉口在拖延而已。**決定放下曾經渴望的事物，一點也不羞恥**。事實上，我覺得重新開始非常勇敢。不只對二十幾歲的你，對任何年齡的人來說都很了不起。你正在替未來的自己卸下因遲疑不前而感到「後悔」的包袱。

克服選擇悖論

當你被選擇悖論壓得喘不過氣時，必須重新建構對未來四十到五十年人生的想像，這非常重要。我不是要你想像未來的房子長什麼樣，或是你想達成哪些人生里程碑，而是更確切地思考，你對這段歲月的有什麼樣的「概念」？

我們每個人都有一套對時間的想像，像是結構、大小、顏色，還有流動的形式[5]。比方說，有些人會把一年想像成一個循環，把每個月份對應到不同的顏色，或者把每一天想成一座小山丘。這其實是一種被稱為「行事曆聯覺」（calendar synesthesia）的現象。現在，讓我們借用這種視覺化和思維模式，來幫助自己擺脫分析癱瘓以及對於做錯選擇的恐懼。我想證明的是，我們其實有辦法活出自己心中所嚮往的樣子，體驗各種人生路線，只是不是同時。

大多數人會把人生想成一大塊時間，或是一條從現在延伸到未來的線。現在的你站在這裡，那邊則是終點。當我們這樣看待人生，未來就會顯得格外沉重，讓人難以欣賞潛藏於漫長歲月之中的轉折、起伏和片段。

但是我想邀請你換個方式，把你的人生想成一個個「季度」——從二十幾歲開始，每個季度都有新的情節、新的人物、新的場景、新的工作、新的機會和新的挑戰。就像一部長壽的情境喜劇，加一點幽默會讓人生更有趣。

第一季發生在二十到二十二歲之間，可以視為奠基期，我們開始長大成人，也在這個階段犯下最多的錯誤。

第二季是二十二到二十四歲，是落腳期。我們以為自己開始站穩腳步了，可能找到第一份「正式」的成年人工作，也許搬去一座新城市或換了新家。雖然開始有一點「大人感」，但這時候的我們大概也最迷惘。

第三季，二十五到二十六歲，我們必須跨出信心的一大步——這段時間，我們可能會放手一搏、來場大冒險，或是嘗試一連串小小的冒險，開始試著從青年危機中走出來。

第四季是二十七到二十八歲，這是我們的重生期。我們比以前更有自信，開始跳出原本的社交圈，嘗試建立新連結。

第五季，二十九歲，這是整個二十幾歲階段的「大結局」。它就像是一場盛大的派對，讓我們回頭看這過去十年——這段時間真的好長，我們經歷了好多事。而且，我們會繼續到三十歲、四十歲，和之後的每個十年，我們還有五次、六次，甚至更多次機會重新再來。

光是二十到三十歲之間的這十年，我們就擁有自己人生影集中的五個不同「季度」——等到三十歲，我們還可以再拍一次影集，不過這一次，我們希望可以更有錢，也更穩定。人生並不是一再重複相同的經驗，也不是同一群人在相同的地點演出同樣的劇情，而是永遠有新意。

人生很刺激也很細膩，還有成千上萬個改變路徑和方向的機會。事實上，我認為在每一個新季度，最重要的是去改變生活中的某個部分，無論是辭掉一份你痛恨的工作、為自己設立新目標還是交一些新朋友，任何事情都可以。這些事會提醒你，你並不是一個消極、停滯不前的人。如此一來，當你回顧每一年，你就可以說：「這一年我搬到新城市住了一年」、「這一年我刺了人生中第一個刺青」、「這一年我獨自旅行了三個禮拜」。你的每一年都會有具體的標記，而非只是匆匆走過。

另外，還有一件事非常有意義，那就是時常提醒自己：你活著，而且你擁有主導權。如果生活中有什麼事讓你感到挫折或不滿，你還有時間去調整，甚至完全推翻，再開啟全新的劇情線。選擇悖論源於我們害怕做錯決定，而解方就在於，認知到你有能力活出人生中的各種版本和時間軸，同時記得，你的人生不會因為某一個決定或選擇就卡住。

人生中沒有一條路是完美的。無論你選擇哪一條，都能在其中找到幸福。

比起那些**你做了的決定**，你更可能會為**你沒做的決定**感到後悔。

你不會被十八歲時的選擇困住，更不用說二十五歲，或任何年齡。

你可以體驗所有版本的人生，只是不是同時。幸好，人生有很多個季度，能讓你盡情嘗試。

第五章

我到底是誰？

在茫茫人海中尋找真實的自我

二十幾歲這段時光是一趟浩大的旅程，因為我們要在「認為自己應該成為怎樣的人」或「其他人期待我們成為怎樣的人」的背景下，找回真實的自己。我們渴望找到**「真我」**（authentic self），以及一份確信，那就是知道自己是誰、想要什麼。當你除去那些彷彿能夠定義自己的外在因素，也就是工作、伴侶和朋友、居住的地方，還有你的外貌之後，你是誰？脫去表層之後，你的核心剩下什麼？

更進一步地說，贏回真我是為了對抗「從眾」，對抗為了讓別人開心而存在的你；對抗那個你信以為真，但其實讓你很不舒服的自己；對抗你為了被接納而捏造出來的角色。在這十年間，我們會越來越能夠接納過去各種版本的自己——那些曾讓你覺得尷尬、徹底否定、只想叫他們閉嘴的自己。接著，我們變回真我，毫無虛假和偽裝。這是個重大的轉變，和我們在青少年時期花大把時間、拚命嘗試融入群體的狀態截然不同。

當我們步入二十幾歲，每個人都努力讓自己與眾不同，沒人想被視為「平庸」的存在。所以我們嘗試了一百萬種身分，想找出最適合的那一個。在這喧囂的十年裡，最重要的就是花時間去思考，你的「本質」是什麼。忽略所有讓你暈頭轉向的指教和流行，專注於真我，心無旁鶩。

什麼是真我？

我們常常用原型（archetype）或刻板印象來理解真我或身分認同，好像自己是書本或電視劇中的單一角色。我很用功？我不循規蹈矩？我事業導向？我居無定所？我很會照顧人？我是藝術家？事實是，真實的你遠不只如此，而是有許多面向，只有你自己能真正觀察到，因此永遠無法被單一標籤定義。你一旦感覺到，便會明白；而你也知道，與真正的自己完美契合是什麼樣的感受。其實你也能在某些人身上看到那份真實——那些即使不被喜歡也無所謂、舉止從容、充滿安全感的人。他們似乎與我們曾相處過的人不太一樣，讓人感到釋然和自在。那就是你的真我，是自我覺察（self-awareness）、自信和誠實的集合體。這個部分的你不受他人的期待左右，而且無論身處何地、和誰在一起，都會存在。

我知道聽起來可能有些抽象，也不是你所想要的科學性解釋或定義。心理學長久以來難以觀察與衡量「真實性」（authenticity），因為這個概念高度主觀。畢竟「真實」的定義對每個人來說都不一樣，怎麼可能設計一個實驗來測量它呢？但這不代表心理學家沒有嘗試過。

研究者通常會列出一些組成真我的核心要素，包括價值觀、信念、判斷、欲望、氣質、使命、創造力，最後則是我們表達這一切的自由意志（free will）[1]。自由意志或許是其中最關鍵的部分，因為成為真實的自己，意味著選擇掌握自我的樣貌，並且透過行動展現。真我不只是一張清單，上面列著你是或不是什麼；它也不是一個巨大的黑盒子，裡面裝著各種模糊的信念和無以名狀的價值觀。**「真實」是一個動詞，需要靠行動來表現**。

真我也不是你會偶然碰上的事物。有些人可能需要耗費好幾年，甚至數十年的時間，來發現並擁抱真正的自己。這個過程往往讓人感到不適，因為當你習慣為他人扮演某個角色，要做回自己，有時反而像在說謊。你可能會感到內疚，覺得自己「欺騙」了周遭的人，或長久以來摒棄了自己。不過，一旦你決定忠於真正的自己，這個選擇將在人生中永不過時，也永遠值得。從這個角度來看，它是你最珍貴的資產之一。

「不做自己」的危機

當你否認真我，會發生什麼事？當你隱藏真我，或與這個版本的自己失去連結，會引發羞愧，甚至是不道德的感受。你會覺得自己一直在對自己以及身邊的人說謊。我們從小就被教導要誠實，因此說謊會讓我們感到極度不適。弔詭的是，我們被教導「不要說謊」的同時，也被要求守規矩、有禮貌，還接收到一大堆不容於社會的行為準則。無論明示或暗示，這些訊息都會透過各種方式塑造我們的行為。朋友的父母對某人穿著的評論、貶低性的言語、新聞報導對某些人的醜化，甚至是不斷被社群媒體灌輸的趨勢。我們打從出生起，就被訓練要以他人所期待的特定方式來行事：要這樣做、要乖、這樣你才會受歡迎、那樣才有人喜歡，不要惹事生非。這讓我們認知失調（cognitive dissonance）：到底是要說謊、戴上面具，還是要做真正的自己，即使可能因此受辱？

在這些時刻，我們會戴上虛假的面具來防禦，盡可能地偽裝，保護自己不受批判，去迎合、滿足他人的期望。這就是所謂的**「假我」**（false self），這個詞由心理師唐諾・溫尼考特（Donald Winnicott）提出，用以描述我們在日常生活中所表現出來的表層自我——這些自我是出於義務，而非自由產生[2]。

相反地，**真我**不會因為外界的期望或壓力而改變，它是自發、自由，且有創造力的。當人們以假我行事，情緒上的後果會隨之而來。你可能會經歷各種負面情緒，原本只是在某個情境中感到有點不自在，後來會變得對各種事情都有罪惡感。每個人都記得那種時候：我們做出一些行為，深知那與內在的自我背道而馳；此時我們會胸悶，覺得恐慌、憂慮和不適，那就是羞愧感。它是有意義的，為了提醒我們，我們正在違背真實的自己。除了時不時出現的短暫罪惡感與不適，假裝自己是另一個樣子，還需要消耗龐大的日常心理能量，後果非同小可。想像你時時刻刻都扮演某些角色，而你其實不太了解，也不太相信他們。永無止境的角色扮演會讓你筋疲力盡，就好像做著一份永遠沒辦法打卡下班的全職工作。

拒絕真我也會影響你的人際關係。當你活在虛假的角色或人設之下，你吸引到的人只看得見你選擇展現出來的那一面，而非你真正的樣子。若友情和親密關係建立在無法長久維持的假象下，最終必然會導致疏離。更難過的是，你也會失去真正找到歸屬、敞開心扉的機會。近期的研究顯示，當他人察覺我們並不真誠，會影響他們對我們的評價。或許我們是出於恐懼，或是因為渴望被接納而壓抑真實的自我，但這也可能被解讀成虛偽或別有居心，他人因此覺得我們「很假」或「太做作」。我認為我們值得更多同理。我們都想要有歸屬感，都想融入如夢似幻的群體，無論那在我們眼中是什麼樣子。離開過去的朋友與虛假的自我，準備迎接真我與真正的朋友，這之間通常會經歷一段難耐的空窗期。但研究也顯示，當我們選擇真誠地展開行動、展現真我，人際關係的滿意度會提升，工作表現會變好，甚至社交焦慮甚至也可能減緩。

為什麼我們要否定真我？

每當說到「與真我連結」，我們並不總是有選擇，因為有太多外在因素阻擋我們「做自己」。我在先前的段落裡提過一些，但還有其他隨情境而異的因素，例如要在不同的脈絡中改變自己的樣子。合乎社會行為規範的其中一環，就是承認我們需要因應不同情境戴上各種面具，以符合特定脈絡中他人對我們的期待。

你工作時的樣子，和你跟朋友一起喝醉酒，或和父母共進晚餐時的樣子完全不同。我最常想到的例子是，你偶然聽見朋友用工作時的語氣講話，然後發現他們竟然猛然變成你完全認不出來的專業人士。這種感覺真的很奇怪，但這其實是典型的必要行為，因為我們生活在非常在意他人觀感的社會。不過，如果我們讓某個版本的自己超出對應情境，過度主導一切（尤其當那個版本是虛假的），那就會成為一個問題。我們很常，也很容易讓家人期待的「我們」來主導人生抉擇，例如職涯發展和感情生活。但年齡越大，我們就會對那個「為了討好他人而打造出來的人生」感到越不滿。

社會比較（social comparison）**也會讓我們壓抑真我，轉而呈現出我們認為別人會喜歡的樣子**。在社群媒體盛行的時代，我們有成千上萬個機會把自己和某人在網路上精心修飾過的樣貌進行比較。我們會想：「如果我更像他們，生活會不會變得更好？他們擁有的什麼是我所缺少的？」我們常常透過比較來評價自己、建立自我認同，並判斷自己在社會中的地位。而比較主要有兩種形式：**向下社會比較**與**向上社會比較**。

向下社會比較，是指和你認為「不如你」的人相比，藉此提升自尊或自身的價值感。向上社會比較，則是和你認為「比你更好」的人相比，這會讓你感到自身有所不足，因此激勵你改變，變得更像那個你所比較的人。你會試著「改善」自己的某些部分，好讓自己更接近那個「更好」的版本。但在這個過程中，你會為了迎合或仿效而放棄一部分真實的你。如果這麼說還不夠明顯的話，我再重申一次：這種做法的問題，在於你試圖強行把自己塑造成不是自己的人、去過一個不屬於你的生活。這就像把自己硬塞進一件太小的衣服，結果不但傷害自尊，還讓你感到更加空虛，因為當你追逐不切實際的自我，你會與自己真實、自在的那個部分脫節。此外，這也會造成「聚光燈效應」（spotlight effect）[3]。你越是比較，就越覺得別人也在用同樣的標準審視你，好像所有目光都集中在你身上；你覺得你的缺點和不安都被放大，於是往那個虛假的自我裡躲得更深，以確保安全。

要怎麼避免這種情況呢？老實說，別人叫你要「做自己」通常一點幫助也沒有。你花了好幾年試圖隱藏「自己」，又怎麼知道那到底是誰？別人要你做自己，但那到底是什麼意思？那是不是代表你該隨心所欲、不顧他人感受？是不是表示你應該更誠實、更直接，多談談你的信念，穿古怪的衣服？嗯，也不完全是這樣。我們可以向那些已經活出最佳版本的人看齊，學習如何真正做自己。這些人通常有一些共同的特質，他們清楚自己的核心價值觀，行為也與自身的價值觀一致。他們不會把自我價值建立在他人的看法上；他們坦然表露自己的興趣與熱情所在；他們有界線；他們不跟別人比較，而且擁有強大的內在認可系統（internal validation system）；他們獨特，而且總對一些事充滿熱忱。

對你來說，那會是什麼樣子？你要怎麼成為那樣的人？

擁抱你的真我

首先，為了釐清什麼對你來說最重要，你要檢視自己的價值觀。如果有人要你馬上說出你堅持的信念，這其實非常困難，因為當下你的腦中可能有超多個選項。

與其虛應故事，不如花上十分鐘，試著挑出五個你的核心價值觀。你可以從網路上找一份長長的價值觀清單，先選出其中二十個最能引起共鳴的，其中可能包括感恩、善良、創造力、成功、忠誠、才智、熱情、權力或樂趣等[4]。選出了二十個，再縮減成十個，最後只留下五個。在你心中，有哪五件事你百分之百確信，能構成你的本質？

我自己在做這個練習時，最後選出的五個價值觀是：獨立、創造力、慷慨、群體，以及喜悅。這些價值對我而言非常重要，我必須時時提醒自己，因為它們構成了我的核心本質，也因此構成了我的真我。

每天試著做一件能夠體現你核心價值觀的事。如果你重視善良，那就對陌生人展現善意，例如在公車上讚美他人、傳一則訊息給朋友，跟他說「我想你」，或是在一部影片下方留一句溫暖的留言。如果你重視好奇心，那就開始每天聽podcast，或是在通勤時間讀一篇評論文章。如果你重視上進心，那就投入副業或展開新專案。**請記得，真實應該是一個動詞，而不只是名詞**。

第二步，反思哪些活動、哪些人和哪些情境讓你感到最有生命力——那正是釋放真我的時刻。辨識這些時刻最好的方式，是觀察你會在什麼時候進入**心流狀態**（flow state）。心流狀態是指當你全神貫注於某項活動，以至於周遭的一切和生活中其他事情都暫時消失在腦海裡[5]。在這種狀態下，你會同時感到精力充沛且專注；你身體裡的所有能量似乎都方向一致，集中於眼前的事物。心流狀態是你能達到的最高意識狀態之一，可能也是你最接近內在平靜的時刻，這表示你正在做的事情，與你的真我互相契合。

提出「心流」這個詞彙的匈牙利裔美國心理學家米哈里・契克森米哈伊（Mihaly Csikszentmihalyi），透過訪談和觀察許多高度自我實現的人發現了心流狀態，其中包括登山者、芭蕾舞者、西洋棋手與外科醫生等[6]。他們不只高度自律、成功且勤奮，更深刻理解讓自己與眾不同的本質。我們或許無法因為找到心流而成為頂尖運動員或百萬富翁，但在較小的層面上，心流能讓我們更貼近真實自我，也就是我們完整的樣貌。

想想那些可以和你聊上好幾個小時而且無話不談的朋友，和他們談話時你不會看手機，也不會擔心外面的世界。這些人值得你好好把握，因為在他們面前，你可以做自己。再想一想那些能讓你專心致志而且隨時都能投入其中的嗜好，無論是畫畫、健行、編織、閱讀心理勵志書還是下廚，這些都很好。對我來說，「心流」意味著用雙手做點什麼。當我動手創作時，我最能感覺到自己與真我合一，我放下自我、專注於創造一件美麗或至少獨特的作品。做陶藝、在五美元的畫布上亂畫、用貝殼做風鈴……這時，我的心流狀態就會啟動。

這就是你該多花時間去做的事。請在每天，或至少每週的生活中，安排時間參與那些讓你充滿活力的活動和嗜好。這非常有益於你的大腦和身心健康，能讓你煥然一新，讓你與真我連結。

第三，你的真我不只是你現在的樣子，更是你正準備成為的樣子。**有個未來的你，正仰賴你現在的努力讓他成為現實**。要如何與這個未來的自己連結？答案是「視覺化」。如果沒有具體的指引或架構，你很難清楚想像出五年後理想或真實的自己。魔鬼藏在細節裡。

請想像五年後某個普通的一天，你最真實的自己會是什麼模樣？盡可能用各種色彩，並鉅細靡遺地想像。你穿著什麼衣服？衣服的顏色、質地和風格如何？你住在哪裡？牆上掛著什麼照片？早上你第一個傳訊息給誰？那一天過得怎麼樣？你怎麼去上班？你有什麼事情要處理？你跟誰一起吃晚餐？晚上回到家，你的房間長什麼樣子？你在想些什麼？你在做什麼夢？你有什麼期待？

這聽起來有點天馬行空，但那個版本的你是真實存在的！你只需要在當下活出那個「你」，每天把他活出來。當你面對挑戰，那個「未來的真我」會怎麼處理？他會怎麼回應別人的評價，或是你腦中那個惡意的聲音？他會希望你怎麼運用你的能量，去成就未來的你？要成為那樣的自己，的確需要付出努力、時間，全心投入，但你其實早已擁有這些資源——只是你現在一直試圖成為別人，而不斷消耗它們。試想如果你不再那麼拚命地扮演那個顯然不是你的角色，那你會多出多少情緒空間？

當你從取悅他人，轉而投資你最真誠、最重要的自我時，極大的內在平靜將伴隨而來。這個過程的其中一部分，就是要辨識**你依賴的是外在認可，還是內在認可**。內在認可，是你能專注於自身的長處與成就，以真實且舒服的方式行事，並藉此自我鼓勵；外在認可，則是仰賴他人的讚許與肯定，你甚至需要社群媒體上的讚數和愛心數來鼓勵你。**外在認可反覆無**

常，當你過度依賴他人的定義，你的自我價值就建立在一個可能瞬間消失的基礎上。相較之下，內在認可才穩定，因為它完全掌握在你手中，你可以信任它，讓它成為你持續不斷的信心來源。

擁有真我，並不代表不再感到不安。虛假的自我偶爾還是會出現，你也依然會在意他人的看法，這是人性。但這個轉變，會讓你更專注於人生中最重要的那個聲音，也就是你自己的聲音。

認識並活出真我的旅程往往很漫長，有時甚至很艱難。讓別人失望好像是一種自私，尤其當他們緊緊抓住過去的你時。有些人會很失望，因為他們習慣了那個會取悅、迎合他們的你。但要有所收穫，就要先捨棄些什麼，可能是錯誤的關係、遷就他人的慣性，或是隱藏自己的舒適和安全感。

人生太短，不能不做真正的自己。有太多人一輩子活在虛假之中，而你不會希望在二十年後才驚覺，如果當初有勇氣擁抱真我，人生會多麼不同。你不甘於此，而你應該從現在開始起身追尋。

是什麼樣的經歷或時刻，塑造了現在的我，無論好壞？

在他人的目光之外，我最欣賞自己的哪些特質？

如果十年後，所有人對我的記憶都會消失，那我會選擇在這段時間裡做什麼？我會創造怎樣的人生？

我的理想自我是什麼模樣？如果要成為那樣的人，我要怎麼改變自己？

第二篇

愛在大腦裡：聊聊戀愛話題

愛無疑是人們在這世上最常談論的主題。十四行詩書寫它、電影演繹它、演講談論它，甚至有關於愛情的教科書和專家。所有人都不斷試圖理解，為什麼愛能讓我們如此瘋狂，卻也幫助我們保持清醒。為什麼我們這麼需要愛，但它又能深深傷害和摧殘我們？這一切，其實都與我們大腦建立連結、處理情緒的方式，以及對歸屬感的渴望有關。很多時候，愛其實是神經科學，當然，也是心理學。

當我們深入探討心理學，便能找到在人生二十幾歲的階段，所有隱藏在與愛情有關的困境背後的答案。為什麼我總是被錯的人吸引？依附理論（attachment theory）可以給我們許多解釋。為什麼成年後結交新朋友變得這麼難？吸引力的原則能讓我們恍然大悟。為什麼單戀這麼痛苦？其他人也會感受到「該定下來」的壓力嗎？是不是只有我的朋友越來越少？當我們了解自己的心智如何運作，並且用更寬廣的視野來檢視這段人生的過渡期，答案就會越來越清晰。一起來聊聊，為什麼在二十幾歲的人生中，愛情總是無所不在又處處可見。

第六章　為什麼會喜歡上一個人？

關於吸引力的心理學

在二十幾歲的年齡，我們對愛與人際關係的思考幾乎超過其他任何事。對約會對象念念不忘、害怕自己孤老終生，懷疑在二十出頭歲時選擇的那個人，到底能不能一起走一輩子。我們擔心性的問題，無論是「做太多」還是「做太少」；擔心對方到底喜不喜歡自己，或是自己是不是真的喜歡對方。

占據我們大腦空間的，不只有戀愛關係。在這個階段，友情也讓我們深感不安，因為二十幾歲的友情彷彿是場永不停歇的雲霄飛車。我幾年前就發現了這個現象：我和身邊同樣二十幾歲的朋友，似乎都很難長久對自己擁有的友情感到真正安心。今天才剛達到高點，覺得滿足和被愛，對深刻又有意義的友情感到喜悅；隔天卻突然跌到谷底，覺得自己「根本沒朋友」，渴望擁有網路上隨處可見的那種「摯友團」，內心孤獨不已。

通常在這種時候，真正有所變化的，其實只有我們內在的狀態。外在環境沒有改變，我們的人際關係也一樣，但內心卻突然被某種對社交的深層不安全感壓得喘不過氣，這似乎是二十幾歲的常態。我們一直渴望更多的連結、安全感、朋友和愛情，當然也渴望「更好的愛」。少了這些，我們就像是在暴風雨中獨自飄搖的船。**人際關係的確會決定我們二十幾歲的成敗**，而我們想知道：是什麼讓人與人之間產生連結？是什麼讓我們吸引到其他人？我們想親近的人跟我們想避開的人，究竟有什麼差異？我要怎麼找到所屬的群體？要回答這些問題，就不能不了解「吸引力的科學」。一旦理解人與人之間如何產生連結（無論是親密關係還是純友情），讓我們在二十幾歲時迷失的濃霧就會散去，我們也能學習與人連結。

理解吸引力

我們通常會把「吸引力」單純地往戀愛或性方面進行聯想，例如愛火迸發、一見鍾情，或是一條無形的線，在一個空間中將我們與某個人牽引在一起。這種感覺讓人飄飄然、仿佛有電流通過。吸引力的確是一股強大的能量，但它也能更單純、更細膩。

對我來說，吸引力是種把人拉進同一個軌道的力量，無論對象是朋友還是戀人。我們需要這股吸引力，幫助我們察覺第一眼看不見的東西：對方的小怪癖、彼此共同的價值觀、對方獨特的幽默感、他們的善良與其他性格。吸引力是催化劑，讓我們能夠藉由這些小細節，建立更深的連結、擁有更紮實的關係。

其實已經有不少研究，探討我們為什麼會被某些人吸引。當然，論及親密關係，外在吸引力無疑是最通俗的面向，氣味、臉部的勻稱，甚至聲音，都會讓我們基於個人偏好，對某人產生好感[1]。這些偏好來自基因與生物本能的結合，舉例來說，對某些異性戀女性而言，聲音較低沉的男性更具吸引力，因為低沉的聲音代表睪固酮（testosterone）較高、繁殖能力較強[2]。不過，既有的人際關係與過往的伴侶，也會影響我們的偏好。

有些論點甚至認為，吸引力與父母有關。我們都聽過一個說法，那就是「人會被長得像自己父母的人吸引」[3]。佛洛伊德（Sigmund Freud）提出的「戀母情結」（Oedipus complex，又稱伊底帕斯情結）更加惡名昭彰，他認為男孩會愛慕母親，因此長大後會傾向追求外貌和心理特質與母親相似的女性；相反地，女性也有「戀父情結」（Electra complex）[4]。老實說，這些理論除了讓人感到有點噁心（實在沒有更好的形容詞），大多也無法解釋酷兒（queer）的性偏好是如何形成。所以對我而言，這些理論說不太通。很多現代研究重新檢視了過時的佛洛伊德理論，發現真相其實複雜得多：真正吸引我們的，往往是那些讓我們感到熟悉或相似的人[5]。與其說吸引，不如說是一種「我認得你」的安全感，或許這能夠解釋上述那些古怪的吸引力觀點。

基本上，構成吸引力需要四個要素：臨近性（proximity）、相似性（similarity）、熟悉度（familiarity）、相互性（reciprocity）[6]。當這四個條件具備，一段關係幾乎註定會建立。

臨近性不只是指實際距離，還包括運作的便利性：彼此多久見一次面、多常互動，以及這段關係在初期是否方便發展。物理上的靠近讓我們一開始就能進入某人的生活圈，這也解釋了為什麼我們最重要的朋友通常結識於高中、大學、宿舍、公寓或職場。這些都是我們最常跟對方見面、最容易建立關係的場域。

我最喜歡的其中一項相關研究發表於二〇二二年，這是一項在教室內進行的實驗，以學生的「座位安排」為研究目標[7]。座位的安排通常只是老師未經過多思考的隨機決定，甚至對學生來說也是，但會影響學生之間的友情——比起坐在教室另一端的同學，學生更容易把坐在隔壁的同學當成朋友。類似的研究也顯示，對住宿舍的學生來說，比起住在樓下或別棟宿舍的人，他們更傾向與住在隔壁的人互動、傳訊息或寫信，也更可能把住在隔壁的人視為朋友[8]。我有兩個老朋友，就是大學時期跟我住在同一層宿舍的人。有時我會想，如果當初住在那幾間房裡的是其他人，我還會跟他們建立起相同的情誼嗎？雖然我想說不會，但目前的證據似乎不站在我這邊。

只靠臨近性建立起來的關係有一個問題，那就是隨著年齡漸長、逐漸邁入二十幾歲的後半段，我們會開始意識到，有些友情不過是「方便」而已。只是身邊剛好有這個人，我們就以為對方是註定能走一輩子的朋友。隨著遷移和互動減少，那段友情也變得不再那麼重要。當我從大學附近搬到三小時車程外的大城市後，我很快就明白，哪些是真心想留在我生命裡的朋友、哪些人只是因為我們彼此都方便，才待在我身邊。而要在親密關係中分辨真正的連結和「單純曝光效應」（mere exposure effect），就更加複雜。你是真的喜歡這個人，還是只是因為他剛好離你最近？當然，我們不太可能愛上一個沒有機會見面的人，但也不代表每個禮拜都會見到幾次的人，就能符合你的期待。

相似性是構成吸引力的另一個要素，或許也是其中最好理解的。儘管很多人認為「異性相吸」，但其實我們往往更容易喜歡上和自己相似的人，這就是「相似吸引假說」（similarity-attraction hypothesis）[9]。背後的心理機制很簡單，當對方擁有和我們相似的價值觀、人生經驗、嗜好、態度和日常生活時，我們自然會感到更有連結感，因為和對方有更多共同話題，而且無須費力解釋自己的想法。所以，這段關係經營起來會更容易，也更輕鬆。

在戀情中，如果你比較喜歡在家放鬆，而對方更愛徹夜狂歡；你重視家庭，而對方完全不在乎；又或者，你常保樂觀，對方卻是悲觀主義者，那麼你們會難以建立與彼此的連結，遑論想像你們的未來。有些解釋更為細緻：當雙方的行事態度雷同，我們會覺得自己的判斷受到認可[10]。如果兩個人很像，也比較能夠預測彼此的行為，這會讓我們感到安全和穩定。

此外，相似的性格也會比較少產生摩擦。

許多研究都顯示，人們想結婚的對象，通常會在年齡、種族、教育背景、價值觀以及客觀的外貌吸引力上與自己相當，這種傾向也適用於友情[11]。如果有相同的興趣，彼此也更容易產生連結，因為你們總有話題可以聊，這對維繫關係很有幫助。

然而，如果建立關係時過度仰賴相似性，反而可能讓我們錯過原本有機會深交的絕佳對象，因為我們一開始就會認為彼此「沒有共同點」。其實，有很多迷人、善解人意又溫暖的人，都可能成為我們的畢生所愛，前提是我們要先放下「同性相吸」的預設立場。如果我們只和與自己相似的人互動，久而久之就會停留在自己的小圈圈裡，無法結交新朋友。

心理學家保羅・英葛蘭姆（Paul Ingram）與麥克・莫里斯（Michael Morris）在一項研究中觀察到這種現象[12]。他們邀請一群商業主管參加一場「擴展人脈」的酒會，結果發現大多數與會者並沒有認識新朋友，在酒會上的大部分時間都用來和原本就認識的人互動。相似性固然重要，卻不代表一切。如果我們過度依賴「共同點」，就會錯過因為「不同」而激盪出的火花。

熟悉度是與臨近性和相似性有關的概念，也是吸引力的第三個要素。當我們有機會與某人建立關係與連結，吸引力也會隨之增加，因為眼前的人對我們來說已經很熟悉，也讓我們很自在。這通常是時間的功勞。如果你需要實際數據的話，有研究指出，人大約需要三十個小時才會把另一個人當成「普通朋友」；一百四十個小時才會稱之為「好朋友」。要達到

「摯友」的程度，則需要相處超過三百個小時[13]。難怪我們在二十幾歲的年齡，這麼難建立新的友情或其他人際關係。畢竟，我們哪來那麼多時間？

有許多人會依照認識一個人的時間長短來評斷友情的深度。我們口中那位「最好的朋友」，很可能是高中或剛上大學時就認識的朋友。我們花了比較多的時間真正去了解對方，包括他們的優點與缺點；我們也陪伴彼此經歷了不同的季節與人生篇章。隨著時間累積，我們與他們相處時越來越自在、更願意在他們面前展現脆弱，也更信任他們。這就是為什麼，每當聽到有人與多年朋友成為伴侶時，我都不會感到驚訝。有位維多利亞大學（University of Victoria）的研究者曾指出，三分之二的夫妻都是從朋友開始的[14]。顯然，我們可能會跟自己早已熟悉，也具備關係基礎的人進一步發展。

最後，是**相互性**。我認為這是吸引力最重要的基礎，因為少了它，我們就會變成單相思——無論是友情還是愛情。**我們比較會喜歡「喜歡我們的人」，就這麼簡單**。我們費心關注他人，而以同等方式對待我們的人，自然會吸引我們。如果對方總是保持距離或是予取予求，我們必須不斷糾結，才會持續希望他們待在身邊，因為這段關係已經失去了平衡。另一個例子是，當你的新朋友、約會對象，甚至是一個你想認識的人，主動表現出他們對你的在乎，比如安排時間跟你見面、經常傳訊息給你、為你慶祝生活大小事，那麼你自然也會想給予對方同等的回應，關係就會慢慢升溫。

不過，請務必留意：面對戀情時，思考邏輯可能會完全相反。當我們釋出好感卻沒有獲得回應，反而可能激起我們的挑戰欲望，這是「追逐」的吸引力。我發現這種情況在高成就或生性固執的人身上尤其常見。我們會說服自己，最好的、最值得擁有的東西，本來就需要努力與時間才能得到，所以我們不停地往漏水的杯子裡倒水。我們對能夠輕易得到的東西不屑一顧，於是一段關係就變得像是我們必須努力贏得的獎品。這並非吸引力，而是一種懸念或不安，有時候也像一種娛樂。你就像個飢餓的人，而對方時不時對你「撒麵包屑」（breadcrumbing）——永遠只給一點、不讓你吃飽，給你持續但不穩定的獎勵，有時回應你，有時又不會。我們永遠不知道努力什麼時候會有回報，所以遲遲無法放手。

簡單來說，上述情況可以用「稀缺效應」（scarcity effect）來解釋[15]。我們天生就有認知偏誤，覺得稀有或罕見的事物更有價值。隨處可見的東西顯得平凡無奇，也不那麼閃耀珍貴。如果有人疏遠我們，或只分一點時間和精力給我們，他們反而會更有吸引力。但那種吸引力、好感度、魅力、心動感和追逐感，都不足以成就一段真正的關係。最終，這種關係只會讓我們筋疲力盡，並且選擇離開，因為沒有什麼值得我們繼續追求下去。這段過程會持續多久？或許是幾週、幾個月，還是幾年，全取決於我們對自己和對方價值觀的評估。

善用吸引力

我們可以善用這些吸引力的原則，來建立更好的人際關係，並吸引他人靠近。我發現，那些最容易交到朋友或不乏追求者的人，通常正是展現了這些吸引力原則。

他們參加各種活動、積極社交，並且總是敞開心胸對話和認識新朋友，創造與他人的「臨近性」。這聽起來很平常，但如果你想在二十幾歲建立更多連結，你就不可能整天待在家舒舒服服地窩著。這些人也會在既有的社交場域尋找友情，比如工作場所，或是朋友的交友圈。

其次，這類人會主動尋找與人之間的共同點。他們很快就能發現彼此的相同之處、共同興趣和話題，讓彼此有共鳴，互相產生好感。要達成這件事，最簡單的方法就是把焦點放在對方身上，並且發自內心對對方感到好奇。這樣你一定能找到與他們的連結，彼此的共同點也會隨著時間自然浮現。接著建立熟悉感，雖然一開始會很費勁。這也是擅長社交、人際關係良好的人會使用的成功策略。我們都曾經碰過那種才剛認識不久，卻像是多年老友的人，那種吸引力難以抗拒。其實這並非偶然，無論有意還是無意，有些人之所以能快速建立親密感和熟悉感，是因為他們願意敞開心扉，先一步展現自己的脆弱，讓我們因為感到安全和自在而卸下心防。

當然，有時也會產生反效果，無意間的「創傷傾倒」（trauma-dumping）就是一個例子。認識才沒幾天，我們就開始分享自己最黑暗的祕密，因為我們覺得是時候了，但對方可能還沒準備好承接。這可能是對關係強度成癮的徵兆——我們把交朋友或談感情的進度拉得太快，而沒有先打好必要的基礎[16]。

不過，如果我們用心去了解某個人的生活，像是主動提起幾個禮拜前他們談過的事情，記得關於對方的小細節等，這通常會讓對方對我們產生更多好感，認為我們可能是他們會想留在生命中的人。

最後，用黃金法則「相互性」總結上述一切。它不只讓這些要素發揮作用，也讓它們更加完美。這不表示我們必須斤斤計較、精準對等——他打電話來，我就一定要回撥；他邀請我參加活動，我下次也要邀請他；他送了生日禮物，我也要回送。這麼做有時反而會太刻意，甚至感覺有點控制欲，或是我們在悄悄計分。友情和愛情不需要這麼嚴格的規則，只要我們能回應對方的付出、讓他們感覺到我們全心投入，就能為這段關係提供正向回饋，讓它從單靠吸引力的階段，繼續發展下去。

超越吸引力

我們對理想伴侶、戀人或朋友都有各自的偏好，我們知道小鹿亂撞是什麼感覺，也能感受到那股讓我們充滿活力的熱情。但如果我們只憑化學反應來追逐某個人，往往會忽略了關係中的協調，和那些遠超過「火花」的東西。

有個理論總是讓我深刻體會到這件事，那就是心理學家羅伯特・史坦伯格（Robert Sternberg）提出的「愛情三角理論」（triangular theory of love），這個理論無論是柏拉圖式戀愛還是涉及肉體關係的愛情都適用[17]。愛情要能持久，需要三個元素：親密（intimacy）、激情（passion）和承諾（commitment），而吸引力也許只能滿足其中一項。我們都需要與某人有緊密的關係，能夠坦誠脆弱、善待彼此並深入交流，這就是親密。同時，我們也渴望承諾，明白對方願意全心投入這段關係，並且永遠都會在我們身邊，成為我們走向未來的穩定力量。即使是在開放式或多重伴侶關係中，承諾仍然不可或缺，儘管它在外人眼中可能不太一樣。

這一切的核心，是明白伴侶在情感上對你忠誠、把你納入未來計畫中，並且真心希望你過得好。如果只有激情，那其實只是迷戀；如果只有激情與承諾，那麼你們之間無法真正敞開；如果有激情與親密感，卻沒有承諾，那麼你們只是曖昧，充其量是會上床的好朋友

（friends with benefits）。如果沒有承諾，那真的是一段穩固的關係嗎？除了外貌、欲望與刺激，還得看得更遠，因為這些東西很脆弱、禁不起時間的考驗，但親密與承諾卻不是如此，甚至能一次又一次地重建。

吸引力，包括朋友之間的吸引力，是建立在臨近性、相似性、熟悉度、相互性這四大原則之上。培養這些要素，就能創造更多建立連結的機會。

經營關係，不能只靠刺激或欲望。所有美好關係，都是建立在情感的親密之上。隨著年齡增長，交朋友變得越來越難，因為我們可以用來投入新關係的時間越來越少。尋找機會培養親密感、發掘你和對方的共同點、建立熟悉感，能加快這個過程。

就算覺得有點費力，也要用相同的熱情回應對方！相信我！

第七章　安全型、矛盾型還是逃避型？

破除依附理論迷思

由於抖音和 Instagram 等社群平台的大量傳播，依附風格（attachment style）近年來廣泛受到關注。相關的影音和內容有如病毒般傳播，不斷替人「診斷依附風格」，讓這個概念成為人們信手捻來的心理學術語。然而，當一個術語開始流行，它真正的含義往往會被扭曲或受到誤解。事實上，依附風格遠比三十秒的短影片所呈現的更加複雜。

許多人誤以為自己在關係中屬於焦慮型或逃避型依附，但其實約有六五%的多數人，屬於安全型依附[1]。錯誤的判斷會導致自我應驗的預言（self-fulfilling prophecy），讓我們在關係中表現出自認會有的樣子（例如焦慮或逃避），即便我們早已具備發展安全型依附的基礎。此外，我們也認為依附風格在二十歲之後就無法改變，而且會決定我們未來所有戀情的成敗，因此我們可能沒救了。然而這種看法並不正確，也無助於理解該如何經營關係。

無論是戀情、友情還是家庭，了解在關係中何謂「安全型依附」或「不安全型依附」非常重要，我們能藉此辨識某些行為模式究竟會破壞還是強化這些關係。尤其在二十幾歲的年齡，我們可以在最適當的時機，處理和釋放童年時期的創傷，同時建立將會深深影響人生的人際關係。我認為是時候導正視聽，清楚說明何謂依附理論。

依附風格的基本概念

首先來上一堂歷史課，探討或許是心理學領域中最著名的理論——依附理論。依附風格的概念源自精神醫學與精神分析先驅，約翰．鮑比（John Bowlby）與瑪麗．愛因斯沃斯（Mary Ainsworth）的研究[2]。他們假設孩童必須與照顧者建立穩定且親密的關係，照顧者則要提供安全和保護，以及其他人類基本需求。孩童脆弱，而且高度依賴成人照顧者，各方面都需要他們來滿足，這樣的依附關係源自生存本能。

當依附因為忽視、遺棄或虐待而受到破壞，孩童會認為自己無法信任那些應該愛護他們的人。這會導致他們產生特定行為，並延續到成年後。這些行為往往表現出焦慮型、逃避型或混亂型依附風格。

愛因斯沃斯在她所設計的「陌生情境」實驗（strange situation experiment）中證明了上

述論點[3]。研究人員讓父母離開孩童，觀察孩童在另一個房間如何與陌生人互動、玩玩具，後續再觀察父母回來時孩童的反應，藉此測試他們探索的意願、對分離和陌生人的焦慮程度，以及與父母重聚時的行為。研究人員在最初的實驗中注意到，孩童在這四種衡量標準上大致可分為三種模式。

陌生情境實驗歸納出三個主要依附風格的基礎：安全型（secure）、焦慮矛盾型（anxious-ambivalent），以及焦慮逃避型（anxious-avoidant）。雖然起初的研究對象是孩童，但後續研究也顯示，童年時期表現的依附風格會影響我們成年後的行為，包括尋求關係、建立親密感、展現脆弱、建立連結，以及被拒絕時的反應。我們在童年時期與他人建立關係、產生依附的模式，會在大腦中固定，並且在成年之後不斷重複[4]。

安全型依附

安全型依附的孩童願意探索周遭環境。雖然他們會在照顧者離開，或陌生人進入房間時感到些許不安，但當父母回來後，他們很快就能被安撫，也樂於讓父母擁抱及安慰。當雙親能持續照顧孩童並滿足他們的需求，這些孩童最容易形成安全型依附，他們將父母視為安全的所在，但不過度依賴，因此能夠在父母不在場時玩樂和探索。

在成年時期，安全型依附是最常見的依附風格。這類型的人能信任他人，也能夠獨立自主。他們有自信、穩重，樂於尋求來自朋友、家人和伴侶健康的愛與社會支持。當有人離開，或是一段關係結束，他們的處境也許很艱難，但他們依然會對現況和未來有安全感，無須仰賴他人才能讓情緒保持穩定。

焦慮矛盾型依附

焦慮矛盾型依附的孩童在照顧者離開、陌生人進入房間時，會感到極度不安。他們不願意在父母不在場時探索環境，也無法自我安撫。而當照顧者回來時，他們會表現出矛盾的反應，甚至會變得憤怒或無感。他們認為照顧者無法在情感上提供支持，或是回應自己的需求。可能是因為照顧者工作繁忙，並未留意孩子尋求關注的哭聲，又或者是被其他孩子占據了注意力，因此他們給予的關愛無法預測。孩童因而感覺照顧者時而親近、時而疏遠，這種忽冷忽熱的環境讓他們認為「愛」必須靠自己爭取。他們對照顧者的反覆無常感到不滿，卻又渴望愛，最後就變得非常黏人。

成年之後，矛盾型依附風格的人往往不信任別人，也會懷疑伴侶是否真的愛自己，這會讓他們因為害怕被拋棄而出現恐慌和憤怒的感受。他們對於伴侶可能離開感到焦慮，並且容易為了維持親密關係而犧牲自己的界線[5]。如果伴侶需要個人空間，必須先費力安慰他們。

焦慮逃避型依附

焦慮逃避型依附又稱為「逃避疏離型依附」（avoidant-dismissive attachment）。這類孩童在照顧者離開或返回時都處之泰然，沒有過多反應。他們對陌生人也展現出同樣的冷淡態度，而且十分獨立，即使照顧者不在身邊也能安然探索環境，並自我安撫。這些孩童可能已經學會依靠自己來滿足情感和安全需求，因為他們認知到父母對自己的情緒困擾不夠敏感，也無法處理。

焦慮逃避型的人在進入成年階段後會拒絕真誠且脆弱的關係，往往會在情感連結加深之際退縮。相較於長期的親密關係，他們更偏好建立隨興的關係，以保持情感上的距離。他們通常極為獨立，可能還會表示自己不太需要深刻的親密關係，因為童年的經驗讓他們相信，這些關係最終會令人失望。

必須注意的是，依附風格並非來自單一的經驗，而是由無數次微小的經驗累積而成[6]。照顧者的行為模式，尤其是在我們尋求安慰、親密感和支持的時刻，也會影響我們如何與他人建立關係。如果要討論不安全型依附風格，其成因不會只是虐待或忽視，任何可能導致關係失衡或失常的狀況，例如父母離異、藥物濫用、父母自戀、情感連結失能、頻繁搬家，或是父母本身就有心理健康的問題，都會有所影響。大部分的父母無意傷害孩子，但他們的情感承受上限以及能夠提供的支持，可能無法滿足孩子的需求。這也是依附風格被誤解的一個例子，彷彿只有惡意的教養才會導致不安全型依附，但事實並非如此，有很多因素都會造成這種結果。

接著，讓我們來釐清與這個理論有關的常見迷思。

迷思一：一旦進入二十幾歲，依附風格就無法改變

毫無疑問，童年經驗會深深影響我們。那幾年是成長過程中最關鍵的階段，因為腦部神經會在這段時間迅速發展。孩子的大腦就像一塊巨大的海綿，吸收周遭環境的一切，包括他人的情緒以及各種重大或微小的時刻。不過，人生最初的十到十五年，並不是決定成年之後人際關係是否成功的唯一因素。雖然依附風格通常在年少時形成，而且可能延續到成年後，但它還不是定數。這為童年不那麼順利，或與父母關係不睦的人，帶來了希望。

心理學和神經科學的研究一再證實，人類具有驚人的自我成長與改變能力，包括透過接受心理治療與「再撫育」（reparenting）來修復自己的依附風格[7]。隨著我們逐漸成熟，依附風格會不斷受到挑戰，同時也會因為成年後的各種經歷而有所改變。

事實上，近期針對成年戀情的研究顯示，早年的約會經驗也能夠形塑我們的依附風格，而且這種影響是雙向的[8]。你高中時那個糟糕的男友，或是你大學時追求了整整一年的女友，他們對你造成的傷害，可能比你想像的還要大。就算原本對關係很有安全感，也可能在遇到難以捉摸、慣於情緒操控或虐待的對象後而變得容易焦慮，因為這些經歷徹底改變了你對感情的期待和對愛的認知。由於大腦在青少年時期到二十幾歲時還在持續發展，因此這些早年的戀愛經歷對依附風格造成的影響，不但不亞於我們與父母之間的連結，甚至可能更加深遠。

幸運的是，依附風格當然也可能改善。一個原本屬於逃避型或矛盾型依附的人，也可以透過解構童年來理解與照顧者相處時潛移默化習得的模式，並慢慢轉變為安全型依附。有意識地回憶、辨識哪些事件造就了這些行為模式，並修正對自身價值的錯誤定義以及被愛的能力，就可以轉變依附風格。「有意識地回憶」具有無窮的力量[9]。具體來說，這指的是回想那些在童年時期塑造你依附風格的核心記憶，並且以一個能自我覺察的成年人視角，重新詮釋這些事件。你看著父母離開、你被大聲責罵，或者是你遭受殘忍對待——當時的你只能怪罪自己，但現在這個逐漸恢復的你，可以用更成熟的眼光去理解這些情境。當你進入這些記憶，並有意識地加入新的解釋與資訊，你就不需要再以不完整的記憶來定義自己，以及你接受愛的能力。

如果你終於遇見一段健康的愛情，你也可能會發現，你的依附風格正在慢慢改變。當有人願意理解你受傷的「內在小孩」（**inner child**）如何面對愛情，你會大大地受到療癒。或許你還是會因為恐懼而誤傷伴侶，但新的、愛你的另一半，可能會鼓勵你分享這麼做的原因，並且阻止你把他推開。這樣的愛是我們所能遇見最好、最具療癒效果的禮物之一，但往往也帶給我們最大的挑戰。

幾年前，我在波士頓和一位多年未見的朋友共進晚餐。在我們沒見的這段時間，她有了新對象，她形容對方是「此生的摯愛」。她說這是她經歷過最深刻的愛，因為比起以往的感情，這段關係讓她需要更深入認識自己。那是她第一次真正體會到「愛需要努力」這句話的真諦，過去的她一直很害怕這個說法。她慢慢領悟到，健康的愛可能和不健康的愛一樣會促使我們改變，因為它讓我們不得不正視自己在關係中最深的恐懼，並學著去面對。她必須全面檢視自己逃避型的行為模式，像是故意激怒伴侶、挑起爭端，以讓自己有理由暫時（或永遠）離開；一旦感覺關係過於親密赤裸，就讓自己抽離；還有，總是避免承接或給予重大承諾。她說，現在她終於明白，正是這些行為導致了自己過去所有關係的破裂。她甚至開始懷疑，自己是不是其實打從心底就希望關係破裂？但這一次，面對眼前這個新的人，舊有的逃避行為已經行不通了。她渴望未來，而這個人成了她的隊友，陪伴她有意識地重塑自己的依附風格。他們在去年步入了婚姻。

她的故事，讓我對所有懷疑自己永遠無法改變的人，燃起極大的希望。她的例子證明只要我們有足夠的自我覺察，能夠辨識出逃避或矛盾型依附如何導致自我破壞，就可以打破這種慣性。當我們發現自己又回到童年時期建立起的防衛機制，就負責任地中斷它、拋棄「這些行為能保護我們」的錯誤信念，那我們就能解鎖親密關係中的嶄新層次與深度。

我也始終鼓勵人們接受心理治療。在那個安全的空間裡，我們能擺脫來自童年或過往任何關係的羞愧感與恐懼。治癒不安全型依附風格，真的能改變人生。

迷思二：只有不安全型依附的人會在關係中掙扎

安全型依附風格的人，不一定能把關係經營好。那些在成長過程中持續受到父母關心、持續接受父母情感支持的人，成年之後依然可能在感情中極度焦慮、把他人推開、經歷關係快速破裂、出軌、離婚、陷入一段又一段曖昧關係，或遲遲無法建立起真正的連結與愛。我們如何面對與他人的關係，遠比單純將「童年經驗」與「成年行為」劃上等號還要複雜，而且這也受到我們的價值觀、自尊，以及對人際關係抱持的期待所影響。

我在一個充滿愛的家庭中長大，父母一直很愛我。他們會載我去打籃球比賽、告訴我他們以我為榮。但即使如此，我在二十出頭歲時還是和許多無法真正和我談感情的人交往。我曾經跟對我很糟糕的人在一起；我還是會因為沒安全感而找對方吵架，這讓我很難受；我也經歷過很多爛尾的感情。**但是我並非真的是一個焦慮型依附的人，我只是處在一個不安和焦慮的時期。**

一段關係是否能走下去，不完全取決於依附風格。成功的關係還是需要雙方共同努力，需要有效的溝通、彼此相容，當然還要在情緒上成熟。如果在這些方面有所缺乏，無論你的依附風格為何，你在親密關係中依然會受限，難以全心投入、保有耐心和自我覺察，並進而擁有美好的關係。不安全型依附的人在面對各種障礙、學習成為好伴侶的過程中，的確會比較艱難，但那並不代表他們註定失敗，也不代表安全型依附風格的人面對感情就無懈可擊。

迷思三：依附風格只會影響愛情

對我來說，依附風格最迷人之處，就是它不僅反映於我們的戀愛關係，也同樣展現在友情裡[10]。依附理論指出，我們的依附風格其實反映了我們與他人建立連結的能力，而這種能力來自童年經驗，顯示我們如何將與父母的關係，複製到與他人的關係之中。這個觀點延伸到各種人際連結，包括友情，而且完全說得通。友情有時候甚至比戀愛更複雜、更親密，也更脆弱。因為交朋友不像談戀愛，還有「教戰手冊」可以依循。因此，我們在戀愛中的各種行為動機也會出現在友情之中，例如在覺得對方開始疏遠時變得黏人，或是因為害怕受傷和被拒絕，而只停留在表層關係。友情一如愛情，有可能會傷害我們，同時它們也需要很多在戀愛中必備的情緒能力，才能好好經營。

我有個朋友是由酗酒的父親扶養長大，他的父親經常在酗酒後消失好幾天，隨後總是滿懷歉意地帶著禮物回家，保證下不為例。然而這個承諾通常只會維持幾週，父親總是不斷重蹈覆轍。主要照顧者不穩定的行為，讓這位朋友發展出焦慮矛盾型依附。她會跟朋友建立非常親密的關係，但是過度依賴對方，有時會讓關係嚴重失衡。只要察覺到對方似乎有些疏遠，她就會陷入恐慌與焦慮，害怕被拋棄。崩潰到最後，她只好將對方推開。事實上，她二十五歲才開始談戀愛，但她的依附風格已經清楚地展現在友情之中。這種模式也會導致自我應驗的預言：她越是想將人緊緊抓住、越是努力想維繫關係，對方就越是感到窒息，最終要求保持距離。對她來說，這感覺就像是「我恨你，我再也不想見到你」的訊號。於是她不斷陷入惡性循環，每一段友情都以失敗告終，不斷印證她心中「沒有人會留下來」的信念。而這加深了她的焦慮，認為未來還是會發生同樣的事。**愛不只存在於戀愛關係中，有時候生命中最深刻的關係來自友情，它會刺激你、挑戰你，讓你重新檢視童年記憶和行為模式。**

我們的依附風格其實非常細膩，並不是每個人都會明確屬於其中一種類型。事實上，近年的研究為了辨識個別差異，已開始引入全新的依附風格和變化，而且依附風格的運作也比我們想像的還要複雜[11]。你可能會隨意把自己歸類為焦慮型或逃避型，但其實多數人是安全型，只是有些外在行為和慣性，會在人際關係中造成困擾。焦慮型依附的人也可以擁有一段圓滿的關係或婚姻；而安全型依附的人也可能一再心碎，只因為他們還沒培養出必要的人際關係技巧，這與依附風格幾乎無關。

不要再讓網路診斷你的人際關係了，你只會得到最簡單而且通常有誤的答案。你有能力改變和他人的互動方式，也能修正讓你無意間破壞了那些深刻而且充滿意義的連結的行為模式。你有能力選擇如何去愛——是出於恐懼和匱乏，還是振奮與富足。

即使你是安全型依附，還是會因為焦慮或逃避而做出某些事。你的依附風格不能決定你最終在關係中是否成功和滿足。我們每個人都值得擁有健康而深刻的愛。

依附風格確實會影響我們，但它也可以被改變。你不會被成長經歷詛咒。

第八章　在感情中重蹈覆轍
打破有毒的戀愛循環

「我所有前任都是那個樣！」
「我真的有特定偏好！」
「為什麼我總是會吸引到這種人？」

我在某些時期談戀愛時，也會說這些話。有很長一段時間，我都搞不懂為什麼每個約會對象都像是上一個人的複製品，也總是在面對同樣的問題：他們不願意給承諾、難以展開情感交流、自信到近乎傲慢。這些人甚至在大學修一樣的課、有類似的興趣和嗜好，其中兩個人還在六個月內相繼住進同一棟房子。這根本不是巧合。

我不斷責怪他們，把這一切歸咎於我「戀愛運很差」，但我終究得認清現實。他們不全然是問題所在，我也有責任。或許他們很難相處，也曾經做錯事，但我也一樣。我，就是這些情境的共同因素*。

我意識到，自己總是重複做著同樣的事、選擇相同類型的人。我總覺得那種冷漠且難以親近的人很有趣也很有吸引力。我不相信自己的直覺；我害怕孤單，只要有人靠近，我就會接受他。這樣的我卻每次都期待會有不一樣的結果。有時候，要找到健康的愛情就必須去覺察，自己是不是又在戀愛中重蹈覆轍，然後再次走向我們其實並不想要的結局。這樣的覺醒改變了我在二十幾歲時談感情的方式，讓我得以打破根深柢固的舊習慣，而我也終於遇見了那個夢寐以求的人。以前的我一直在往錯的地方尋找。

陰魂不散的過往

戀愛中有毒的模式千奇百怪，而且會無限循環[1]。例如不斷從一段感情跳到另一段，也就是我們常說的「無縫接軌」；總是選擇那種不願意給承諾的人，還覺得自己可以改變對方，自認絕不會像上次一樣失敗；每段戀情都無疾而終，因為彼此都太過安逸、忽略了關係當中最脆弱易碎的情感連結。你明明知道自己希望未來能和有相同信仰的人結婚，卻還是持續與不同信仰的人交往；又或者，你的戀情總是因為雙方溝通不良而破裂，畢竟你總是會喜歡上那些需要你費力「破解」的人。你總是尋求黏膩的關係，導致你完全沒有空間與自己相處；你無意間成了伴侶的父母或照顧者。如果有人靠得太近，你就會把他推開，因為這觸發了你不受控的逃避傾向。還有可能，你總是跟另一半爭吵不休，因為你有「回溯性嫉妒」（retroactive jealousy），也就是對他過去的戀情耿耿於懷，因為你還沒學會如何面對自己的不安全感。這份清單還可以更長，以上只是我在自己和身邊的人身上所觀察到的幾個例子，其實還有成千上萬種情況，會讓我們一再受挫，但我們卻從未真正停下來，檢視關係崩壞背後的根本原因。

重複的戀愛模式

了解自己為什麼總是選擇那些根本不適合的人，進而導致關係失敗，這件事非常關鍵。這在你二十幾歲時尤其重要，因為這是你建立戀愛風格、偏好和需求的基礎階段。初期的戀愛經驗，會教你該對未來的伴侶抱持什麼期待，而且可能變成根深柢固的思維與行為模式。

這是一種強迫性重複（repetition compulsion），也被稱為創傷重演（trauma reenactment），

* 作者註：但這不適用於虐待關係。那完全不是你的錯，完全不是。

指的是我們會一再經歷那些痛苦或有壓力的情境，卻試圖尋找不同的結局[2]。有一種理論認為，我們之所以會在新的關係中不自覺地重演過往經歷，是因為我們無意識裡想證明「這些創傷其實有解方」。心理治療師數十年來一直嘗試解釋這種現象。

也許，這是因為我們不自覺地重複了童年模式？或是我們正試圖掌控曾經讓我們無能為力的那些經驗？還是我們無意識裡認為自己不配得到愛，所以這種行為是在自我懲罰或自我破壞？我們深信「自己不值得被愛」，以至於在每段關係中，都在尋找能夠印證這個信念的證據。如此一來，我們就沒有機會去質疑那些深入骨髓的信念：「**我就該受苦**」、「**愛就是這個樣子**」、「**我不配**」。這也和下一個解釋密切相關。我們之所以會在關係中重蹈覆轍，可能是因為我們本來就會重複自己習以為常的事情，這些事對我們來說很「正常」，很熟悉[3]。我們知道遇到一個不願意給承諾的人會發生什麼事，因為我們以前經歷過。我們熟悉關係的起伏、習慣壓力、深知期待和期待落空的感覺。如果突然經歷截然不同的愛，我們反而難以預測未來，因為這跟我們早已習慣的愛情敘事不一樣。老話一句：「熟悉的魔鬼最對味」（we choose the devil we know）。

這可能也反映了我們在童年時期見證的功能失調（dysfunction）。我們從小就只認識那種愛，所以無法想像愛還有其他形式。在生物學與神經科學層面上，我常想到一句話：「**一起發射訊號的神經元連結更深**」（neurons that fire together, wire together），這句話深層描述了

「長效增益」（long-term potentiation）[4]。我們越常反覆進行一種行為或互動模式，或以特定思維看待愛情時，我們的思想、行為與結果之間的神經連結就會越強韌。也因為如此，要打破過去建立關係的習慣就變得更加困難，因為大腦中的神經網絡已經習慣把我們帶回熟悉的模式，讓我們難以改變方向。你並不是「想要」痛苦、心碎、三度載回交友軟體，而是你只學會了一種愛的方式。現在，你需要打掉重來，學習全新的方式。

致命的幻想性連結

重複不健全或無益的關係模式，最後一個可能的原因，與「幻想性連結」（fantasy bonding）有關。幻想性連結是指，沉迷於與某人之間的「關係幻象」，即使這段連結實際上根本不存在。這麼做是為了保護自己，不去正視被刻意忽略的事實[5]。這是一種心理防衛機制，讓我們不必看清自己在關係中不願面對的真相。幻想性連結很常見於家庭失能，或長期受到忽略的孩子。他們別無選擇，只能把父母**理想化**和**美化**，以維繫這段賴以為生的關係與那份安全感。實際情況往往截然不同，但幻想總是讓人感覺舒服得多。

我們會愛上自己對某個人最初的想像，但隨著關係深入，才會意識到事實根本不是如此。有時候，眼前的人在想像中無比美好，所以我們依戀他們的「潛力」，而非他們的真實樣貌。他們是如此符合我們的故事走向，所以我們理想化了所有美好、耀眼的部分，同時忽略所有警訊，並將自己對未來以及完美關係的渴望，投射到一個根本無法或不願意承接這些期待的人身上。

隨著時間過去，我們越來越難忽視那些告訴我們其實一切並不像表面那樣美好的跡象，於是幻想開始崩解，最後徹底粉碎。那些一開始吸引我們的特質，現在似乎都消失無蹤，因為它們從未真正存在過。根據「致命吸引理論」（fatal attraction theory），我們最初愛上的特質，就是導致關係結束的原因。

一九九五年，社會學家黛安．費洛蒙麗（Diane Felmlee）主導進行極具開創性的「致命吸引理論研究」，這項實驗要求受試者描述約會對象最初吸引他們的地方[6]。有些特質相當普遍，例如外在吸引力、善良或可靠。但像「有趣」、「振奮人心」、「與眾不同」這類特質，會成為所謂的「致命吸引因素」，最終會無可避免地導致關係破裂。這其實也合情合理，因為那些隨心所欲、充滿樂趣的人，往往都很有魅力。但當我們談到長期關係，即使對方有趣又好玩，但如果他始終不認真看待事情、不為未來做計畫，在你希望他陪在你身邊時他卻在派對上狂歡，可能就會讓人難以忍受。並不是說「有趣」的人一定對你有害，但這不該成為建立一段關係最重要的因素。

同樣地，那些看起來和你截然不同的人，一開始可能會讓你覺得很有意思、很新鮮，但隨著關係發展，你會發現你們之間其實沒有任何足以建構未來的共同點，最初吸引你的特質，就成了致命傷。

在這項研究中，大約有二九％的關係因為這些「致命吸引力」劃下句點。這似乎顯示，許多人在約會時其實不相信自己起初的偏好，因為我們只是被「火花」所驅使，而不是那些能夠讓我們感到安心和滿足、能夠長久維繫關係的特質。我們不斷受到讓我們興奮的人吸引，而不是那些讓我們感到平靜的人，然後還一直對於「為什麼關係總是無法長久」感到很困惑。幻想之所以會破滅，是因為我們執著於對方的潛力，而不是他們真正的樣貌。

打破惡性循環

在關係中經歷惡性循環或是重複失衡的行為模式，會讓人筋疲力盡。我們厭倦相同的劇情和結局反覆上演，卻始終無法找出背後的心理或情感肇因。我們不希望自己的人生故事充滿一連串失敗的友情或愛情，但我們還是會不斷重複那些尚未修復的創傷，這些創傷可能來自過往關係或童年創傷、我們習得的人際互動模式、幻想性連結、自我破壞，或是受到誤解的個人偏好。我們很少是自願如此，多半是潛意識（subconscious）的運作，悄悄影響了我們選擇對象和談感情的方式。

這些都是我們的過去，但不必成為未來。每個人都帶著包袱踏入一段關係，我們的責任是學會如何妥善地拆卸、整理這些包袱。否則，它們最終會散落一地，讓雙方都因此跌倒、受傷、挫敗。

打破循環的第一步是認清現實。認清自己哪些時候犯了錯，或是又回到不健康的習慣裡。這不表示你是壞人，也不表示你永遠不配擁有美好、穩定的愛。我們常常為了保護自尊，壓抑讓我們感到羞愧的陰暗面，卻沒有意識到「這是曾經的我」和「我正在變成更好的我」這兩件事可以並存。覺察那些你認為不光彩或是受到恐懼驅使的時刻，正是你防止類似情境再次發生的開始。

從出生到死亡，我們所有人都在「成長的路上」。花一點時間，靜下來和過去好好相處。想一想，為什麼你之前的幾段關係會結束？你一開始忽略了哪些事情，而它們在最後浮現？你在重演哪一段往事或關係？你的理想型真的適合你嗎？還是他們只是在複製你習慣的情緒環境？你的偏好真的符合你對長期關係的期待嗎？這種由自己主導的「自傳式反思」是最好的起點，就像治療前需要先診斷一樣。在這種情況下，你要先自我診斷。

接下來，是時候釐清你真正的渴望了。請誠實面對自己。如果你知道自己渴望穩定，想要一個永遠站在你這邊、能陪伴你成長的伴侶，那你為什麼還要一而再、再而三地給那些不願意承諾的人機會？如果你知道自己渴望平靜、和緩的生活，你需要能幫助你調節情緒的伴侶，那你為什麼總是要跟那些無法妥善處理自身情緒，或狀態極不穩定的人交往？如果你清楚自己嚮往冒險的生活，要再過幾年才打算定下來，那為什麼你交往過的對象，每個都想馬上結婚？

我認為，這是因為我們經常幻想，自己在一段關係中成為一個不是自己的樣子。為了讓對方開心，我們勉強自己去過不適合的生活，最後卻因為太痛苦而無法繼續下去。我們因為太過渴望愛而降低期待、忽略自己的需求，認為無論如何，只要能抓住就好。這樣的愛會持續消耗我們。我們為愛支離破碎，以為我們能改變對方或是自己。但我應該不需要多說，這種做法永遠行不通。

與其如此，不如從源頭解決問題。**請確實釐清你在關係中真正「想要」和「需要」的，列出一份「沒得商量」的清單。**舉例來說：**我想要**一個冷靜的人、一個需要承諾的人；**我需要**一個在情緒上成熟的人、一個重視家庭的人、一個不介意到處搬家的人、一個有企業家精神的人、一個有信仰的人……。

這份清單因人而異，但每個人至少都要有五個「不能妥協」的條件。如果你沒有，也許可以深入思考，為什麼你對一件這麼重要的事，標準那麼寬鬆。請列出五項進入關係必備的條件，並在生活中實踐。當你遇到一個人，仔細斟酌他是否符合你需要的伴侶條件。問自己三個問題：

- 這個人有什麼「非改不可」的部分，必須改掉才會讓我滿意？
- 如果他永遠都不會改變呢？
- 五年後，這對我來說還會是個問題嗎？

這些問題可以幫助你判斷眼前這個人是否適合共度未來。如果你心裡已經覺得不適合，卻捨不得放下，只想「看看到時會怎麼發展」，那就請你回頭想想，過去有多少次你也是這麼告訴自己的，還有那些故事最後怎麼收場。你還需要再學一次教訓嗎？還是你已經準備好寫下全新的故事？

請對你自己以及約會對象明確說出你「不能妥協」的條件，並給自己足夠的時間去觀察和驗證，而非急著投入。一段關係剛開始的時候總是激情四射，但有時我們會一頭熱，導致關係進展過快，甚至還來不及思考眼前的人適不適合長久交往。暫停。停下來。拿出你的清單好好檢查個兩次。你是自己愛情中的「聖誕老人」，要審慎把關。我認為，與其匆匆投入錯誤的感情，不如單身久一點，或是多花一點時間認識一個人。無論如何這都好過在三、四十歲的某一天醒來時，發現自己花了好多年，想讓一段違背直覺、自身需求與渴望的關係勉強走下去，最後卻又回到原點。

進行「戀愛排毒」。在我遇見現在的伴侶之前，我花了六個月練習單身。我下定決心習慣獨處，而不是用短暫的戀情或曖昧來分散注意力。我要回到戀愛和經營關係的訓練營，重練基本功。這聽起來可能有點矛盾，我一邊談論如何建立健康的戀愛模式，一邊叫你不要談戀愛。但我真心相信，「戀愛排毒」能幫你打破過去選擇對象的慣性和行為模式。如果人類是由習慣造就的生物，那麼唯一能打破舊習慣的方法，就是刻意去做跟以往完全相反的事。所以，請給自己一段時間，好好回顧過去，了解你是誰、你想成為誰，還有你真正想要的東西，而不是又在新關係裡暈頭轉向，或沉溺在令人飄飄然的曖昧之中，那往往會讓我們失去理性，無法做出最好的選擇。

最後，對自己溫柔一點。這真的很難，但愛本來就很難，經營關係也從來都不容易。你不會因為厭惡或怪罪自我而找到答案，「討厭自己」沒辦法讓你變成更好的人。有太多無意識的因素會讓我們重複不健康的模式或讓舊事重演，而我們並不是真正自願地做出選擇。無論你過去經歷了什麼、犯過什麼錯，你的本質仍然是一個脆弱、敏感的普通人，渴望擁有一份能支撐你的夢想、讓你對未來充滿希望，並且和你一起成長的愛。只要你願意花時間打開包袱、好好整理它，並為自己做好準備，有天你一定能夠找到它。

眼前的人真的是你的理想型嗎？還是你只是在重複熟悉的關係模式，即使這並不適合你？

對某個人和他的潛力有所幻想，這種感覺可能很美好，但我們賦予他人的故事，終究會隨著時間崩解。

你，就是你，你必須負起責任，打破你在關係中習慣的失衡模式。這不是怪罪，而是你確實有責任，為自己爭取更好的未來。

你可以停下來細細思考，自己究竟想從愛和關係中獲得什麼。沒有人催你，慢慢想，結果會讓你如獲至寶。

第九章 單身又怎樣？

破除單身汙名

從十八到二十九歲的「轉大人期」邁入三十到四十五歲的「穩定成年期」，在這之間的過渡階段，社會希望我們達到三大里程碑：搬離原生家庭、建立自己的事業，以及遇見「對的人」。先前談過很多社會對二十幾歲年輕人的期待，以及這種期待讓我們有多拘束。其中，找到真愛這一項尤其不可控，命運、時機、情感都是變數，甚至要碰運氣。童話故事從來不談工作升遷或申請到房貸，而是一概圍繞著浪漫愛情、找到夢中情人，從此過著幸福生活的幻象。

然而，在我們對那個「對的人」抱有任何期待之前，有一種更深層的愛需要我們關注，那就是對自己的愛。我們總是希望別人喜歡自己，卻很少停下來思考：我喜歡自己嗎？我需要什麼？我想從別人身上得到什麼？事實上，你才是自己的初戀，而你與自己的關係，也會是你人生中最長久的一段。所以，你應該對**自己**投入足夠的時間、能量、關注與照顧，就像你在和自己談戀愛。

我們越是好好照顧自己、建立穩固的自我認同，有自信、能自我肯定，就越容易吸引到**值得**的人，這是理所當然的。當你專注在自己身上，而不是一心想取悅他人，那麼愛就不再是「必需品」，而是錦上添花。當你專心一意讓自己的生活更精彩、快樂且充實，你自然只會接受那些能讓你變得更好的事物，當然，還有人。所以，如果你想尋得愛，首先必須明白，你其實已經擁有了渴望從他人那裡得到的所有愛——那份愛，就在你自己身上。

單身汙名

童話故事不完全是錯的。我們選擇的伴侶，確實是影響我們未來的情緒健康、幸福感與成就最大的因素之一。一段穩定的婚姻或伴侶關係甚至能延長壽命——不只活得更久，也能讓我們與伴侶共度更多時光。一項二〇一九年的研究顯示，在相同的社經背景和健康狀況下，對伴侶感到滿意的人，早逝的風險仍會降低一三%[1]。無論是研究人員、科學家、戀愛導師還是媒人，都不會低估「選擇對的人」的重要性。

然而，任何在二十幾歲時談過戀愛的人都知道，要在茫茫人海中尋找與自己至少「合得來」的對象，過程有多麼混亂和艱辛，但其實我們也只是希望對方剛好也喜歡我們而已。可能要折騰好多年，經歷無數次失敗的第一次約會、不長不短的戀情，反覆的懷疑、分手與心碎，我們才會覺得自己準備好要定下來了。也或許，那種時候永遠都不會到來，而這或許往往會帶來巨大的羞愧感和恐懼。當今社會對「擁有一段感情」評價極高，最高級的成功故事，就是有情人終成眷屬、生兒育女，從此過著幸福快樂的日子。這樣的敘事，會讓我們在二十幾歲即將進入尾聲，卻還沒有「具體成果」時，深感焦慮。這就像一場賽跑，還要跟別人競爭，看誰能在三十歲以前有個伴。我們的社會高度推崇單一伴侶關係、兩人一體，預設單身並非常態。因此，根據這個標準，比起一個人自由自在，大眾還更能接受你身處一段不健康的關係。這就是單身汙名。

對單身的汙名化和刻板印象，將選擇單身，或是別無選擇而單身的人，斷定為天生不快樂、不滿足或值得同情的人。這種汙名會在一些隱晦的評斷，或我們都聽過的一些話中顯現出來，例如「對的人總會出現的」、「這都只是數字遊戲」、「一旦過了三十歲會變得更難」、「你一定會遇到那個人」、「在你最不期待的時候感情就會來」。但是沒有人會告訴你，要好好享受單身的時光，或是稱讚你做了哪些讓自己快樂的事。大家只在意你生命中「缺少」了什麼。

這些話或許是出於善意，但它們也暗示著，在你找到最後一塊拼圖之前，你都無法真正相信自己是快樂或安穩的。這類「單身羞辱」（single-shaming）的現象正在增加[2]。著名交友網站Match.com的一項研究發現，在英國約有五二%的單身成年人，在近幾年內曾經歷過某種程度的單身羞辱。

朋友和遠房親戚對你感情狀況的種種評價與善意提問，再加上媒體不斷傳遞「單身很悲慘」，這一切都會逐漸侵蝕你的自我認同，讓你不得不為了滿足社會的期待而妥協。

有時候，讓我們對單身感到不自在的並不是羞恥，而是內心的渴望。我們會不由自主注意到，並羨慕起那些快樂的情侶所擁有的幸福和安穩。我不覺得這有什麼不對，這也不表示我們本身有什麼問題。以心理學的角度來看，人本來就會渴望自己沒有的東西，所謂「外國的月亮比較圓」，這點已有科學證實。

並未擁有的事物，看起來總是更美好，正是那種「可能性」讓它變得格外有吸引力。這可以用心理學中的稀缺效應來解釋。當我們覺得某樣東西（例如一段關係）值得擁有、有價值或是很稀有，我們的潛意識便會更加渴望它。

對單身女性的汙名

要探討單身汙名，就避不開性別和厭女背後的心理學議題。並非所有人都平等地承受單身羞辱的壓力。想想那些用來描述三十歲以上單身者的詞彙：女性是「老處女」（spinster），男性則是「單身漢」（bachelor）。這些詞彙絕不是空洞的語言結構，它們隱含著社會訊息，貶低著女性的選擇。對女性而言單身是一種詛咒，對男性而言卻是一段自由時光。

女性之所以承受最多的羞辱與偏見，是因為社會將婚姻和育兒視為女性身分認同的一部分。這點可以透過心理學家桑德拉．貝姆（Sandra Bem）於一九八〇年代提出的「性別基模論」（**gender schema theory**）來理解。貝姆指出，男女之間的「差異」已經成為人類社會最基本的組織結構之一：男性養家活口，負責賺錢、主導家庭，是有權力的一方；女性則是妻子、持家者、母親。這種社會組織方式深深影響了個人的決策與自我認同[3]。

從小我們就開始學習性別的概念，藉由他人行為、媒體訊息、同儕和大人說的話，以及父母在家裡的角色分工，逐漸接受這種性別基模。

傳統上，人們期望女孩要優雅、善良、有同理心、關愛他人；男孩則要擔任領導者，可以粗魯、憤怒、展現冒險精神。當你的行為符合這種性別基模，會得到正向回饋，獲得讚美和關注。於是，你逐漸習慣並接受這種性別認同和表現方式。對女性來說，「妻子」和「母親」是重要的身分認同，我們常常根據女性與他人的關係，以及她在社會中的角色，來建構她的身分。從小到大受到的影響，讓我們似乎理所應當要符合這些性別期待。如果你無法「滿足」社會，不僅會面臨外在的壓力，心裡也會感到不安。身為一位女性，如果沒有丈夫、伴侶或孩子，那你是誰？

親密關係以外的選擇

對沒有伴侶的人來說，「盡力把自己過好」似乎只是個安慰獎。但其實，單身生活非常有意義。有些研究甚至指出，世界上最快樂、最健康的人口子群，是那些從未結婚也從未生養孩子的女性[4]。雖然我們可能還需要更多證據來支持這個說法，但它揭露了單身生活的一些好處，而這些好處通常不像媒體愛強調的「壞處」那麼引人注目。

以下是一些例子：單身代表你有空間真正認識自己、你會建立更深厚的友情、可以更有彈性也更隨性地生活，因為不用一直顧慮他人的偏好，也不需要為了他人調整人生計畫。這樣的自由應該是單身最大的優點。二〇二〇年，一組研究人員調查了六百四十八位美國人單身的原因，其中一個最常見的回答就是「我想自由地做任何想做的事情」[5]。能夠自由地成為你自己、探索對未來的渴望，這件事非常重要。你的人生，比「擁有一段感情」更廣闊。

如果你只追求「被愛」，為了得到愛，你會不惜一切代價，而你與自己的關係也不再是優先事項。當你與自己的關係受損，你與他人的關係也會受到影響，因為你會發現自己無法清楚表達界線與需求，自我認同也隨之動搖。找到合適的伴侶固然重要，但在那之前，你必須先找到真正的自己。

我之所以認為尋覓愛情之前要「先找到自己」，有幾個原因。首先，如果你不清楚自己的本質，會很容易陷入別人對你的期待之中。這會讓你更在意如何讓對方快樂，而不是自己是否快樂，進而與自我脫節。這種脫節會逐漸侵蝕你對自我的感覺，最終影響你的心理和情緒健康。其次，一個人的身分認同是由許多元素構成，每個面向都同樣重要，包括你的日常經歷、興趣、長期目標、個人偏好、與朋友和家人的關係，以及工作。感情狀態當然重要，但當你所有的自我認同都只圍繞著「追逐愛情」、「缺乏愛情」或是「陷入愛情」這三件事，往往就會忽略某些元素，而正是這些元素讓你成為一個有趣，也對生活有熱情的人。

愛情並不是人生故事中最有趣的部分。如果你相信它是，那你可能一輩子都無法真正認識自己，因為你總覺得沒有別人的陪伴就不完整。

第三點，我認為找到自己，關乎「你希望伴侶具備的特質」。當你了解自己，代表你明白自我陪伴的價值。所以你不會再害怕孤單，也不會因為對單身感到不安和羞恥，而選擇待在一段不適合你的關係裡。你更擔心的，會是和一個不對的人共度餘生。

「找到自我」是一個相當廣泛的概念，來自我們不斷探索並發現自己的過程。有些部分無法改變，例如基因、家庭背景、個性和神經連結（其實這點可能也有討論空間），但對於其他幾乎所有事，我們都擁有某種程度的選擇權，例如信仰和信念、對未來的夢想、對幸福的定義、所處的環境、人際關係，還有許多其他面向。要找到自我，我們需要反思自己的價值觀、核心信念、人生使命和身分認同。有時候，我們在這個過程中會感到不適，甚至孤獨。獨自一人的時候，我們不再需要扮演某個角色，只要成為自己想成為的樣子，而真實的自我要在這個過程之中才會顯露。我們可以擁有適合自己的生活規律，可以追求夢想而不必遷就他人，可以堅持自己的信念，並專注打造一個即使沒有人陪伴也很舒適的生活。我們不再害怕孤單一人，因為我們明白愛情並不是唯一的愛。我們從朋友與家人那裡獲得的愛，甚至是來自陌生人的善意，都同樣令人滿足。

找到自己，意味著擁抱真實的自我。真實的自我會聆聽他人的意見、期望和需求，但還是會優先選擇照顧自己。如此一來，我們在愛情中的妥協就會減少。當然，有時候可能會有點孤單，但那種孤單不會再掌控我們的決定，尤其當你每天練習「把自己擺在第一位」。

愛別人之前，先愛你自己

單身時，你可能會覺得自己錯過了別人正在經歷的愛情。這是一種「錯失恐懼」（**Fear** of Missing Out，FOMO），但也是一種渴望——渴望擁抱、讚美、安慰，還有被看見。不過，單身並不代表缺愛。當然，我們可以從朋友和家人那裡得到愛，但我們也可以給自己愛，並把這段時間當成一個機會，拿來跟自己約會，愛自己、認識自己。

用你自己的「愛之語」對自己說話，是絕佳的實踐方式。「愛之語」是指我們喜歡給予和接受愛的方式，包括肯定的言語、服務的行動、肢體接觸、送禮和精心時刻（quality time）這五種。這個概念由浸信會牧師蓋瑞・巧門（Gary Chapman）提出，核心理念如以下[6]：

一、每個人都有自己偏好的愛之語。

二、人希望透過自己偏好的愛之語來接受愛。

三、當伴侶能夠以彼此喜歡的方式表達愛意，並且也能以自己偏好的方式接收到愛，雙方會更幸福。

近十年來，隨著網路測驗興起，「愛之語」也越來越受歡迎。這個概念透過簡單的比喻，以及對核心親密需求的描繪，讓這個世代的人更容易表達自己在關係中的需求。這當然也有不足之處——大多數人其實覺得上述五種愛之語都很重要，很難只選一個[7]。此外，愛與被愛的方式也不只有這五種，例如對方的認可、幽默與笑聲、情緒上的安全感等，也都很重要。愛之語的主要前提，是我們需要從他人，尤其是伴侶身上，得到這些表達愛的方式。按照這個邏輯，如果你身邊沒有那個特別的人，你的愛之語就不再重要，或是無法被滿足。

但如果，我們對自己說愛之語呢？

你完全可以給自己你希望從別人那裡得到的愛。如果你的愛之語是**肯定的言語**，那就有意識地對自己說些好話，重複正向的敘述，例如：「我很善良、我值得被愛、我很慷慨、我很聰明、我很有創意。」如果你的愛之語是**服務的行動**，那就在早上為未來的自己鋪床，這樣你在回到家之後，會感激自己有個舒服、整潔的空間。如果你的愛之語是**送禮**，那就買下那些你原本希望別人送給你的東西。如果是**精心時刻**，那就每週安排一個晚上，享受獨處的時光，做真正想做的事。最難自我實踐的愛之語，可能是**肢體接觸**。這時，自我擁抱（self-embrace）就能派上用場了——如同字面意思，你可以給自己一個擁抱，這就是所謂的「自我安撫觸碰」（self-soothing touch）[8]。在新冠疫情期間，人們普遍缺乏與他人的肢體接觸。有研究發現，擁抱自己、把手放在胸口，或是其他溫柔觸碰身體的動作，能夠減輕壓力，獲得類似被他人擁抱時會產生的撫慰效果。實在沒有理由不給自己這麼溫暖的肢體接觸。

另一個絕佳的練習，是固定安排「與自己的約會之夜」，讓它成為生活慣例。我有個朋友，每個月都會獨自前往一間新的義大利餐廳。他會帶著日記本，並且精心打扮——畢竟是約會嘛。每一次，他都會問自己五個問題：

- 你今天做了什麼？

- 你在什麼事上以自己為榮？
- 有什麼你期待的事即將發生？
- 最近在煩惱什麼？
- 下個月你能做出什麼改變？

這看起來就像在做關係檢查，只不過對象是你自己。把對自己的愛儀式化，不論到了幾歲，你都能期待和自己再次墜入愛河。當然，不一定要典型的約會，你可以每週用心烹煮新料理、獨自去看電影、去不同的地方看日出。無須任何人的陪伴，這些事情依然很浪漫。

最後我想強調一點：你並不一定要完全愛自己、完全了解自己，才能敞開心胸去愛人。人們常說：「如果你不愛自己，別人怎麼可能愛你？」我懂這句話的意思，在很多方面我也支持它的邏輯，但我不認為我們真的能完全做到。我們或許無法徹底了解自己、徹底摒除不安和懷疑，或是不需要再進步，因為那是一輩子的過程。我之所以強調「先愛自己」，是為了確保我們清楚知道自己要什麼，並為他人預留空間。當你覺得準備好了，一段關係可以帶來很多療癒。學習愛自己讓我們認知到，沒有人是完美的。每個人都有點怪，也都有一言難盡的過去，甚至是創傷——但我們還是願意彼此接納。一旦你愛上了單身生活，即使你在某個時刻決定讓另一個人加入，也會是畫龍點睛。

愛情不是你人生故事中最精彩的部分。你生來就是為了成就更多美好的事。

在一個將「伴侶關係」擺第一，而且對愛情抱著不切實際期待的世界中，選擇和自己約會、以自己為優先，是極致的自我疼惜，甚至是一種叛逆。

你和自己的關係，是你最值得投資的資產。請珍惜它、滋養它。

戀愛應該只是錦上添花，而不是幸福人生的必需品。

第十章

能不能再靠近一點？

關於戀人未滿的曖昧以及單戀

你能愛上一個根本沒交往過的人嗎？如果一段關係沒有被定義，那它真的存在過嗎？心碎可以是單方面的嗎？以上問題的答案，都是斬釘截鐵的「沒錯！」我自己就體會過，相信很多二十幾歲的朋友也一樣。

在二十幾歲這個階段，有種特別的關係，會讓我們反覆產生上述疑惑，那就是惱人的「曖昧」（situationship）。友達以上，戀人未滿；有點認真，卻還沒許下承諾，這與我們認知的愛完全不同。曖昧讓人受盡委屈，這個過程會持續好幾個月甚至好幾年，因為我們一直在等對方決定，自己值不值得正式交往。你怎樣都放不下那個人，即使他總是對你忽冷忽熱；你們的愛不足以支撐彼此，終究有一方會深陷其中，最後摔得粉碎——而那個人往往是你。

你從沒想過自己會接受差強人意的對待，像小小孩一樣死命抓住愛情的承諾。但現在的確是如此。你乞求著少到不能再少的關注，反觀對方總是忽視你的情感需求；你拚命假裝不在意，但你整個人、整顆心就像缺水的植物，瀕臨乾枯。如果你沒有類似經驗，可能會覺得這太誇張了，但如果你經歷過，這些描述只不過是輕描淡寫。現在，就讓我們來談談二十幾歲時的曖昧關係。

所以，我們現在算什麼？

曖昧是種獨特的心理折磨，受到情感創傷的人，會產生類似斯德哥爾摩症候群（Stockholm syndrome）的症狀，明明知道該離開，卻放不了手。至少我當初就是這樣。那時我二十一歲，剛結束人生第一段「成年人的長期關係」，就遇見了一個人。他看起來謙遜溫和、人還不錯，稍稍填補了我的孤單。當時我根本還沒準備好再進入一段長久的感情，但人總是在最毫無防備的時候陷得最深。接下來六個月，我的情緒就像坐雲霄飛車，經常焦慮，總是覺得自己不夠好。我搞不清楚我們是什麼關係，我想更進一步，而他堅決說不。我早該聽進去的。隨後一場旅行徹底粉碎了我的夢想，我鼓起勇氣告訴他我愛上了他，他卻告訴我他星期二有個約會。現在想來真是丟臉，所有跡象都那麼明顯，但是我太渴望他總有一天也會愛我，所以視而不見。

曖昧關係介於情侶和炮友之間，對多數二十幾歲的人來說，這種關係似乎越來越常見。它不符合傳統上對戀情的期望和規範，但也包含性關係和親密感，甚至是一對一，只是沒有名分，也不會共同規劃未來。曖昧之所以讓人困惑，是因為沒有固定的敘事或劇本能套用。

另一個曖昧的典型特徵，是這段關係既不會進一步發展，也不會結束。它在情感和肉體之間游移、難以定義，所以你會感到無止境的不安。

還有，你無法真正「結束」曖昧，因為你不能跟沒有和你交往的人「分手」，無論你們做了多少情侶才會做的事。這種「關係」模模糊糊，實在很難處理。不過，有些人倒是很能駕馭曖昧，他們完全可以接受沒有承諾也不穩定的關係，只享受這種狀態的便利性。性社交傾向（sociosexuality）較不受限的人偏好隨意、不受拘束的性關係，因此對曖昧的接受度通常比較高[1]。他們可以建立情感連結，但也能劃清界線、享受自由。

在我們二十幾歲這個階段，對戀愛的視野大開，有些人的確更喜歡不說清楚的關係。但是，當彼此的感受和認知不一致時，其中一方就會產生強烈的「單戀」感。另外，我們在曖昧中也可能心生怨恨和憤怒，甚至是悲傷，或因為求之不得而感到挫敗。也許在這些情緒背後，我們其實對自己更加挫折，不曉得事情為什麼會走到這一步。那麼，為什麼會有這種不著邊際的「偽關係」（pseudo-relationship），讓我們如此心痛？我們又要怎麼從創傷中恢復？

為什麼我會深陷其中？

「曖昧」在心理學方面相對缺乏研究，可能是因為這個詞本身比較現代，與其說是可衡量的概念或理論，更像是心理學術語。雖然如此，還是有一些概念和想法，可以討論為何我們這些二十幾歲的人，都會在這段轉大人期經歷曖昧關係。內容通常著重於逃避孤獨、承諾意願（commitment readiness）、「愛無能」（emotional unavailability）、溝通能力不足等議題。

許多人在二十幾歲這個階段，經常在親密感和孤立之間掙扎。我們不喜歡孤單的感覺，也不喜歡除了自己，身邊每個人都在談戀愛[2]。所以我們退而求其次，安於無法完全滿足我們情感需求的關係，只為了成全我們更深層的社會性需求——被看見、被需要、被愛。我們當中的一些人（包括我自己）尤其害怕孤獨，這種恐懼驅使我們去追尋淺薄且不健康的關係。當我深陷曖昧之中時，我想找出原因，而我發現童年時期在家庭和同儕關係中受到的情感忽視會造成最大的影響。

如果童年階段在建立情感連結時需求受到否定或忽視，可能會導致成年後的功能失調，讓我們不斷尋求他人的認可和讚賞，避免回到那種被剝奪、不受重視的情境中。也許當初父母並沒有察覺自己營造了什麼樣的情感氛圍，只是無意間複製了自己的成長環境，但這種被動疏忽可能讓我們不再重視自己的需求，因而難以辨識自己的渴望，也不覺得自己值得擁有。**孤單的孩子長大後，會極度渴望肯定和接納，即使他們實際上感受到的，只是得不到回應的愛。**

我們與同儕之間的關係、早期的戀愛經驗，似乎也會對這種感受產生影響。例如，在童年時期受到排擠和孤立，往往會讓自尊心日漸低落，而這可能導致我們更傾向追求，或安於那些對方其實並不珍惜的關係[3]。

小時候我常被同學霸凌，總覺得自己受到排擠和忽視。我發育得比較晚，連我自己都覺得在團體中格格不入。我到了二〇一四年還穿著保暖腿套去上學——這一點都不「酷」。多年來，我一直渴望感到有價值、不可或缺，所以如果有人願意關注我，哪怕只是一點點，我都會上癮。我選擇忽略自己未曾擁有的一切，只為了抓住微不足道的獎勵。

我總認為，如果在童年與青少年時期能更被接納，或許我就不會過度渴求情感和肉體上的親密。就像俗話說的：「越得不到，就越想要。」對我而言，在情感最脆弱的年齡裡未曾擁有的那些東西，就是我內心深處最渴望的。

感情中的沉沒成本

除了孤單，還有一個值得思考的是「承諾意願」。這方面的個別差異，可能正是曖昧的成因。在心理學中，這是指每個人對於進入一段感情時的準備程度、渴望和正面想法，而對承諾的心理準備會隨著人生階段的不同而有所變化[4]。

舉例來說，剛結束一段感情時，我們的承諾意願通常會很低。但如果經歷了幾年單身生活、看著身邊的朋友紛紛擁有穩定交往的對象，我們的意願可能會提升，開始期望並準備進入關係。**不過，這因人而異。之所以會有缺乏明確承諾的「偽關係」，往往是因為其中一方的承諾意願很高，另一方卻相對低落。**承諾意願很高的人已經準備好，所以積極發展戀情，卻沒意識到承諾意願較低的一方一開始就已經劃好界線。這種差異會對關係造成很大的影響，因為一方的需求無法被滿足，另一方則堅守自由、開放的狀態，導致雙方都無法滿意。

當你迫切想要重新開始新戀情，有時會選擇忽略那些明顯的警訊，因為你相信自己有能力改變承諾意願較低的對象。但不幸的是，改變通常不會成真。然而正是這種「可能性」，加上經濟學常說的「沉沒成本謬誤」（sunk-cost fallacy），讓你無法抽身。

沉沒成本謬誤是指，當我們已經對某件事投注了大量時間與精力，就會拒絕放棄它[5]。就像明知一項投資很糟糕，仍持續投入資金，因為我們一心希望會谷底反彈。如果放棄，那之前的所有付出都會白費。

我曾經買過一雙靴子，當時那是我人生中買過最貴的東西——它要價三百美元（我知道這很荒謬）。結果我只穿了一次它就壞了，所以我花了五十美元修理。幾個禮拜後，鞋底又裂了，於是我再花一百美元修補。我當時覺得一定要修，因為我已經砸了三百五十美元進去，不修實在太浪費。但是，我其實可以拿一百美元去買一雙全新的靴子，還能省下未來註定要繼續修理這雙劣質鞋的錢。這個比喻聽起來有點蠢，但靴子就像曖昧關係，花出去的錢就是我們為一段註定沒有結果的關係所投入的時間和心力。我們受不了一旦轉身離開，過去的付出就等於付諸流水。**這很不理性，但人類的情感本來就不理性**。

高承諾意願、孤獨感、沉沒成本謬誤，這些因素結合起來，也許就是我們不斷陷入曖昧的原因。尤其是當我們開始「只聽自己想聽的話」時，這種情況就更容易發生。當對方說「我還沒準備好談戀愛」，我們聽到的卻是「我只是需要一點時間」；當對方說「我沒有把你當成戀愛對象，我想繼續和其他人約會」，我們卻覺得「他只是想要我證明自己夠值得」。好像你必須費盡心力說服，對方才願意認真對待你。你真的想跟這樣的人長久走下去嗎？我常想像跟自己孩子分享，我和他爸爸的愛情故事——我不希望劇情是：「我死纏爛打，要他跟我在一起。」這聽起來一點也不像可以白頭偕老的感情，也不是我想為孩子樹立的榜樣。

我們之所以會反覆陷入曖昧，最後一個原因可能是「愛無能」。我們可能覺得自己渴望一段感情，但在內心深處其實還沒準備好，所以我們會無意識選擇那些會和我們保持距離的人，如此一來就可以不用考慮未來[6]。我們無須面對內心深處的恐懼或疏離，反而可以輕易把責任推給對方。

也許，你才是那個無法全心投入情感的人？你怕愛得太深、再一次受傷，所以總是對親密關係保持安全距離。你喜歡追逐的過程，但這其實跟你渴望的穩定背道而馳，所以你不斷陷入惡性循環。這並不表示你不會在關係中或關係結束後受傷或感到心痛，也不表示你能避開情緒大起大落的壓力。你只是還沒有意識到，自己正是導致這一切發生的人。

為什麼我放不下那個人？

為什麼曖昧和單戀如此痛苦？多年來我一直問自己這個問題，我想我現在已經有了答案。首先，這樣的關係會讓我們覺得自己很失敗。我們一開始總是滿懷期待，帶著脆弱而真誠的心投入這段感情。我們會跟身邊的人提起這個新對象，充滿興奮和希望——我們甚至能在腦中看見與對方共度未來的畫面。但當一切無疾而終，我們就認為是自己不夠好。

與此同時，我們可能會覺得自己很蠢，竟然為了一個不值得的人付出那麼多時間、心力和愛。我們的自尊心會受傷，因為感到被拒絕，同時也擔心別人的看法。在這種情況下，我們很難不覺得是自己的問題，並反覆陷入自我檢討——是不是我太主動？是不是我太隨便？是不是我有什麼地方讓他不喜歡？無法讓關係定下來會讓我們覺得自己在談戀愛時一定做錯了什麼，自尊心進而受到打擊。

其次，不明確的曖昧關係會讓我們困惑不安。你一直不知道自己在對方心中的地位，模糊不清的狀態會造成極大壓力，因為你無法遵循既定邏輯去理解眼前的關係。你們可能在某一天轟轟烈烈——去見彼此的朋友，無話不談、互訴情意、共度春宵。但是到了隔天，卻像什麼事都沒發生過一樣。你永遠無所適從。

請記得，對方還是從這段關係中獲得了你的關注、愛意、性、陪伴與樂趣，而且幾乎不用給予什麼承諾。他們讓你持續投入心力，即使他們根本沒打算更進一步。這種行為就是「撒麵包屑」，也就是透過些許回應和關注抓住你，讓你離不開。他們會在某天傳訊息跟你說「早安」、在消失一個禮拜之後突然約你出去、不經意提到未來、回覆你的限時動態。但實際上，一切都沒有改變。他們只是想確保你還會回來。這樣的互動足以讓你心存希望，卻永遠不足以讓這段關係開花結果。

這種混亂感會逐漸侵蝕你生活中其他層面，因為你總是在等待一個明確的結果。這段關係要不是結束，就是進一步發展。這場「等待遊戲」可能會持續好幾個月，直到你終於意識到自己該放棄「我能改變他」的幻想。你陷入無止境的期待與焦慮之中不願放手，同時也明確知道這段關係正在傷害你的心理狀態。最後，你會瀕臨崩潰。有些人可能要花幾個月，但也有不少人困在這種關係裡好幾年。從曖昧走向正式的感情，這樣的情況很少見，因為曖昧的人一開始就知道自己要什麼，也很了解你。如果他真的想進入一段關係，你們早就在一起了。請不要再相信那些讓你流連忘返的幻想，「最好的情況」也從不存在。

總有一天，某件事會促使你採取行動，或者讓對方決定該放你走了。我的那一天是，我意識到自己完全失去了自我。我因為他而疏遠自己的朋友，甚至徹底失去自信，於是我終於結束這段感情。我無法再壓抑內心真實的感受，被玩弄於股掌之間好幾個月，我於是知道，是時候離開了。雖然在這之後，我又想了他整整一年。即使這段關係從來沒有名分，你還是會深深感受到失去的痛苦。你失去了那個真心相處過的人，你們曾有親密的時刻，也有許多共同回憶，而那些回憶其實也很美好。任何一段關係都不會毫無可取之處，即便是不被承認的曖昧也一樣，你會在腦海中不斷重播那些充滿希望的時光。你正在從「單戀」這種獨特的情感創傷中復原。

老實說，被人渴望的感覺很美好。所以不要責怪自己付出感情，因為這會造成反效果，並加深你的悲痛。把曖昧的結束當成真正的分手，你所有的痛苦、悲傷和失落都是值得。有人說，有時唯一的出路就是好好走過，這句話對單戀而言尤其貼切，因為你不只是要努力放下某個人，還要梳理、辨識所有無處安放的感受。沒有說明書教你怎麼解決曖昧結束的心碎。我認為要把這種經歷當成正式分手來看待，好好地去面對與療傷。

渴望擁有一段關係，一點也不軟弱愚蠢，因為你是個有血有肉的人。

總會那麼一個人，喜歡你、想要你、百分之百愛你，只不過不是眼前這個人。而這也不表示你不值得被愛。

曖昧或單戀帶來的悲傷是真實的。你可以去哀悼那些「本該可以，但最後沒有實現」的事，用任何方式去療癒這份悲痛，然後繼續往前走。

第十一章 治癒心碎

化悲憤為力量的失戀療程

有三段心碎的經歷，定義了我二十幾歲這段時期。第一次是「初戀」，接著是第一段長期關係，再來是我先前提過的曖昧經驗（這段感情傷我最深）。人們常說第一次失戀最痛，之後每一次面對這種天崩地裂的失落，都會「更熟練」，好像分手這種事可以「熟能生巧」。對某些人而言或許如此，但對我來說，最後那一次心碎，客觀而言是最難熬的。當然，失去初戀很痛苦，因為那是全新的情感經驗，也讓我更全面地理解悲傷。忽然之間，所有失戀歌都讓我很有共鳴。但最後那一次心碎卻足以讓世界停止轉動。它讓我食不下嚥，讓我變成一個自私的人，讓整個世界都變成黑白的。它也讓我變得偏執，我甚至必須懇求自己不要再想那個人、求自己放手，好讓我能回歸平靜，好好地往前走。

我以前被分手過、主動分手過，也經歷過不少單戀的痛苦，但最後一次心碎的經歷就是不一樣。當時我以為，這是因為他是「對的人」，是我的雙生火焰（twin flame），是靈魂伴侶。我以為這種巨大的悲痛，是在證明這段關係比表面上還要深刻、證明我們註定要在一起。這很有趣，我們總會在最艱難的時刻尋求命運與天意之類的宏大幻想，才能安慰自己。

事後回想，我當然知道這種想法有多不切實際，也明白失戀時，我們的感受會欺騙自己。等到時間沖淡一切，我們就能清楚看見，那些想法其實只是大腦在幫助我們度過痛苦。

說到底，心碎是一種心理經驗。你越理解背後無意識的運作，就越能釐清自己的悲傷，進而療癒自己。當然，任何經歷過心碎的人都知道，這沒有特效藥。雖然很老套，但時間真的就是最好的解方。不過我真心相信，**雖然心碎讓人肝腸寸斷，但它同時也是一段神聖的轉化歷程。它是讓你重新找回自己、重整未來方向、重塑自我、提升標準的最佳契機。當然，你還有機會遇見一個更好的人——即使那個人就是你自己。**一起來聊聊心碎的心理學吧。

失戀的傷痛

不管是主動分手、早就對分手做好心理準備，還是突然被對方甩了，每個人分手後的內在變化都大同小異。「愛情就像毒藥」這種說法可不是空穴來風——近來的研究顯示，這比我們想像的還要貼近真實，「失戀的成癮模型」（addiction model of heartbreak）能充分解釋這一點。

這個理論指出，人在一段關係中，基本上會對另一個人「上癮」[1]。對他的陪伴上癮，對他在腦中引發的反應、共同回憶、對未來的幻想，以及對他的種種可能性上癮。愛上一個人時，我們會經歷一場神經傳導物質與荷爾蒙的強烈衝擊，包含多巴胺、血清素（serotonin），以及被稱為「愛情荷爾蒙」的催產素（oxytocin）等。它們會刺激神經生物學的連結，讓我們進入愉悅的蜜月期，體驗新戀情的「高潮」。

這些化學物質也會在人們賭博、吸毒或從事其他快樂活動時被活化和釋放[2]。它們帶來的感覺太過美好，以至於讓人上癮，對源頭的人、事、物產生情感與生理上的依賴。我們怎麼可能不著迷於極度的快樂與幸福呢？這也是為什麼，我們結束一段關係時，會經歷類似戒斷的過程。當我們無法再天天見到那個人，當愛意逐漸消退、連結越來越少，我們的大腦真的會發生化學變化。獲取多巴胺和快樂荷爾蒙的來源突然消失，我們再也無法獲得固定的「劑量」，這會造成身體的疼痛和情感上的戒斷反應。

為了證明這個理論，研究人員使用功能性磁振造影（fMRI）技術，掃描大腦中與愉悅有關的重要區域[3]。他們找來一些剛分手的受試者，讓他們在分手後幾天或幾週內，經歷殘忍的實驗情境：研究人員讓他們在實驗室裡看前任的照片，而感測設備會追蹤大腦中哪些區域會亮起。接著，他們把這些分手者的大腦，和古柯鹼成癮者的大腦進行比較。

研究發現，剛分手的受試者看到前任的照片時，大腦中被活化的區域和古柯鹼或尼古丁成癮者渴望毒品時被活化的腦部區域相同。也就是說，分手的受試者對失去的戀情還是無法自拔。從神經學角度來說，這是依附狀態，甚至可以說是成癮。

受試者腦中還有另一個活躍的區域，那就是額葉（frontal lobe）。這個區域負責我們大部分的決策行為、情緒反應與行為控制。研究人員認為，當人們心碎時，大腦中這個部分會超速運作，試圖阻止我們為了回應痛苦而做出一些坦白說很愚蠢的行為。我們很多人都曾經歷過這種事，比如說心碎時傳了讓自己後悔莫及的訊息、瘋狂滑交友軟體，或是突然把頭髮全部剪掉。額葉努力地抑制這些衝動，試圖讓我們在痛苦的現實和美好的回憶之間取得平衡。大腦的其他區域和我們身處戀愛中時沒有差異，而腦中理性的部分非常清楚這段感情已經結束，現在要做的是保持理智與自我覺察。

這個理論也解釋了，為什麼我們會不斷回頭找前任，找機會重新聯絡、回顧過去，就像一直忍不住去按身上那塊瘀青。每當我們這麼做，大腦就會釋放微量的多巴胺，讓我們持續上癮、無法割捨，也無法向前邁進。分手後的幾個禮拜，甚至幾個月內，我們總會不由自主地想起對方、美化過往的時光。現在看來，這件事其實也很合理，因為大腦要我們這麼做，以減輕戒斷的痛苦並逐漸擺脫成癮。

心碎還會帶來另一個心理層面的痛苦。失去和某人之間的深刻連結，會對我們的社會安全感、歸屬感還有人際連結造成威脅。心理學家把這種特定的痛苦稱為「社會痛苦」（social pain），也就是失去社會連結或經歷遺棄。這種痛苦是真正的、實質的痛，因為它在大腦中活化的區域，和身體受傷（例如擦傷、骨折、挫傷）時相同[4]。從演化的角度來看，人類是群居動物，需要有同伴與社群才能生存，並建立歸屬與安全感。失去這些連結，在遠古時代甚至可能代表著死亡，因此我們的大腦演化出一套機制，讓我們努力維持這些關係。當關係消失，大腦會產生負面情緒與反應，以驅使我們回到關係之中。因此，許多與身體疼痛相關的神經迴路（neural circuit），也跟情感上的痛苦有連結。還有一個較少引發討論的現象，那就是分手之後，我們往往也會失去一些共同朋友[5]。這會加倍剝奪我們的社會連結以及被接納的感覺，讓我們更加脆弱無援。

二十二歲時經歷的那場毀滅性分手，讓我心痛的不只因為失去了他，還因為失去了那些透過他認識的人，以及他的朋友。這段關係結束後，這些朋友似乎完全不想再跟我聯絡，雖然我總覺得我與他們的友情獨立於他之外。所有回憶，包括他不在時我們一起做晚餐、一起出去喝酒兜風的夜晚，還有關於童年的深刻對話，好像全都變得毫無意義。

我還記得我好幾次試著聯絡他們，得到的回覆卻非常冷淡，而我當下沒能立刻察覺他們的暗示。說真的，我很想念他們。我告別的不只是他，還有一整個群體。這真的很難熬，因為我無法期待別人不要選邊站，他們通常也會這麼做，而當時情況對他有利。他比我更早認識這群人，他們也還是會跟他聯絡，也或許他們就是比較喜歡他。

你失去的不只是一個你愛的人。如果友情是你療傷的重要依靠，在這種情況下你會徹底遭到孤立。但同時，你也能因此重新開始。當你走上療癒之路，就會逐漸意識到，如果你真的和原本認定的「唯一」在一起，很可能會錯過很多東西。現在讓我告訴你，那不太可能是「對的人」。

分手後的療癒之路

當我們在為分手療傷時，經常會聽到很多「規則」，用來規範我們的痛苦應該持續多久、感受應該多強烈、創傷應該多嚴重。人們會給我們看似無害、善意的建議，但我們在當下根本無心理會，因為沒有一個通用的解方可以處理心碎。我們不需要聽別人五年前是怎麼走出分手傷痛，心碎的樣貌因人而異。

很常見的一個「規則」，是「要對分手釋懷，就必須花上這段感情一半的時間」，而這顯然是錯的。如果這是真的，那麼二十歲結婚、六十歲離婚的人應該會很難再婚，但還是有成功案例；而只維持幾個月甚至幾週的短暫曖昧或戀情，照理說只需要幾天或幾週就能恢復，但事實並非如此。有些研究曾試圖確立神奇的「療癒時長」[6]。二〇〇七年，一項共有一百五十五位大學生參與實驗的研究顯示，十一週是關鍵轉捩點；而兩年後的另一項研究，則顯示離婚者平均要花十七個月又二十六天才能走出傷痛。可見這真的沒有標準答案。

還有一個「規則」，是「你只能為正式交往過的人悲傷」。這也是錯的。無論一段關係是否有名分，都不會讓我們的感受變得深刻或淡薄，因為我們的「情緒腦」才不管我們用什麼稱謂來定義對方，它只在乎那個人留下了什麼樣的連結與印象，而不是語意學（**semantic**）上的差異。

這些迷思，又會帶出另一個「規則」或期望，那就是「交往越久，心就越痛」。對某些人來說或許如此，但我發現有時反而是那些短暫而炙熱的愛情，最讓人難以釋懷，因為這段關係沒有機會走到最後。你們從來沒有好好走過這段過程，以至於無法為關係的結束下結論，留下許多未解的糾結與疑問：如果我們定下來會怎麼樣？要是他有告訴我真正的感受會如何？要是他願意再給我一次機會？如果當時我的反應不同？

假設性問題最難放下，因為，很遺憾，你永遠不會有答案。只要問題懸而未決，痛苦就會持續不散。這種狀態，我稱之為「情感泥沼」或「情感煉獄」（**purgatory**）。

相較之下，當長期關係走到尾聲，我們通常會更清楚為什麼這段感情無法繼續。我們曾經努力解決問題，也試圖忽略一直以來的警訊。我們可能早就對不斷重演的爭吵感到疲憊，不想再修補明知已經破裂的關係。走到盡頭，彼此都很清楚這段感情已經什麼都不剩。所以，當長期關係結束，有時我們反而不太需要「劃下句點」的儀式感。

很重要的一點是，分手其實是在哀悼三件事：那個人、跟他在一起時的自己，以及這段關係本身。這種哀傷，其實和我們面對至親或摯友離世時的悲痛非常相似。這個人不再是我們生活的一部分，我們所剩下的只有回憶。愛仍然存在，只是無處安放。我們無法抹除那些記憶，所以必須把過去的美好片段融入此刻的痛苦與沮喪之中。把心碎視為哀悼的過程，可以幫助我們理解，從痛苦到接受，要經過哪些情緒「階段」。接著，我們就來談談心碎與悲傷的五個階段。

悲傷五階段

心理治療師經常提到的悲傷五階段，源自伊莉莎白·庫伯勒—羅斯（Elisabeth Kübler-Ross）於一九六九年出版的開創性著作《論死亡與臨終：生死學大師的最後一堂人生課》（*On Death and Dying*），這是第一本系統性探討人類如何面對失落的作品[7]。雖然這個理論經過檢驗和修正，也遭遇不少批評，但我認為整體概念依然值得參考。

在摯愛離世後的幾週、幾個月甚至幾年內，人通常會經歷以下五個哀悼階段：否認、憤怒、討價還價、沮喪和接受。這五個階段不一定是線性發展，而且每個人需要的時間也不一樣。另外，這不只適用於面對死亡，還能套用在被解雇、友情破裂，當然，還有經歷心碎時的情緒循環和階段模式。

第一階段，是否認。這時我們會對現實感到麻木。關係的結束很不真實，就好像對方只是出門旅行幾天而已。我們總是對朋友說：「我真的沒事，我早就放下了。」其實那只是大腦在讓我們暫時脫離痛苦、推遲悲傷。這個階段可能只持續幾分鐘，也可能延續好幾個月。我還記得，第一段穩定的感情結束時，我整整兩個月都哭不出來，然後有一天，我得知他正在和別人交往。那瞬間就像是某個開關被打開，我認清我們真的結束了，他不會回來了，我必須放下。接著，一陣憤怒向我襲來。

當我們面臨不公平或不正義，就會感到憤怒。失戀時，我們會對對方生氣，氣他們對我們不好、氣他們那麼快就能放下。同時也會氣自己，竟然就這樣讓對方離開。憤怒同時也是一種「次級情緒」（secondary emotion），它掩蓋了我們還無法正視的脆弱情緒，例如恐懼、受傷或失望。如果你曾經氣到哭出來，一定會懂這種感覺。有時候，憤怒比我們真正想表達的情緒還簡單，所以我們會選擇躲在憤怒背後。當怒火逐漸平息，憤怒的根源也會隨之顯現：我們既脆弱又傷痕累累。大腦只能承受有限的心理壓力與情緒負荷，尤其是像憤怒這麼沉重的情緒。最終，我們會感到筋疲力竭，接著進入下一個階段，那就是討價還價。

討價還價來自無力感，通常代表我們療癒的過程陷入了停滯。「如果當初」的念頭開始在腦中盤旋，「曾經可能」、「本來應該」的畫面歷歷在目。以我自身的經驗來說，在這個階段我們會最想挽回對方。我們已經體會到沒有對方的滋味，於是開始對他或對自己許下各種承諾，像是「我會改變，他也是」。但是先等等，停一下。這段關係會結束是有原因的，現在的想法只是你在情感和社交上的戒斷反應。你已經走這麼遠了，當然，你可以選擇讓自己在六個月後再次回到原點，但也可以選擇繼續前進，持續為未來努力。你終究會好起來，他只會成為你記憶中的模糊身影。

在憤怒、否認和討價還價的情緒消散之後，我們會面臨深沉的沮喪。我認為，在沮喪的階段，心碎才真正開始。我們對分手的典型印象，包括流淚、孤獨、失眠的夜晚、漫無目的地長途駕駛、悲情歌單和自我折磨，都是深陷沮喪階段的象徵。我們開始更加實際地感受到失去的現實，以至於我們開始思考：「我還會再見到這個人嗎？」、「如果他不再是我生命的一部分，那我是誰？」、「我還能再愛人嗎？」這些涉及存在危機的問題將我們的處境攤在陽光下，而我們再也無法逃避這份失落。不過，當悲傷逐漸增長，其實正是療癒與修復的開始。

請特別留意，每個人經歷這些階段的時間長短和強度都不同，因為我們的依附風格、氣質與個性本就各不相同。有的人能瞬間從一段關係中抽離，看起來恢復得很快。對我來說，這是一種先天且持續存在的「愛無能」，也許在關係還沒結束時就已經是這個狀態。至於分手後立刻投入新關係的人，他們通常是在逃避，因為要讓自己分心，最簡單的方法就是專注於另一個人。

如果你跟我一樣是個敏感的人，那麼最艱難的時刻，或許就是得知對方已經走出來了，而我們卻還很難過、還在努力排解自己的情緒。這就像是一場「看誰先放下」的比賽，看到對方似乎一切都好，而你卻哭到眼睛都張不開，這種「輸了」的感覺實在很糟。你甚至會開始懷疑，你們曾經的刻骨銘心是不是真的。我向你保證，那都是真的。如果對方看起來已經釋懷，甚至馬上進入一段新關係，我也可以保證那只是假象，可能連他們自己都在潛意識裡相信了這個假象。如果你沒有花時間走過悲傷的各個階段、沒有讓情緒好好消化，那麼你其實沒有接受關係結束的事實，也沒有徹底面對自己的感情，並思考這段關係帶來的意義。

進入接受的階段，就是承認你已經失去這段關係。你明白自己無法改變這個事實；你感激過往的美好回憶，同時不再抗拒偶爾湧上心頭的傷感——我們都知道，你一定會沒事的。

你的生命不是因為有了這個人才開始，也不會因為他的離開而結束。為了完全接受和釋懷，我們可以在前面的階段就有所行動，展現自己痊癒的決心。要忘記一個忘不掉的人，就必須盡你所能地在身體、心理、社交和情感方面脫離對方。你要象徵性地切斷你和對方的連結。最有效的方法就是「完全不聯絡」。你可能已經聽到耳朵長繭了，我敢說，你最好的朋友應該已經跟你說過無數次。但是要自律到這種程度其實不容易，尤其如果你們以前每天都會聊天、關心彼此的生活，那會更難。

「完全不聯絡」會讓你更心痛，但其實你也知道，切斷聯繫、不再溝通和互動（尤其是網路上的）可以加快接受的過程。與他有關的消息和讓你上癮的多巴胺來源都變少了，你沒什麼機會去比較你和對方的生活，或是窺探對方是否已經放下。這會讓你更清楚地意識到，你們已經分道揚鑣了。

有些人覺得可以跟前任當朋友。某種程度上的確可以，前提是你們要先斷聯一陣子。首先，「完全不聯絡」能讓你在心裡把對方「降級」，畢竟你們已經沒那麼常互動，連結也不再那麼緊密。他很快就不再是你早上醒來後和晚上入睡前第一個想到的人，你碰到各種好事、壞事，也不會再跟他分享。其次，想「維持朋友關係」通常是因為你想把對方留在你的生命裡，考慮到你正在療傷，這可能不太明智。我們總會欺騙自己，認為繼續當朋友沒什麼問題，其實是我們在無意識裡還沒準備好說再見。「完全不聯絡」的價值，在於迫使我們擺脫錯覺、摒除所有可能性，真正往前走。

「完全不聯絡」一段時間之後（可能是幾個月，甚至好幾年），通常會出現我稱為「記憶爆發」（memory flare-up）的情況。你們已經好幾個月沒聯絡，但突然間你卻不斷回想起第一次約會的畫面，甚至有股難以抑制的衝動，想要再聯絡對方。記憶不由自主地湧出，這種奇特現象稱為「記憶閃現」（mind pop），近年才被正式命名，描述大腦突然湧現一些和當下的情境似乎毫不相干的記憶或訊息[8]。

這種不自覺的記憶重播，其實是因為環境中有某些因素觸發了與過往經歷有關的聯想，例如特定的氣味、一句歌詞、一個地方、一種食物，讓你立刻穿越時空，回到好幾年前的情境裡，並沉浸其中。

如果那段記憶承載著強烈的情緒，我們就會更常想起，因為大腦認為它意義重大、有保存價值。不過，有時候其實只是因為你太無聊。當思緒放鬆，大腦就不會有意識地控制或抑制記憶，它們便像不速之客一樣，突然找上門。

最後，記憶湧現的狀況，也跟「週年效應」（anniversary effect）有關[9]。這個詞通常用在患有創傷後壓力症候群（post-traumatic stress disorder，PTSD）的人身上，描述在某個事件的週年齡念日前後，當事人的記憶和感受會被觸發，好像重新經歷一樣。例如你們相遇的日子、分手那天，或是其他對你而言意義重大的日子，這就能解釋為什麼你明明覺得自己已經放下了，卻還是會在特定時刻突然想起某個人。

不用害怕這些想法，也不要試圖壓抑它們。這只不過是你奇特的大腦在做它最擅長的事：儲存記憶，並在對你有幫助的時候重新把記憶叫出來。想念某個前任，不代表他就是你的「真命天子／天女」；這也不是某種神祕的宇宙力量，暗示你要和他重修舊好。這只是你的大腦短路，還在尋找結案報告，只要你能謹慎且合宜地看待，就沒事了。你當然會想起對方，因為你們曾經緊密連結，他也曾是你生命的一部分，或許你們的關係沒有完美結局——這些都是真的，但你不需要因此在情感上依附對方。

還有一件很重要的事，那就是適時質疑自己有沒有錯誤解讀記憶，或是用夢幻濾鏡看待失去的關係。我們之所以只記得那些美好時光，是有心理學根據的。「波麗安娜效應」（Pollyanna principle）是一種正向認知偏誤，比起負面經歷，我們會更清楚地記得快樂的時刻，而且會過度執著於這些記憶[10]。我們會為了讓自己避開負面記憶而美化過去，在這個過程中，我們都在「選擇性回憶」（selective recall）。當我們想起某個前任或是某次單戀，我們腦海裡浮現的總是對方的好；至於那些被已讀不回的訊息、敷衍的態度、讓你生氣難過的時刻，全都被自動摒除了。難怪我們放不下那個人，因為就算我們無意這麼做，我們記得的也根本不是事實，而是套上濾鏡的版本。

我喜歡用視覺化技巧來對抗這種認知偏誤。試著在腦中把自己帶到未來，想像你和這個人共度餘生的情景，比如一起養育孩子、一起歡慶生命中每一個重要時刻。你會感到滿足嗎？他真的能給予你應得的愛嗎？仔細想像他惱人的行為，想像你曾經向朋友抱怨的情境，他沒有給你足夠的關注和愛。視覺化可以幫你意識到，這段關係的結束也許其實是你人生中天大的祝福，雖然現在的你仍然遍體鱗傷。

光陰似箭，而療癒也不一定是線性的過程。但從神經科學的角度來看，你的大腦不可能永遠都這麼痛苦。它無法長時間承受這種情緒負擔，否則會逐漸枯竭。生命中的一切都是暫時的，包括你現在的感覺。

走出心碎，重獲新生

從接受關係結束走向真正的重生，是一段獨特的旅程。你才二十幾歲，該去創造更多精彩回憶，這樣未來的你就可以對這段經歷津津樂道，而不是萎靡不振地困在情傷中。你要渴望感受到力量、完整、獨立和自信！

我說過，愛情並不是人生故事中最重要的部分，真正關鍵的，是你與自己的關係。為了培養這份關係，首先你需要釋懷。所謂的釋懷，是指我們的大腦能夠為某段關係的結束建構出完整的敘事，從頭到尾梳理脈絡，並總結因果[11]。如果我們沒有對這段感情釋懷，大腦就不能確定該不該結案，因為它不知道要怎麼保存那些記憶，進而驅使我們不斷回頭去找答案和線索，甚至是確切的結論[12]。

我們很常誤以為，釋懷要靠別人才能成立。我們深信讓我們難過的人，有治癒我們的能力。我們以為只要他們說點什麼、做點什麼，就能讓一切圓滿落幕。但現實往往並非如此。他們自己可能也沒有答案，可能和你一樣困惑，幾乎沒有能夠滿足你各種疑問的答案。所以，你必須自己為故事寫下結局，讓自己釋懷。

寫一封告別信給那個人，感謝他、坦承你的感受，並告訴他，為什麼你現在必須往前走，為什麼你終於準備放下了。請不要寄出這封信——這很重要。這封信只是練習，讓你的大腦能夠為這段故事劃下句點、回歸平靜。你可以把信燒掉、丟掉、收進盒子裡，或做成時光膠囊。你現在所有的擔憂、恐懼、痛苦、悔恨或想回頭的衝動，都留在那封信裡了。是時候往前走了。

你必須選擇將重點放在這段關係帶給你什麼，而不是你失去了什麼。舉例來說，失去這個人為你的生活帶來什麼好處？每當你想念對方的時候，想想現在你可以把更多時間留給自己，想看什麼電視節目就看，做任何決定都不必再考慮另一個人。當你憶起那些美好時光，就想像你將來會和別人一起創造更多新記憶。想想和朋友相處的時間，變得多麼從容、有品質。當然，還有這次經歷是怎麼幫助你釐清情緒，讓你有所成長。

開始投注心力在自己身上，尤其對方一無所知的那部分。有時候我們之所以難以抽離一段關係，是因為在過去幾個月、幾年，或任何一段時間裡，我們的自我認同幾乎和對方緊緊綁在一起。現在你需要投入與對方完全無關的自己——尋找新的嗜好、結交新的朋友、重新檢視價值觀、重新安排生活中的輕重緩急。試著為環境打造新氣象，你可以去購買或是自己動手做一些藝術品妝點空間、去嘗試你和他以前從沒去過的餐廳、聽聽不同類型的音樂並隨之起舞、充實你的日常行程。這段關係的結束，其實是你人生新篇章的開始。

我在幾年前第一次重大分手後，開始投入陶藝創作，並把所有的悲傷與痛苦都呈現在作品上。接著我繼續尋找下一個興趣，結果我開始經營podcast。那是我的冥想空間、我的療癒場所。我真心相信，如果想放下一個難以忘懷的人，每個人都需要一個專屬的療癒方式。選擇投資自己，是種深刻的自我重建，也代表你是獨立的個體。你本就是一個完整的人，不需要靠那個人來證明自己的價值，也不需要他的認可。你本身就是一道閃耀的光，是一個美好的人，即使沒有他，也無損你的光芒。記得從這段已經結束的關係中提取你需要的訊息，例如你對未來的清晰認知、你值得受到怎樣的對待，或者你期待的愛是什麼樣子。把你需要的和你應得的明確列出來，即使你現在還沒準備好接受它們，也沒關係。

最後再囉嗦一下：在開始下一段感情之前，請給自己多一點時間。很多人一結束一段關係、被拒絕或是感到迷失，就會有一股強烈的衝動，想要立刻尋找「替代品」，用另一場戀愛來療傷。但那只是止痛藥，只能讓人暫時分心，卻無法真正讓你復原。曾有團隊進行了一項關於療傷式戀愛的研究，標題很有趣，叫做〈太快太急？對療傷式戀愛的實證研究〉（Too Fast, Too Soon? An Empirical Investigation into Rebound Relationships）[13]。他們的結論是，療傷式戀愛是一種被動反應，為了要回應失戀所產生的情緒。這會讓你的情緒更不穩定，也更可能讓你反覆回憶起上一段感情的點點滴滴。因為你可能會和新對象經歷一些類似的情境，例如情侶間的親密互動、和前任一起去過的餐廳、和前任聊過的話題等，一切都那麼熟悉，只是對象換人了，這反而會讓你陷得更深，難以真正放下。其實你已經擁有了你所需要的一切。沒有人能比你更了解你自己，也沒有人能像你一樣療癒自己。

痛苦不會永遠持續下去。所以，請接納這些情緒，然後慢慢向它道別。有一天你會回望現在的自己，慶幸這段關係在那時候結束了。

這些情緒，證明了你愛得多深。想像一下，當你把這份愛交給對的人，並且受到珍惜，那會有多美好。

想念對方，不代表你們註定要在一起。

有個天大的好消息，那就是你生命中有關愛人與被愛的篇章，還沒結束！你還有好多機會，能遇見那個「對的人」。

第十二章 友情萬歲

是短暫停留，還是相伴一生？

我們的社會非常重視愛情，把它視為二十幾歲這個階段的重點目標。但其實，**在我們二十幾歲時，友情對我們的影響力，可能比短命的戀情、浪漫的愛或任何交往經驗都還要深遠**。在童年時期，父母是我們生命中最深刻的關係，而到了三十幾歲，伴侶會成為生活的重心。那麼在二十到三十歲這十年間，朋友就是我們的世界。我們最常和朋友分享私密心事，最常和朋友一起出門、一起大笑。朋友陪伴我們經歷起起落落，是我們的緊急聯絡人，是我們精神上的靈魂伴侶，是履歷上的推薦人，是我們的第二個家。無論我們談戀愛、分手、被解雇、討厭工作、跟家人爭吵、心理健康出現問題還是缺錢，無論人生如何混亂，他們一直都在。

我們在二十幾歲時的朋友，他們的質和量，都會影響我們人生許多重要時刻。由此可見，友情也可能讓我們心生不安。這十年是場挑戰，我們要找到真正屬於我們的群體，即使經歷距離或身分轉變、疏離、部分友情破裂，以及人生重大轉折，都還是能緊緊抓住他們。我們也會在這個階段逐漸明白，並不是所有友情都會天長地久。有句名言是這麼說的：「每個人出現在我們生命中都有原因，他可能短暫停留，也可能相伴一生。」不是每個人都會陪你走進養老院，但在人生的路上，某些友情留下的經歷和回憶會深深觸動你，改變你的價值觀，以及看待這個世界的方式。

友情的重要性

毫無疑問，優質的友情對我們的心理健康來說十分重要。無數研究顯示，擁有親密朋友的人通常對生活更滿意，也比較不容易罹患憂鬱症[1]。這很自然，如果我們能和他人分享煩惱，就會覺得問題沒那麼嚴重。相對而言，孤立或缺乏人際連結的人，不只是情緒健康，整體的健康狀況也會比較差。

過去十年間，有一項備受矚目且廣泛為人引用的研究，其內容指出，劣質友情和社會隔離（social isolation）對健康造成的危害，跟每天抽二十根菸一樣嚴重[2]。這類研究結果經常受到誤解，因為吸菸和孤獨影響我們健康的方式其實大不相同，例如孤立可能會提高自殺風險，吸菸則可能導致肺癌，而且兩者對人類基因和生物環境造成的影響也不同。但這項訊息本身依然非常重要，當我們專注於飲食、運動、藥物或其他醫療方式，試著改善身體健康時，其實也應該留意友情和社交狀況，這才算是全面照顧健康。擁有集體主義文化的社會早在數千年前就有此意識，但強調個人主義的西方社會，則是直到近年才逐漸重視這件事。

友情除了有益健康，也會影響我們的身分認同和自我概念（self-concept）。自我概念是我們對自己的形象認知，包括信念、興趣、過往經歷、深藏的祕密，還有人際關係。有句話說：「我們是與我們最親近的五個人的總和。」而在許多方面，這句話在科學上也成立。我們喜歡的音樂、電影、穿著風格，往往和朋友差不多。我們住在同一個城市、在相同的產業工作、看一樣的影集。近期也有研究指出，友情甚至能夠影響我們投票和生兒育女，還有我們的職業。這些都是重要的私人選擇[3]。

俗話說物以類聚，我們通常會尋找和自己相似，也熟悉的人做朋友。但研究友情的科學家，甚至注意到一個驚人的現象：**親密的朋友在神經方面也很相似**。社交圈的行事準則、態度、信念與互動模式會改變個人，使彼此之間的大腦變得異常相像。二〇一八年，科學家讓一群朋友觀看相同的影片和刺激物，並進行磁振造影[4]。他們發現關係越親近的朋友，大腦的活動模式就越相似；相較之下，關係較遠的個人就沒有這個狀況。這個研究顯示，友情對我們人生中二十幾歲的階段來說意義非凡。

我們在二十幾歲時建立並持續下去的友情，會形塑我們的核心信念系統，包含我們對自己、對周遭的世界，以及對整個人生的看法。我們在這個時期交到的朋友，很有可能和我們共度一生，他們的陪伴甚至可能比父母、伴侶，甚至一段婚姻還要長久。因此，我們需要在這個部分選對人，同時我們也要理解身為朋友的責任。

在二十幾歲交朋友的阻礙

友情能減輕孤獨感、帶來連結，毫無疑問也能幫助我們在情感上更加成熟。交朋友不只是為了生存，更是為了活得充實。然而，認識新朋友並不容易，更不用說要與人建立靈魂伴侶般的連結了。二十幾歲時，社會會期待你建立廣闊的社交圈，要你跟這些人一輩子聚在一起，但任何一個試著在出社會之後結交新朋友的人都很清楚，這一點也不輕鬆。我並不覺得「成年後交朋友很難」是什麼新鮮事，因為事實就是這樣。

許多人會待在舒適圈、與多年老友相處，從不主動認識新朋友。人類渴望舒適和熟悉感，對於社群這種珍貴的東西更是如此。但這也代表我們很少練習結識新的人，或是主動出擊、拓展視野、找機會建立新連結。因此，當多年的友情開始動搖，我們可能會徹底迷失，不知道怎麼再像童年與青少年時期那樣自在地跟別人交朋友。

對於還沒有在特定群體「定下來」的人來說，所有「小圈圈」或「派系」都會讓他們難以打入新的社交圈。這某種程度也與我們在認識新朋友時缺乏信任感有關。二〇二〇年的一項研究中指出，阻礙人們建立友情的主要因素有六個，其中最主要的就是缺乏信任，其次是缺乏時間[5]。在我看來，這兩者密切相關。信任是透過熟悉感建立的，而熟悉感則是透過反覆，也就是和某人頻繁且持續相處，才會產生。我們之所以會跟青少年時期或大學時期的朋友特別要好，是因為當時天天混在一起，有很多互動機會。時間和臨近性，就是信任的基石。成年之後，我們沒有那麼多時間投入一段新友情，也很難再付出與當初同等的意志和心力。研究顯示，要和一個人成為朋友，至少要先相處五十個小時，如果要進一步變成好朋友，還要再花一百五十個小時。與此同時我們得工作、照顧家人、打掃家裡、注意身體健康、付帳單……光是好好照顧自己就夠辛苦了，更別說經營一段新友情。

我們二十幾歲時所處的環境，其實不利於交朋友。我們在工作和家庭之間來回穿梭，也許中途去個健身房或酒吧，路上隨便吃頓飯。我們唯一能長時間相處的人，就是工作夥伴，難怪很多人會跟同事交朋友。但工作畢竟是任務導向，沒有太多時間能培養感情，尤其如果你是遠端工作、自由工作，或每天只能擠在狹小的辦公室座位上。

這十年對所有人來說都是一段過渡期：職涯轉換、心理變化、經歷情緒轉變，甚至是遷徙和環境變動，因為我們可能要搬家、各奔東西、追求不同的道路。大家都在人生旅程中奮鬥，試圖搞清楚自己的目的地，以及要如何抵達。因此，所有人生軌跡開始分岔。在人生最初的十八年裡，我們可以假設身邊同齡的人都在做差不多的事——上學、運動、週末有空。我們在同一條路上直行，因為童年和青少年時期大致如此。但到了二十幾歲，一切都變了。彷彿有顆炸彈把路炸毀，也破壞了我們熟悉的友情宇宙。有些人還住在家裡，有些人卻已經和伴侶同居，事事以對方為優先；有人搬到國外，有人還在讀書，也有人直接人間蒸發。總有那麼一位朋友或老同學，在你還在苦惱早上該穿什麼衣服的時候，他就決定要當爸媽了。

在這個劇烈變動，同時讓我們快速成長的人生階段，周遭的人際關係也會開始改變。不只是二十幾歲，這些事一輩子都會持續改變。在這十年間，我們會被迫放下某些舊有的關係，以迎接那些與我們的生活、個性、輕重緩急更契合的人。你不是十八歲的你，也不是剛滿二十一歲時的你了。隨著年齡增長，你的價值觀和人生重心會轉變，與某些朋友的共鳴也會減少。友情會自然淡去，我們應該接受這一點。這件事很常見，也很正常。人與人就是會逐漸疏遠，這個事實讓人苦樂參半。

當然，你對這一切也有決定權。**要維持一段長期的友情，需要付出努力、保持耐心、把握相處的機會，並適時調整對彼此的期待。**

努力

關係不是無緣無故建立起來的，它需要花心思投入。制定計畫，讓你們出現在彼此生活中，無論是每週一次的晚餐、通電話、假日一起逛市集，或是任何你們喜歡的活動。關心朋友的生活，讓對方知道你一直都在。我發現，要確保你們能持續有連結，最好的方法就是掌握這三件事：對方近期期待的事、正在費心處理的事，以及他們目前的生活重心或興趣。即使是一段遠距離的友情，這些小小的努力也能顯示你在乎這段關係，並且願意付出心力。

耐心

人不會總是成為你希望他們成為的樣子，尤其如果他們正面臨複雜的內在議題。所有穩固且持久的關係，都需要相當多的耐心去維持。如果你的朋友正在努力釐清人生方向、試圖在波折過後成為你更好的朋友，或者他的心理健康出現了問題，甚至是深陷有毒的關係中而忽略了其他重要的連結，你更不可以少了耐心。遇到這種狀況的黃金法則，就是以你在類似情境下希望被對待的方式，寬容地對待你的朋友。我自己就曾經是朋友給予極大耐心的受益者，因此深知它有多重要，我的好幾段友情，也都是因此得救。兩年前，有一段時間我有心理健康問題，一波波憂鬱襲來，所以常常沒消沒息，也不出席聚會。雖然他們都很體諒我，但要忍受我幾週沒有音訊，還要承接我的悲傷、幫我排解情緒、接納我的低能量和健忘，真的需要非常多耐心。友情就是在困難的時候依然照看對方、陪伴對方，而不只是有福同享。

機會

付出努力是一回事，但除此之外，有些特定時刻會讓友情昇華。我們沒辦法每次都計畫或預測這些時刻，因為人際關係中最美好的瞬間往往出人意料，但當這些時刻出現，最好牢牢抓住。可能是一次深刻的談話、一趟突如其來的週末旅行、一場音樂會……或者，他們是第一個，在你失戀或其他需要陪伴的時刻，打電話給你的人。當你想起你最親密的友情，我敢說你們之間都有這樣的關鍵時刻，讓你們成為這麼好的朋友。

期待

最後，要讓友情長久，有時你需要調整期待。人都會隨時間改變，而真正的愛是接納他們的改變。當然，也許他們不再是你第一個分享好消息的人了，但這並不代表這段關係已經結束，或是你應該捨棄它。俗話說不要因小失大，這也適用於友情。當我們注意到某段關係出現變化，有時會感到恐慌，所以反射性想在受傷之前先離開，又或是直接忽略，繼續過自己的人生。其實還有另一個選擇，那就是調整他們在你「人際星系」（relationship galaxy）

中的位置。人際星系可以幫助我們理解，面對不同種類的人際關係要如何自處，也能讓我們更明白，自己可以從某些人身上期待些什麼，而對方又可以從我們這裡得到什麼。

人際星系主要可以分為三層。首先是內圈，也就是你最親近、最長久的關係。這可能包括兄弟姐妹、長期伴侶、從小一起長大的摯友（你的孩子一定會把他們當成親阿姨或親叔叔）。這一圈是最神聖的，你可以向這群人要求任何事，無論是借錢還是捐腎，他們一定會為你做到，而你也會為他們做一樣的事。

第二圈是你常保聯絡的人，即使你們的關係還沒到內圈的程度。你經常和對方見面，也在情感上依賴他們、和他們一起經歷生活點滴。第二圈的人可能不是你在危急時第一時間求助的對象，但他們豐富了你的日常生活，讓你擁有歸屬感。

外圈則是比較疏遠的關係，例如泛泛之交、同事，或是你逐漸疏遠的老朋友。這些人在你生活中的邊緣地帶，雖然他們仍然是你社交圈的一部分，但並非你情感世界中的要角。

我們也可以在這個人際星系的外圈之外，再加上第四圈，用來容納那些已經變成陌生人，或是你已經不想再聯絡的人。

外圈通常會隨著時間而變化，而內圈則應該年復一年保持穩定。離內圈越遠的人，你對他的期待越少，而對方也不會對你有過多期望。如果他們取消了約定、沒有回訊息，或是忘記你的生日，你不會過於失望。了解某個人「在你的星系中的哪一圈」，能幫助你抱持合理期待。當他們在外層移動時，你就可以調整自己的行為，不會因為關係變動而驚慌失措。任何向外的細微移動，都可以視為友情「消散」——你和對方之間的友情產生了某些變化。不過，如果某個人突然從內圈或第二圈直接跳到第四圈，那麼你們可能即將絕交。

和朋友絕交

朋友一場，有時不一定會好聚好散。有些友情會因為雙方慢慢不再合拍而不了了之。又或者，出於嚴重的原因，這段友情真的沒辦法再繼續下去了。雖然沒有人天生就「有毒」（這個詞並不是正式的心理健康診斷，為別人貼上這種標籤也沒什麼幫助），但有些人確實會創造出有毒的情境，或持續製造摩擦，甚至抵銷了其他支持性友情帶給我們的益處。

這樣的人可能容易嫉妒、控制慾強、善於操弄或利用人、刻薄……也許你其實也不太懂他們，然後有天你又被已讀不回，你才意識到對方可能永遠不會回應你了。另一種可能，是你積累已久的情緒大爆發。你可能已經醞釀了好幾個月甚至好幾年，所有早就該說但遲遲說不出口的感受，該劃但一直沒有劃的界線，一次奉還。我真心相信，朋友絕交和分手一樣痛，因為我們從沒想過會走到這一步。人們通常認為友情會長長久久，因為這些人是我們自己選擇的，而且比起愛情，風險看起來低得多。但二十幾歲這個階段的生活就像壓力鍋，如果友情太逼人，那麼關係終究會破裂。

絕交之所以格外難受，是因為它觸發了「悲傷剝奪」（disenfranchised grief）的情緒。社會不接受這種「不嚴重」或不值得的哀痛，這會加劇當事者的失落[6]。我們的痛苦不被允許，因為「只是少了一個朋友，根本沒什麼大不了」。事實上，我先前提到的所有研究，都證明「這絕對有什麼大不了」。就像面對分手一樣，我們有權悲傷、有權懷念曾經的情誼，甚至也要努力壓抑想聯絡對方的衝動。同時，我們也應該意識到，也許失去這段關係是好事。有時我們不只是漸行漸遠，而是逐漸認清這個人在我們生命中造成的不適，也許他們不尊重我們的界線和自主權，索求的遠比付出的多，也可能是在某件事發生後，你才突然看清了對方。

最近有位朋友向我坦白，她剛結束了一段八年的友情。她們有點像「青梅竹馬」，而這也是她唯一從高中時代延續至今的友情，兩人甚至刺了一模一樣的刺青（這真的不是個好主意）。直到她們第一次一起旅行，我那位朋友才逐漸意識到，這段關係該劃下句點了，一旦旅程結束，她就要跟對方講清楚。她發現對方會對她大吼，到了有其他人在的場合就會冷落她，事事都很霸道。這種互動模式一點也不健康。有時候要在新的情境中，才能看清對方的真面目，結婚、訂婚、生小孩，展開新戀情時也是。與一個不重視自己的人在一起，還不如選擇孤獨。只有健康的友情才能滋養並保護我們，否則它就是一種負擔。

上述的情境很糟糕，因為這違反了我們對連結和歸屬感與生俱來的渴望。但我想請你思考一個假設，這可能會讓你比較釋懷。試想你跟從幼稚園以來認識的每個人至今都還是朋友，你每個禮拜都要花時間跟他們聯絡、用心經營關係，那樣壓力該有多大？最後你可能會變成一個壞朋友。

一九九〇年代，心理學家羅賓・鄧巴提出的理論指出，具體而言，人類在認知上大約能夠維持一百五十段社交關係（包含朋友、家人、同事和點頭之交），但好朋友至多只能有十五位，普通朋友最多也就五十位[7]。如果你覺得很多，不妨想想看，光是在一年內，你就會透過工作、朋友的朋友和家人認識多少人？所以，我們有時候不得不縮小社交圈，才能為新關係騰出空間。我知道這聽起來很無情，尤其如果你是那個被「縮減」掉的人。然而，生命必定會給我們出其不意的驚喜——最好的人會在我們最需要時出現，而到那個時候，我們肯定也已經空出空間了，因為比起在舒適圈中安逸，我們更想尋覓全新的關係。

尋找人際連結

或許二十幾歲的你，正對友情的各種變化煩惱不已。我想提供一些策略，幫助你建立新的連結、找到屬於自己的群體，並留在群體之中。第一步，就是明白每個人其實都有一樣的感受。

最近我個人做了一個小小的實驗。我開始問身邊的家人朋友，甚至是比較不熟的人一個問題：「你希望能有多一點朋友嗎？」他們的答案都是肯定的。我們常常覺得跟朋友不夠親近，其中一個原因正是，我們不會和彼此談論「想要有更多或更好的朋友」這種事，所以我們每個人都在孤單中掙扎，卻以為只有自己這樣，其實這種感覺再普遍不過了。我們這一代人雖然越來越孤獨，卻也可能和彼此建立起最緊密的關係，因為說實在的，我們超級渴望深刻的連結。

人其實可以更敞開心扉、更願意建立關係，但必須先鼓起勇氣，同時也需要有人帶頭，而那個人可以是你。把大家聚在一起、主持讀書會、邀約週日的晚餐聚會、報名參與團體運動、在社群軟體上建立聊天室。選一個活動，每兩週舉辦一次，持之以恆。先從小規模開始，請朋友帶朋友來，慢慢邀請人加入，你的社交圈就會慢慢擴大。**只要有一個人喜歡你的活動，你就能邀請他攜伴參加，然後持續投注心力，就像完成其他人生目標一樣。最後，屬於你的群體就會誕生**。當然，你也可以一個人行動，想做什麼就做什麼，當你的腎上腺素開始分泌、整個人躍躍欲試的時候，或許就會對別人打開話匣子。

建立固定的生活模式，對你也非常有幫助。如果你每週都上同一堂健身課、去同一家咖啡館、同一間酒吧，或是定期參加讀書會，那你的生活節奏很可能會與某個人產生共鳴，不經意的互動會讓你們有機會多認識彼此。別忘了，建立關係的兩大重要關鍵，正是臨近性和相互性。

要有意識地建立關係。當你遇到真心欣賞的人，請對自己和身邊的人宣告：**「我要和這個人當朋友。」**把這句話說出口，讓它成為現實！這麼做可以激勵你付出實際行動，成就這段友情，因為你已經下定決心。這也能防止你過於被動，錯過這些潛在的連結。你對自己說的話通常會成真，因為它們會潛移默化地影響你。顯化（manifestation）技巧之所以這麼有用，不是因為它能召喚出神祕力量，而是會加強你的期望，進而創造出自我應驗的預言。

這個人「會」成為你的朋友。展現你的積極，對他人敞開心胸、保持熱情。你不需要太刻意，只要默默將對方喜歡或在意的事情記在心裡，以後一定用得上。聽起來處處是心機，但跟童年或青少年時期那種隨便都能交到朋友的狀況相比，成年人交友確實需要多一點主動和計畫。我自己就是一個成功案例子。我多年的摯友凱特（Kate）和菲比（Phoebe），到現在還會興高采烈地分享這件事：我跟她們第一次見面時，才不到幾分鐘就對她們說：「妳知道嗎？我們會變成朋友。」結果七年過去了，我們至今仍是最好的朋友。

千萬別失去希望。每個人在一生當中，一定會碰到幾個與自己契合，也真心和自己做朋友的人。人與人之間的連結，是我們與生俱來重視並渴望擁有的東西。想想你父母，他們所有的朋友都是從小認識的嗎？他們在過去十年、二十年間，有沒有交到新朋友？還有那位年齡較長的同事，去年她是不是在度假的時候認識了一位四十三歲的女性，現在她們已經是最親密的好姐妹，還各自帶了伴侶一起去約會？

最後，我要分享一個溫暖的故事。兩年前，我高齡八十八歲和九十歲的祖父母，搬到另一座城市居住。前幾天他們打電話給我，說他們每週至少會邀請一群好朋友來家裡喝茶，這群朋友包括三十歲的喜劇演員、四十五歲的大學講師，還有獨自住在隔壁、養了兩隻博美犬的七十歲鄰居。

建立友情的機會之窗，不會在你三十歲、四十歲，甚至五十歲的時候突然關上。社會連結是一輩子的投資，也是一輩子的快樂泉源。

二十幾歲的人生，常常讓人感到孤單寂寞。如果這能安慰到你，我想說其實我們都在同一條船上，只是沒什麼人願意開口談這件事。如果我們能更坦然，或許就不會感到如此羞愧。無論你是覺得交新朋友很難，還是不久前才跟老朋友絕交、大受打擊，又或者你發現你和以前很熟的朋友逐漸分道揚鑣，請記住，這種感覺只是暫時的。就算一段友情無法走到最後，也不代表它沒有價值，我們在二十幾歲時經歷的疏離感也一樣。友情即使走到終點，它依然讓我們明白，一段優質的友情非常重要。要是能找到真正契合的朋友，那會帶來極大的喜悅。

社會總是過度重視愛情，但在二十幾歲這個階段，最重要的其實是你與朋友之間的情誼。

隨著你逐漸長大成熟，友情的改變是很正常的。並非所有關係都能天長地久。如果你還沒遇見你的專屬群體，別擔心，你還有時間。建立友情的機會之窗，不會在三十歲或任何年齡關上。

第三篇

開展中的職涯

也許因為職場是大多數成年人投入最多時間的地方，所以工作似乎不僅是收入來源，更是我們的第二個家，也是從事社交的地方。工作讓我們感受到人生的意義與重要性。越接近三十歲，職業就越會開始形塑我們的身分。畢竟，我們對陌生人或熟人提出的第一個問題往往是：你從事什麼工作？你對這個問題的答案會透露出你的價值觀、興趣、日常習慣、優點，甚至是收入與教育程度。光是一個職稱就要背負這麼多壓力，二十幾歲的你絕對感覺得到，你似乎必須把每件事做對，非選擇正確的道路不可。

如果工作在生活中的比重如此之大，我們自然會想從事自己真正喜歡，或能在某方面提升生活的工作。但要找到理想工作可能不容易，因為二十幾歲的我們甚至還不夠認識自己。也許這就是為什麼，我們在這段成年的初期，會最強烈地感受到職涯焦慮、冒牌者症候群（imposter syndrome）與倦怠，因為我們想盡全力找到最完美的工作、最完美的職涯道路，並與生活中職場以外的其他方面達到平衡。

事實上，工作僅代表你這個人的其中一面。不過，當你以為自己脫軌或落後，往往很快就會讓工作占據你寶貴心智空間的一大部分。我想談談為何如此，以及如何調整你對工作的想法，讓工作為你的身分與人生加分——但不是成為人生的全部。從根本來看，工作也與定義二十幾歲階段的其他關鍵成分有關，尤其是你的財務狀況。但在心理層面上，工作也關乎你的自尊與目的感。

我們來談談你當你二十幾歲時，為何不僅應該多方嘗試、對職涯更懂得隨機應變，更應該建立自己與工作之間的界線與關係類型，為你的未來超前部署。

第十三章 為什麼總覺得自己不配？

冒牌者症候群與自我破壞

每個二十幾歲的人，腦子裡都住著一個冒牌者。大多數時候，這個冒牌者是溫順又懶洋洋的訪客，喜歡隨便打開我們的冰箱找東西吃、穿上我們的衣服，成天在屋子裡遊手好閒、無所事事。但新客人來訪時，這個冒牌者就會變得討人厭。新客人代表著我們逐漸成長的成就與自信、所學到的技能、所獲得的新工作，以及接踵而至的機會——這一切都會打擾到這個冒牌者的安寧。

這個冒牌者是個安靜的反派，藏在我們成就的陰影裡蠢蠢欲動，隨時準備告訴新生的那一部分自我，說我們只不過是騙子，配不上這一切。他會說我們不夠聰明、不夠優秀，全世界早晚會知道他早已知道的一切：我們其實就是冒牌貨，而這個現代史上最大的騙局之所以還沒被戳破，只是因為僥倖。我們只是成功誘導他人相信連我們自己都不相信的事，也就是我們配得上這裡、值得在這空間占一席之地、配得上自己的成功。那個冒牌者是錯的，但如果我們不謹慎一點，他可能會支配我們生活的每個面向。我們最好在這種情形發生之前早點把他趕走，或與他和睦相處。

誰是冒牌者？

冒牌者症候群會在我們二十幾歲、小有成就的時期現身。那是一種甩不開的自我懷疑，讓我們懷疑自己的能力和技能，覺得自己才華不足，配不上如今的成就。要辨識自己是否有這種症狀，最簡單的方法是留意自己是否會說出以下這些話，這是冒牌者最愛的說詞：

- 一定是哪裡弄錯了。
- 你只是運氣好罷了。
- 你不屬於這裡。
- 每個人都比你聰明、有才華。
- 你必須更勤奮工作來證明自己。
- 等他們看出你是個冒牌貨，你這輩子就完了。

• 你有什麼權利待在這裡？

這種思維讓你無法享受自己的成就，因為你總是擔心東窗事發。這會創造出某種自我應驗的預言，你越相信自己是冒牌者，就會表現得越像個冒牌者。你會變得優柔寡斷，對自己的表現更加焦慮。當需要進行決策，你便裹足不前、不斷猶豫，甚至貶低自己，生怕走錯任何一小步，整個騙局就會被拆穿。在最糟糕的情況下，冒牌者症候群會引發所謂的「約拿情結」（**Jonah complex**），也就是對成功的恐懼已經強烈到讓人無法充分發揮自己的潛力[1]。

這種現象格外容易出現在二十幾歲這個時期，而這有幾個原因。對我們多數人而言，這十年是我們首度體驗到何謂施展長才的時期。我們心中認定應該是給傑出人士的讚美與成就，此時竟落在自己身上。我們開始升遷，或是接受讓自己覺得高攀的新工作。人們開始聽我們說話。我們意外發現了能打造全新事業的才華，並因此飛黃騰達。我們許多人是花了二十幾年的時間自我精進，主要是透過追求更高的教育程度，來獲得某種程度的技能。再加上累積的人生經驗，讓別人開始認可我們的才華，或認可我們是一項資產，甚至是成功人士。當你始終是那個對陌生人或朋友的成就自嘆弗如的旁觀者，突然體驗到這種角色逆轉，著實會感到格外奇妙。

最好的情況，是因為你成就斐然，所以一時無法適應自己的成功。但有些人也會在這個時期首度體驗到重大失敗，並因此陷入沮喪與不安。工作上犯錯、事業不如意、錯失工作機會，或遭遇令人困窘的情況，都會讓自信心動搖，使人不禁自問：「我真的有自己以為的那麼優秀嗎？還是所有人都在對我說謊？」如果你無法克服這些非理性且不正確的想法，它就有可能迅速化為甩不開的成見，形成你對自己的認知。

冒牌者症候群與自尊心

當然，討論冒牌者症候群時一定會討論到自尊心，包括我們如何看待自己的價值，以及對自己有何認知。這兩件事當然息息相關。感覺自己是冒牌者的相反，就是感覺自己當之無愧。承認自己配得上那份成功，也就是承認自己是透過勤奮工作與個人特質而對那個成果有所貢獻。這表示你認可自己的價值，相信自己值得。

然而，如果你自尊心低落，那這類自我認可往往與你看待自己的方式相反，要你接受自己是個成材的人比登天還難。如果這輩子別人總是反覆告訴你，你不夠優秀、不夠聰明、不夠有魅力，或工作不夠勤奮，那麼幾次小小的成功也無法讓你忘懷這些負面聲音。把成功歸功於自己，似乎讓你不太自在。你會否定自己的功勞，尋找更「可能」的解釋，例如「我只是好運罷了」、「一定是哪裡弄錯了」、「我不過是冒牌貨，大家很快就會發現的」。這些解釋似乎更符合你的自我概念與你低落的自尊心。

安侯建業（KPMG）主導的一份研究發現，冒牌者症候群最大的苦主不出意料地是女性[2]。事實上，最早研究這種症狀的是心理學家寶琳・羅絲・克蘭斯（Pauline Rose Clance）與蘇珊・伊姆斯（Suzanne Imes）[3]。在一九七八年的一份研究中，她們專注於高成就女性的經驗，觀察一百五十位擁有博士學位、在專業領域深受敬重，或已達到傑出學術成就的女性。結果發現，這些女性中很少有人發自內心認為自己成就斐然。其中一位擁有兩個碩士學位、一個博士學位，並出版了許多學術著作的女性，居然認為自己目前還能執教，必定是某種「行政失誤」所致。很難想像會有男性得出相同結論。

對女性而言，這種在專業領域的自我懷疑，遠比對自身能力的信心或自豪更容易出現。在社會制約下，成年與年輕女性被要求低估自己的智商、才能與成就，以顯得有禮貌，不冒犯他人。這種持續而反覆的內外貶低，形塑了女性一部分的信念，導致女性十分缺乏對自身能力的自信。結果就是，即使達到某種成就，我們仍會將其歸功於更「穩定」或可信的原因，比如運氣。

在更普遍的意義上，早期的童年經驗與家族史也可能是造成冒牌者症候群的原因。在同一份研究論文中，克蘭斯與伊姆斯辨識出兩種容易造成這類心理的影響因素。一個是，你可能擁有一個被家人認為是「天才」的手足。他們總是被推崇為出色、才華洋溢、高智商的榜樣，引發了你的競爭意識，讓你產生想透過學業成就證明自己的動機。然而，沒有什麼能改變家人的成見，他們始終相信你的手足才是那顆最璀璨的明星，於是你得出結論：也許家人們是對的，你不過是個冒牌貨。

另一方面，也許你正是那個表現傑出的孩子。人們總是告訴你，你很了不起，日後必定前途無量，無論你的夢想如何瘋狂，你都有能力實現。但脫離青春期進入二十幾歲後，你開始面臨自己並非事事都強的現實。總是有人比你更聰明、更努力、更漂亮，或更才華洋溢。父母以前從未告訴你這些事！你開始懷疑以前聽到的讚美都是謊言，感覺父母對自己「天生能力」的一味推崇都是假的。你覺得自己不過是個冒牌貨。

在許多文化中，人們會因慶賀自己的成功而受到指責，導致人們過度自謙，低估了自己的成就。這種文化當然無助於人們培養自信。在澳洲，我們用「高罌粟花症候群」（tall poppy syndrome）這個詞彙來描述這種現象——最高的花總是第一個被剪下做成美麗花束[4]。選擇站出來公開談論自己成就的人，會被認為是自負或洋洋得意的，容易樹大招風，惹人非議。在菲律賓，這種現象叫做「螃蟹心理」（crab mentality）；日本的說法則是「突出的釘子會被錘下」。世界各地都有這種人們因為「謙虛」而隱藏自身才華的文化。如果我們無法開誠布公地談論自己的成就，以及那些隨之而來的奇妙、五味雜陳的反應，就容易覺得似乎只有自己才會產生那種欺騙與自我懷疑的感覺。

自我破壞

當我的podcast開始有了聽眾，我認為這大概就是最好的成就了。當時我二十三歲，誤打誤撞進入了這個全新的職業，接觸聽眾後，我發現自己發自內心喜歡這份工作。然而，有好幾個月的時間，我一直等著事情崩壞——聽眾總有一天會發現自己聽錯了節目，到時就會離我而去。我不斷想像自己前世一定積了不少德，這輩子才會這麼幸運。但如果事情真的是因為運氣，那就不可能持續下去，你也很難把功勞歸給自己，更難以預料最後會如何收場。我感覺氣餒無力。夜裡我輾轉難眠，白天則時時告誡自己：「別太習慣這種好運，不要過得太安逸。」我心裡隱約盤算著要停掉節目。我會為了新一集節目而努力一整天，甚至焚膏繼晷，只為了證明自己當之無愧。我的自我懷疑越演越烈，最後變成自我破壞。

我們對自己的成就愧不敢當時，會千方百計地證明自己是對的。與其等他人來毀掉我們，我們更容易自毀成就。這就是為什麼很多二十幾歲的年輕人選擇放棄更宏大的目標，寧可自甘墮落。

自我破壞是一種習慣、行為與無意識決策的模式，本質上會帶來傷害，損害我們的目標與福祉。這些行為可能是受未解決的情緒傷痛、低落的自尊心或從小養成的羞愧感所驅使。

一九九一年，一群研究者決定調查受到拒絕與忽視的童年經歷，與日後的自毀行為之間的關聯[5]。他們的報告顯示，許多成人的自毀行為可追溯至童年的創傷與不健康的依附風格。研究結論也指出，童年創傷——無論是來自嚴重的虐待、霸凌、父母離異、學業表現不佳、疾病或情感忽視，都可能導致自毀行為。

未解決的情緒創傷會傷害我們的核心信念與身分認同，導致罪惡感與自責的內化，包括負面的核心信念，例如「我不值得別人愛」、「我承擔不起這麼好的東西」、「我愧不敢當」等。那種羞愧會表現在許多行為上，像是拖延、衝動消費、猶豫不決、和錯誤的對象約會、挑釁、孤立自己、過度操勞，甚至更嚴重的習慣如藥物濫用等。但歸根究柢，所有這類行為都源於我們對自己的負面成見，感覺自己承受不起生命中的美好事物，所以選擇在那些美好事物出現之前自毀前途。這在冒牌者症候群的情況下很合理。如果你很害怕他人發現你是「冒牌貨」，就很可能在他人有機會發現這點之前，先拆穿自己。

佛洛伊德是最早辨識出這類行為的臨床醫師之一[6]。他假設這類行為源於他所謂的「死亡驅力」（death drive），即每個人內心深處都想從責任與期待中解脫（一如從這個世界上死去），所以他們出現自毀行為，以滌清並擺脫所有這類自我懷疑。毀掉人生，代表從日常的壓力來源與責任中獲得解放，雖然那些壓力無可避免地終究會回來糾纏我們，但我們感覺自己獲得了片刻的自由。佛洛伊德從這種尋求自毀的自我動機形成「反自我」（anti-self）的概念，也就是我們有一部分的潛意識會為自己製造阻礙，以落實我們對自己最負面也最根深柢固的成見。

舉例來說，你或許想吃得養生一點，並增加活動量，這樣比較有益身體健康。但說也奇怪，你發現自己總是三天捕魚，兩天曬網，往往會回去吃那些你明知有害健康的食物，飲料也喝得比水還多。這是因為反自我妨礙了你的邏輯意識心智，讓你無法受目標驅使，為自己的行為負責。而這種反自我的無意識衝動，是源於你對自己的成見，讓你相信你承擔不起更好的自己、付出這樣的心力不值得、你早已是個失敗者。

在自我破壞、「反自我」與冒牌者症候群的交互作用下，會出現幾種關鍵行為：

- **一拖再拖：**把重要任務拖到最後一刻才做，因為你無法面對事情可能會不完美，或缺乏完成的動力。所以你刻意讓自己下場慘痛，藉此告訴自己：「我就知道這裡不是我能待的地方。」
- **在他人面前低估自己：**拒絕把努力的成果歸功於自己，低估自己的技能與能力，假裝自己的智商比實際上低。常說出類似「我很笨」、「其實沒那麼難，人人都做得到」等評語。
- **對自己沒有一句好話：**任由你的內在批評者說服你的內在啦啦隊。為一點小事痛罵自己，告訴自己你是爛泥扶不上牆、你不成材、你犯了太多錯、沒人喜歡你。

- **遇到難關時抽身離開：**拒絕相信自己有能力度過難關並堅持下去。不給自己證明自己或努力讓自己成長的機會，儘管那代表犯錯，或沒有一開始就把每件事做對。

消除自我懷疑

破壞自己的成功不是好習慣，而二十幾歲的你必須打破這種習慣，才不會殃及你往後的人生。你對自己的成就確實當之無愧。別人沒有看錯你。你很聰明、很努力、很有創意。功成名就時慶祝一下，把功勞歸給自己，這並不是一種自負。要打破冒牌者症候群與自我破壞的惡性循環，就要從辨識那種傾向的源頭做起。請開始挖掘自己的成長經歷：你還記得第一次產生自我懷疑是在什麼具體場合嗎？還是說，那種自我懷疑從你有記憶以來就存在了？如果是後者，那根源可能來自童年。那種自我懷疑是否主要與你的課業或工作表現有關，但在生活其他方面沒有這種情形？那是面對讚美時出現的反應，還是儘管別人未曾評論，你仍時常自我懷疑？

以下四個問題有助於引導你練習擺脫自我懷疑：

- **我最早的自我懷疑記憶是什麼？**

- 我的自我懷疑主要出現在哪個領域？是智力、外貌、創意、生產力，還是成就？
- 哪些情境觸發了這種「不夠好」的感受？
- 我通常是如何以退縮、自我破壞的方式來因應，又是從哪裡習得這種傾向？

回顧或挖掘過往，往往能將你推向更有自覺的未來自我。我喜歡把自我想成一團糾結的毛線球——毛線打結時，你只能拉出一小段來使用，而那就是你的潛能。你受限於千千萬萬個結。但當你回到這團毛線球本身，開始逐一解開每個結，就能拉出更長的毛線，拓展自身的能力，從那團亂麻中成就出一番事業。

你的自我懷疑究竟從何而來？是基於哪段經歷而生？一旦你對此有了基本的了解，就能以口頭表達。請與你的負面成見和自我懷疑交談，把他們當成不請自來的客人或壞朋友。想像那個惡毒、壞心的冒牌者坐在你面前，冷笑著告訴你：「你不夠好」、「你是謊話連篇的騙子」。請打斷那個冒牌者。不要過度反應，也不要動怒，只需要禮貌地告訴他，請他等你先把話說完，因為你不想再聽他說下去了。如果是朋友對你說這些話，你可不會忍受。如果有人對你的好友、伴侶或手足說這些話，你一定會勃然大怒，捍衛他們到底。那麼，你為何要任由腦中的這一小部分對你出言不遜？

想像自己告訴那個冒牌者，你對他再也無話可說，而且從此不再聽他說任何話。然後，你從桌邊離開，將他甩在身後。你選擇不再相信他的謊言。把他當成一個外來的討厭鬼，而非必須聆聽的內在真相，這是挑戰你的負面成見絕佳的方式。每當你在腦海裡聽見他的聲音，就要停下來，刻意用更正面也更精確的信念來取代那個聲音。

- 「我不夠格站在這裡。」↓「我當之無愧，而且我要好好接納這次機會。」
- 「我一定會失敗。」↓「我要盡全力試試，起碼會有一些收穫。」
- 「他們早晚會意識到，我只不過是騙子。」↓「我不是騙子。我腳踏實地走到這一步，這全是我自己的功勞。」
- 「一定是弄錯了。」↓「沒有弄錯，只是一種嶄新的挑戰，我已經有所成長，未來可期。我感覺煥然一新。」
- 「一切終究會崩壞的。」↓「那我再嘗試其他新事物就好了。」

你越常正面地肯定自己，加強對自我價值的準確認識，這些肯定就越可能自然而然出現，開始壓倒內在的負面批評聲浪。

面對改變、成就或挑戰時，要避免出現自毀行為，就要建立健全的因應策略，以便找到平衡。用提升自我關懷的活動，像是運動、藝術課程、寫日誌或帶給你快樂的嗜好等，來取代衝動消費、賣命工作或出門喝酒的行為。建立發洩負面情緒的出口，也是向自己證明，你很願意為自己的幸福努力，因為你值得更美好的事物，懂得以更健康的方式面對生活。

最後，把你所有的自我懷疑、恐懼和幻覺寫下來。將它們趕出腦海，寫到紙上。以可觸及的方式精準說出自己為何會有那種感受，就能有效因應自我懷疑。我發現，把問題寫下來就可以減輕一半的負擔，同樣的道理也可以用在這裡。

你的冒牌者症候群只是一個聲音，不是判決。你不需要聽他說了什麼。

你所欽佩的人，個個都曾在某個人生階段感覺自己是冒牌者。如果他們聽信了那個卑劣的內在批評者，那人人都會錯過機會。不要剝奪你能為世界帶來的價值。

每個人的感覺都是一樣的。我們都不是在假裝。

每個來到眼前的機會都是你應得的。不論是運氣、命運，還是僥倖，你的成就終究證明了你的技能、付出與能力。

第十四章　真的有最適合的工作嗎？

關於職涯焦慮與夢幻工作的迷思

「做自己熱愛的事，就不會覺得人生每天都在工作。」這句話可以套用在歷史上每個著名的智者身上，如馬克・安東尼（Marc Anthony）、馬克・吐溫（Mark Twain）、史蒂夫・賈伯斯（Steve Jobs）、孔子，還有歐普拉・溫芙蕾（Oprah Winfrey）。這類大膽而啟發人心的名言，大多會印成薄薄的海報，貼在你大學職涯輔導老師的辦公室牆上，但沒人會多看兩眼。這就是為什麼我毫不掩飾地承認自己討厭那句話，而且是恨之入骨。

二十幾歲時，我們腦海裡總是有個觀念，認為自己的工作會是無比深刻、改變一生的決定，在許多方面也的確如此。我們一生中有三分之一的時間都在工作，而我們可以享受工作，而不是為此備感壓力、漫無目的，或覺得工作是浪費時間的黑洞，這個觀念似乎頗具革命性與吸引力。不過，雖然這個觀念聽起來很不錯，但人如果想要樂在工作，還有一個必要的前提條件，那就是我們要確實知道自己喜歡做什麼。

然而，許多人對此毫無頭緒。即使有些想法，也很難從中開創出一番事業，並持續保有熱情。即使熱情沒有消退，我們對「夢幻工作」的觀念也會隨著成長與人生變化而改變。**對我們所有人來說，所謂的完美工作其實並不存在，沒有哪一份「天職」能讓我們完整。**然而，在充滿職涯焦慮與不確定的時期，我們很難抗拒這類簡單直接的答案。我無意戳破你幻覺的泡沫，但尋找完美職涯難免要跌跌撞撞，可能會碰上不少考驗，需要你一再從錯誤中重新來過。但如果你的目標具體明確，而非一味追求完美、地位或穩定，那就能為自己開啟許多在職涯中取得成就的契機。

不斷變動的時期

不清楚自己這輩子要做什麼是一種常態，而非例外。我想我們都需要提醒自己這一點。如果二十幾歲的你勾勒未來時，腦海中仍是一片空白，那只不過是和八〇%的年輕人一樣。儘管如此，我們多半懷有某種錯覺，以為身邊的人都明白自己要做什麼，唯獨你落於人後。會有這種想法，大多是因為我們比較能意識到自己內心的不安與懷疑，對他人的內心世界並不了解。人的心思多半是繞著自己轉，對他人的感受往往一無所知。

我們可能會因此感覺自己一敗塗地，以為自己缺乏紀律、熱情或動機，所以才沒有夢想，更無法像別人那樣實現夢想。我們以為別人都有明確的目標，只有自己還像嬰兒學步那般。歸根究柢，這類想法往往都與我所謂的「神童社會」（wunderkind society）興起有關。「Wunderkind」在德語中是用來描述年紀輕輕就達成卓越成就的人。例如下棋神童、Y世代企業大亨、少年網球明星，或是在TED的演講已破百萬觀看次數的二十歲創業家。他們都才華出眾、成績斐然，對這些讚譽和名聲都當之無愧。但他們並非常人。我們已被制約成要與這些神童比較，因為我們自己和這個社會都極度景仰並大力宣揚神童們的成功。事實上，這些人僅占總人口的〇·〇〇一％，但幾乎所有新聞頭條都在吹捧他們的成就。

另一個原因是，如今這個世代的競爭出奇激烈。優秀大學的錄取名額、眾人垂涎的實習機會、高薪工作，甚至連薪資差強人意的工作，如今感覺都是僧多粥少。社會不僅越來越強調教育程度要高、在社群中要成功，也強調要在更廣大，甚至是全球層面上發揮影響力。在社會中與他人比較的機會變多了，因此人們也變得比以往更容易懷疑自我。在網路世界中，總是有人表現得比你好，以前的同學在LinkedIn上宣布自己升遷，另一個人則發文分享自己完成了博士論文或更上一層樓的事業成就。過去我們會把這類消息阻隔在外，聚焦於自己的旅程。但現在越來越難這麼做。隨著我們視為榜樣的成功人士名聲與日俱增，我們益發感覺自己平庸，彷彿已經遠遠落後。

讓我在這裡提醒你一件事：你可以細細品嚐人生旅途中的風景，聚焦於你職涯的里程碑與成就，而非一出門就上高速公路，急於抵達目的地。你可以慢慢發掘自己的喜好，停下來跳進海裡游泳，任意在某個路邊的城鎮停留一小時，看著其他車子以一百英里的時速呼嘯而過，心裡明白自己終究也會到達同一個目的地。你只是給自己一個欣賞每一步的機會，而非總是想著：「接下來呢？」

了解自己的人生究竟想做什麼（並讓它有意義）並不容易，這也因為在我們成年初期，周圍的環境時刻都在改變。在人生最初十幾年，升學制度承載著我們的志向，我們知道自己的目標就是從學校畢業。所有的努力、精力和注意力，全都集中於這個目標，我們必須在開展「真實人生」之前，先達成這個目標。高中畢業後，我們也許會接著進入大學或學院，那裡的目標同樣很清楚：度過每個學年，並順利畢業。但在那之後，做為生活根基的目標突然消失，我們不再自然而然地有下一步或要達成的里程碑。**失去求學目標帶來了大量的不確定，同時產生了一種自主意識**（sense of agency）。如果你的人生前二十年都待在教室裡，那種自主意識會讓你感覺格外解放。但擴展的力量伴隨著重大的責任：既然如今你已經是自己的主人，你也必須決定自己想從人生中獲得什麼。或許在這之前你稍有準備，心裡隱約有點計畫，但如果你感覺完全失去方向，這也是常有的事。正是在這個階段，你往後三、四十年的職涯將可能不再讓你興奮，而是望而生畏。

問題突然從「學校怎麼樣？」變成了「你想在人生中獲得什麼？」、「接下來怎麼辦？」或「你這五年內有何計畫？」這些問題當然不會更容易回答——你大概也在心裡反覆問自己同樣的事。要找出上述問題的答案，找到那神祕的「夢幻工作」做為你最終的目的地，你可能要一再嘗試、一再走錯，然後重來。但你有的是時間。你有失敗的時間、重新來過的時間、離開沒有前途的工作並暫時中斷職涯的時間，以及與糟糕的老闆周旋，一邊懷疑未來一邊尋找答案的時間。

「夢幻」工作的迷思

夢幻工作是社會為結合熱情與金錢而提出的答案。這個概念確實隨著二十世紀的教育水準提高、收入增加而更為普及。人們不再莫可奈何地步上父母的後塵，或是從地方報紙的廣告欄中尋找新職缺。二戰後，許多西方國家的財富大增，許多人開始有機會尋找自己喜歡的職業，而非從事僅為維持生計而「不得不做」的工作。夢幻工作的概念由此而生，並在我們這個世代變得更加普遍。尤其最近幾十年來，新興產業林立、網際網路面世、科技日新月異，因此帶來某種心態上的轉變。人們開始不再將工作視為雜務或生存的必需，而是某種可以享受的事物。

如今，人們似乎更強調將工作視為身分的一部分、一種表現真實自我的方式。二〇一九年，一支墨爾本（Melbourne）的研究團隊觀察到，年輕人在選擇學位時面臨著高度的預期性焦慮（anticipatory anxiety），不僅因為他們想保障未來的工作，也因為他們想從事有意義的工作，儘管這在他人眼中過於天真、任性[1]。

工作與職涯的穩定如今已不再是最重要的考量，快樂與否也成為影響我們決策的重要因素。我們從很年輕的時候就接受了「天職」這個說法。回想你的童年時期，儘管當時你未曾工作過，但可能已經對職業抱有某種概念或幻想。我們夢想成為芭蕾舞者、醫生、教師、海洋生物學家、時尚設計師等，因人而異。那個時候，一切似乎都有可能發生，因為帳單和成年人的責任還沒有打破童年的天真。

我們也從很小的時候就被制約，要將工作視為一種階級。有些工作似乎充滿喜悅與熱情，有些工作則只是需要有人去完成。儘管所有工作在社會中都有重要的地位，但我猜想成為作家或動物園管理員的孩子，應該遠多於想成為稅務員或維修員的孩子。部分原因在於有些工作被理想化了，顯得光鮮亮麗，似乎是一種夢想成真，而其他工作則被認為不值一提。這使得人們普遍認為，有所謂「讓你快樂的工作」和「讓你不快樂的工作」。你因此相信，有某種最適合你的職業，如果你沒找到那個職業，那就註定悲慘一生。抱歉打破你的幻想，但我不認為有那種職業存在。夢幻工作只是一種迷思，原因如下：

能讓人快樂的事有很多

人不是拼圖，不是只能放進某個特定的位置。人類是適應力強且靈活的生物，不僅充滿各種興趣與熱情，也願意用心鑽研，從成果中獲得內心的滿足。你的工作也許無法讓你滿腔熱血，但可以幫你實現旅行的渴望，或用於投資你的未來、支持你的家人，這同樣能帶給你滿足感。

事實也許與預期不符

你也許會為了獲得夢幻工作努力多年，卻在夢想成真後大失所望，因為事情並不如你的預期。我的朋友麗茲（Liz）接受了近十年的醫學訓練，等到成為住院醫師後，才領悟到自己痛恨這份工作。她們全家都投身醫學領域，兄弟姐妹都是家醫科醫師，所以她以為這是她的天職。但在醫院的工時長得令人難以忍受，她覺得壓力極大，也沒有發揮自己原先期待的影響力。此時她才意識到，自己投身醫學的原因從一開始就錯了。一年後，她展開了教學事業，如今正接受教師培訓。我們有可能因為深深沉浸在對夢幻工作的幻想中，認為光環將隨之而來、會感覺宛如置身天堂，也能滿足旁人對自己的期待，所以開始將那個幻想當成幸福的金鑰，而忽視了現實。

人會改變，興趣也會改變

十八歲的你可能曾立志成為護理師、美髮師、政治家、律師——但無論當時你想成為什麼，那可能已經不是二十五歲或三十歲的你想成為的人。隨著你身為人的改變與成熟，你想尋求的職業成就也會有所不同。如果我們個性一板一眼，也許不會接受自己的改變，但只要我們對那個過時的夢想放手，那一刻就會誕生新的自我。另外也可能涉及現實因素。過去你也許想成為運動員，但隨著年齡漸長，你的身體已不再能承擔那種體力的消耗。在人生的不同階段，我們通常會有不同的夢想。

你的職業與身分可以分開來談論

「夢幻工作」的概念需要你投入龐大心力來維護你的人格與身分，但這在二十幾歲的階段可能很困難，因為這時我們尚在形塑自己的身分。你可以允許自己追求在個人層面上並未百分之百投入的工作。工作可以僅僅是一份工作，你可以利用從中獲得的收入，投入自己真正想做，只是無法賺取收入的事，這也無妨。有些人確實找到了自己的天職，並深深樂在其中；而把職業和身分分開來論，也是同樣合理的選擇。

如果你對未來想做什麼還沒有頭緒，如果你還在實驗、摸索，試過很多工作但還是沒有明確的方向，還在努力尋找一份適情適性的工作，尤其是當那虛無飄渺的「夢幻工作」仍不見蹤影時，別擔心。我想，追求夢幻工作的結果往往會事與願違，反而會讓你感覺陷入泥沼，難以脫身。如果你太執著於尋找「夢幻工作」，便容易對未來要選擇什麼職業錙銖必較，因為即使是微小的抉擇，你也認為十分關鍵。當你認為每一步都要完美，那你對每個決定都會思考許久，導致你對每個細節都猶豫再三，最後反而毫無作為。這可能會變成某種優柔寡斷的長期模式，做出錯誤選擇的可能性讓你動彈不得，導致你相信只要給你更多選項、思考每種可能的後果，就更能找出那條邁向成功的路。只有當你意識到自己花在幻想和擔憂上的時間遠多於行動，才能發現這種思維背後的謬誤。與其努力尋找你的「夢幻工作」，不如體認到世上有很多事也符合你的目標，讓你能從自己的職涯中獲得滿足。

追求目標，而非追求完美

如果不努力追求「夢幻工作」，那要為了什麼而努力？簡單一點的回答是：目標。追求目標所遭遇的限制，遠少於追求夢想。因為目標是多樣的，可以用各種不同方式達成。一旦你在職業和個人層面上找到了動機，那不僅能打開周圍環境的許多大門，也能讓你敞開心扉。

日文中有個形容這種情況的詞彙叫做「ikigai」（生き甲斐），大致上的意思是「生活的意義」。你的生活意義是由四個部分所構成，而它們所重疊的中間部分，就是你的生活目標或理由：

- 你的愛好。
- 你擅長的事。
- 世界需要的東西。
- 你願意為薪水而做的事。

選擇能豐富人生的工作時，請試著選擇能滿足這四個部分的職業。你或許喜歡和人交談，也擅長與人打交道。這世界也需要更多開放、有同理心的人，你也願意領薪水來從事與他人溝通的工作。滿足這四個部分，就能讓你獲得「生活的意義」。但這個概念也表示，有很多可以達到目標的途徑：你可以成為治療師、緊急呼救中心的接線員、公眾演講者，甚至podcast主持人，只要符合你的愛好，都可以。

目標的驅動力來自四面八方，也能透過許多職業和角色來實現，不是只有一條路可以走。此外，某件事或許無法同時滿足這四大範疇。例如你喜歡看電影，也很擅長分析主題與情節，但那未必要成為你的薪資來源，也未必是世界需要的東西。要以看電影來謀生並不容易。因此，也許你可以成為一個護理師，因為那是這世界所需要，你也能從中獲得薪水的工作。但你仍能繼續觀賞並分析電影，以實現獲得生活意義的所有核心成分。

埃克特．賈西亞（Héctor García）與法蘭塞斯克．米拉萊斯（Francesc Miralles）合著的《富足樂齡：IKIGAI，日本生活美學的長壽祕訣》（*Ikigai*），讓這個詞彙流傳西方[2]。為了寫這本書，他們來到被譽為「長壽島」的沖繩大宜味村。沖繩是全球五大「藍色寶地」（blue zone）之一[3]。研究者聲稱，這些藍色寶地的居民是世上最幸福也最長壽的人，壽命比我們大多數人更長。雖然因為對照研究有限，很難證實研究聲稱的結果是否為真，但賈西亞與米拉萊斯在訪談了一百位年長居民後發現，他們似乎有一個共同點：擁有生活的意義、存在的理由。幾乎所有受訪者都有定期投入的嗜好，也都有自己擅長並能回饋給社區的事，例如園藝、某種技能或買賣，這也是周圍世界所需要的東西。他們多半也有養老金，因此基本上，他們是領了報酬來追求帶來喜悅與意義的事。

我們能從這個小村莊獲得很多有益的教誨，並將其應用在自己二十幾歲的生活與職涯中。發現並追求自己喜愛且有能力從事的事物，能為你的心智與情緒健康帶來堅實的保護。這些給你生活意義的事未必要有薪酬，即使有薪酬，也只是代表你的工作選項很多。如果你有目標，對人生在世懷有很深的使命感，認為一切皆有理由，那追求「夢幻工作」就不再是你唯一的志向。重要的是找出對你而言獨一無二的東西，了解自己能從專業或志業中獲得什麼、自己又能為世界與他人提供什麼，同時充分體認到，達到目標的途徑有無限多種。

這可能需要一些時間。也許你現在還不清楚自己真正喜歡什麼，因為你仍未遇見。但那並不代表它不存在。二十幾歲的美好就在於，你所缺乏的經驗，可以用時間彌補。找工作時請不要猶豫，多嘗試舒適圈以外的工作，設法將你的熱情與嗜好轉化為職涯的一部分。別害怕在二十九歲時轉換跑道，儘管你認為這會讓你「落後」。你該對自己提出的問題是：「落後了什麼？」、「落後給了誰？」

那些讓你感到自己有所匱乏的隱形標準是什麼？你究竟是在和誰比較？為何他們的成功與成就讓你自慚形穢？人生不是學校，我們沒有人會因為學習進度而被打分數，或根據履歷、經歷或人生的「得分」而決定排名。當我們被訓練成要將人生與大部分的職涯看成一種競爭，要重新出發就會讓你心生畏懼。但那種心態無法給你真正探索自我的機會，而要有所收獲，有時正需要那種不安和不定數、那種並非所有答案都清清楚楚的狀態。至少在我心中，即使要花幾個月或好幾年，處在那種不明確或無法預料的狀態裡，也比一輩子被動受制於職責好得多。

最大化者vs.滿足者

你發現為未來的自己做出正確決定讓你不堪負荷，發展職涯時又面臨諸多選擇，此時不妨思考一下最大化者（maximizer）與「滿足者」（satisficer）之間的差異。這是經濟學暨心理學家司馬賀（Herbert A. Simon）早在一九五〇年代就提出的概念[4]。司馬賀觀察到，在做出購車或買房等重大決策時，某些消費者似乎總是極力要做「正確的」決定，所以會在抉擇上花很多時間，但無論他們如何精心規劃，事後總會感到懊悔。

這些人就是所謂的「最大化者」。他們總是想做出能帶來最多益處的選擇，不然他們寧可什麼也不要。他們會很謹慎地衡量所有選項，確保自己的選擇是其中最完美的，但無論他們最終選擇了什麼，事後還是會覺得其他東西更好。

你面前或許有三條同樣被你視為理想的職涯道路——教師、記者和作家。教師的工作比較穩定，但記者每天做的事比較多元，作家則享有更多創作自由。你來回考量，試著找出你想選的路，然後思考最佳的過程——進研究所、投入無薪酬的實習、做志工或發展人脈，或是埋頭寫文章，再公開發表。你反覆推敲，想找出哪種做法能帶給你最大的回報，但問題是，除非你能預知未來，否則無論你怎麼分析，都無法獲得做出結論所需的資料。

無論是選工作還是冰淇淋口味，無論最後選了什麼，你都會回頭思考如果當初選了另一個，結果會如何。研究顯示，最大化者傾向事事追求完美，所以事後也更容易後悔、自責。

而對滿足者來說，只要是能滿足基本需求的東西，都可以接受。他們和最大化者一樣，會考慮眼前所有情況，衡量每種選擇能帶給他們的收穫。但與其說他們想成為世上最快樂的人，不如說他們更關心哪些事能讓他們快樂。如果他們想要一份能維持生活也能回饋社會的工作，可能就會選擇教書，儘管他們相信自己日後也能成為一位成功的作家。如果他們不是那麼在乎收入，反而更真心喜歡創作與表達的自由，也許就會開始寫自己的第一本小說。滿足者能夠比較快做出決定，這並不令人意外[5]。長期來看，他們似乎也是比較快樂的人。最大化者或許做了更好的選擇，卻感覺自己沒那麼快樂。因此，即使把所有潛在效益與收穫放到最大，他們真的有機會享受成果嗎？

上述概念顯示，談到職涯時，永遠不會有十全十美的選擇。你越是想尋找那個「完美工作」，就越容易陷入五里霧之中。令人欣慰的是，每個你欽佩的對象、你視為成功象徵的榜樣，都曾和你一樣站在人生的十字路口。他們都必須選擇關上某些門，才能打開另一扇，也都必須面對二十幾歲時的種種迷惘。

人生不是只有工作

當你終於獲得一份能讓你樂在其中、能維持生活，也符合自身目標的穩定工作時，你所感受到的勝利或許是最美好的感覺之一，值得為自己慶祝。我還記得大學畢業後找到第一份全職工作時，那種一切終於塵埃落定的安定感。我感覺學位沒有白拿，開始有了每天的去處、承擔起責任與義務，也終於能設法償還貸款。我感覺自己終於做到了，但這同時也是一種調整。

年齡越大，工作就越是幾乎主導了生活中各個層面，逐漸吞沒我們的人生——我們清醒時幾乎都在工作。不用多久，我們的對話就會開始離不開「工作最近如何？」這個問題。工作決定了我們的人際關係、生活型態、有多少時間與家人相處、有多少空檔做自己喜歡的事，當然也影響著我們表達個性的方式。

近期一份在美國進行的縱貫研究（longitudinal study）初步指出，工作環境決定著我們的自信、外向程度以及對閒暇活動的積極程度[6]。當我們一天耗費超過八小時為了同一個目標努力、在同樣的環境下重複進行同樣的活動，最後難免覺得生活圈越來越狹窄。這種經歷又稱為「土撥鼠日症候群」（Groundhog Day syndrome），來自著名電影《今天暫時停止》（*Groundhog Day*）。電影裡，比爾・莫瑞（Bill Murray）飾演的主角被迫不斷重複經歷同一天，感覺自己受困、厭倦、了無希望。

我們真正體驗到的是「習慣化」（habituation），也就是當我們越常接觸某個刺激或環境，對它產生的反應就越少。曾經嶄新而令人興奮的事物，在日復一日中變得平淡乏味。辦公室茶水間的免費零食、一度讓人感到新鮮的通勤時間、為了新工作而精心設計的穿搭，還有學習曲線，一切都失去了當初的火花。一旦你這麼想，心裡就泛起一股涼意。我們花了那麼多時間尋找一份穩定、收入不錯、有特定目標的好工作，卻在一段時間之後發現這份「夢幻工作」終究還是讓你感到拘束、煩悶。我自己也體會過這種諷刺的感覺。

以下有幾種方法，可以幫助你調適。事情也許不全然與你選擇的工作或工作環境有關。你不一定要離職、主動轉職，或是不經計畫就轉向下一個職涯，同時期待下一份工作會有所不同。這些方法或許能迅速解決厭倦的問題，但它們未必實際，也未必是長久之計。**事情其實是關乎你要如何在工作之外，繼續用心生活**。沒錯，工作占據了你大部分的時間，但剩下的時間要怎麼過，全都取決於你。如果到了週末你就懶洋洋地耍廢一整天，那份悠閒或許能讓你恢復精力，但同時你也沒有充分發揮自我，滿足你對刺激、學習、成長還有娛樂等更深層的需求。

要在「真實生活」中感到充實、擺脫揮之不去的「土撥鼠日症候群」，是有方法的。請你每一天都試著做一件能滿足以下需求的事：

帶來喜悅、對你來說有意義的事

每天都專門為自己，而不是別人，做一點事。雖然可能看起來是愚蠢的小事，卻能讓你會心一笑，或帶來某種平靜感。也許是簡單的小事，像是上班途中聽你喜歡的podcast、玩填字遊戲、寫日誌記錄生活、禱告，或是在煮飯前跳幾分鐘的舞。唯一的條件，是不要把這些當成是一件雜務。

有建樹的事

投入讓你感覺人生有目標的事，也許有助於改變你未來的自我。可以是小事，例如整理被單、起床後稍微清理一下床頭櫃、去繳費、規劃日程表，或是完成待辦事項中遲遲沒做的事。這可以幫助你重新掌握因為埋首工作，而從時間縫隙中流失的小細節。

有助於你認識世界的事

也許你感覺工作能刺激你的認知或心智，但那並不表示在工作之餘，你就必須放棄追求知識或興趣。你可以訂閱報紙或線上期刊，像是《大西洋》雜誌（*The Atlantic*）、《衛報》或《紐約時報》，每天早上花十分鐘讀一篇你感興趣的文章或故事。白天找時間玩線上拼字遊戲「Words with Friends」，聽科學或歷史podcast，或是每週抽出一個晚上看一部紀錄片，而不是你平時最愛的娛樂電視節目。這些小選擇與小活動，能讓你的大腦保持在活躍的學習狀態，而不會自動陷入程序化的工作狀態。

需要身體力行的事

當你開始全天候投入工作，就很容易久坐不動，尤其是在辦公室。你甚至不清楚自己根本很少起身，直到你難得出門一趟，或去跑步時，才真正意識到自己的健康出了問題。身體活動能減少壓力，對每個人的身心健康都有幫助。你不需要接受馬拉松訓練或高強度健身，但你確實需要設法動動身體。當我的工作如戰場般繁忙時，我會走路上班而不是搭火車，儘管這要多花三十分鐘——但到了早上九點，我已經做完了某種形式的運動。你甚至可以一邊看電視一邊做伸展操、午休時慢跑一下，或是和朋友結伴上課，而不只是相約聚餐喝酒。所有這類身體活動，對你的健康都有重要的助益。

與社交有關的事

朋友有助於打開我們在工作時必須關閉的一部分自我。他們是我們分享生活的對象，可以讓我們暢所欲言，並感覺受到關注。有時隨著三十歲逐漸逼近，他們在我們生活中的重要性會降低，但我希望你不要讓這種事發生。你或許無法隨時都能抽空見他們，或是讓他們知道你生活中的一切，但請每天挪出一點時間與朋友培養感情。無論是在下班回家途中打電話聊個幾分鐘、一起打電動放鬆片刻、分享有趣的影片，還是中午一起吃頓飯。請與你的社交層面保持聯繫，無論你從事哪種行業，或懷有什麼志向。

對有些人來說，這似乎不過是小菜一碟。但對其他人來說，要在一天之中擠出時間來做這麼多事，簡直是天方夜譚。然而，你平常怎麼過生活，也會反映你如何度過人生。請更用心地對待工作以外的時間，以免職涯吞噬了你整個人生。

沒有人真正明白人生是怎麼回事，連那些看似了解的人也不例外。

在競爭日益激烈的社會，不妨慢慢來，享受一下沿途的風景。

沒有所謂的夢幻工作。請讓目標引導你，而不是追求某個特定的遠大志向。

著重於創造工作之外的意義，以免職涯成為你的全部。

第十五章 職業倦怠還是仍在燃燒？

你可能把自己逼得太緊

倦怠是這世代的流行病。美國心理學會（American Psychological Association）在二〇二〇年的一份調查中指出，約有七九％的員工曾經歷過某種倦怠，而且幾乎所有人都表示這帶來了負面影響[1]。此外，女性以及三十歲以下的員工——也就是像你我一樣二十幾歲的年輕人，似乎最容易陷入這種處境[2]。這個結果並不令人意外。我們是職場新人，試著尋找自己的立足之地，並渴望取悅他人，但尚未意識到（或是還沒有能力表達）自己的極限與界線。我們是職場的步兵，必須有所付出以滿足職場的期待，同時也要因應經濟與社會環境日益嚴峻的挑戰。

如果有人認為我們這一代人的日子比較輕鬆，那他顯然未曾真正了解過我們的處境，不明白我們是如何在繼承自父母的世界中努力地掙扎、求生。這個世界對我們的期待比以往更高，而生活在其中所要付出的代價也同步提升，未來充滿不定數，職涯需要我們犧牲更多，工作與生活的平衡岌岌可危。繁忙已成為某種地位象徵——你越是催促自己、把行程排得越緊、睡得越少，就越能把自己塑造成勤奮、成功且值得讚賞的人。儘管與此同時，你的生活已經支離破碎。這導致許多二十幾歲的年輕人被迫提早面對慢性壓力。當你的職場和人生資歷都還很淺的時候，清楚自己的界線並適時說「不」，並非易事。

然而，找出讓自己免於倦怠的方法還是很重要。否則那種凡事說「好」的老好人形象，最後會成為我們在職場內外都難以擺脫的身分之一。我們必須抗拒，不去成為那個老是忙碌、老是過度操勞的人；不去成為那個為一切盡心盡力，最後卻什麼也沒留給自己的人。

我們為何倦怠？又為何在此時感到倦怠？

「奮鬥文化」（hustle culture）已成為近年的某種規範，我們似乎永遠都必須「有事做」，或是邁向下一份成就、榮耀、升遷或成功。我們每天的時程似乎永遠都應該排滿，五點鐘起床、健身和超時工作，似乎成了生活常態。社會總是期待我們更上一層樓，透過LinkedIn發文追求更多收入或工作。這讓我們無暇充實私人生活。

我在公司從事顧問工作時，發現自己很容易接受忙碌的事實，尤其當身邊每個人都忙得團團轉的時候。奮鬥文化將過度操勞推崇為一種榮耀勳章。我看著大家即使無事可做也要徹夜加班，只為了向老闆和同事證明他們很願意付出更多心力；我看著大家為了專業榮譽而錯過重要的個人里程碑。這往往會造就一種滋養恐懼、內疚和羞愧的環境，彷彿你總是落後別人一步。奮鬥文化做為一種社會結構，之所以具有這種力量，全是因為我們接受了它，並參與其中。當自認不得不參與的人越來越多，這種文化就越容易讓二十幾歲的年輕人集體產生倦怠。

更糟糕的是，即使你不買單那種起床奮鬥的文化，也可能經歷倦怠。在職場之外，我們依然面臨各式各樣、持續不斷的期待：你必須擁有一大群朋友、嗜好、留給自己的時間、定期運動的習慣、愛你的伴侶與親密關係、良好的心理健康，還有副業。同時，你還要繼續成長、挑戰自己，把生活中其他一切保持得井井有條、整潔有序。如果你覺得這聽起來根本不可能，那麼你並不孤單。

倦怠是這個世代的職業與個人難題，來自某種日益增加的壓力，期待人們表現出色、提升對職業與生活的要求[3]。事實上，世界衛生組織（World Health Organization，WHO）已將倦怠列為「國際疾病分類」（International Classification of Diseases）中的「職業傷害」。為什麼只是想放慢腳步生活，或只想做一份能維持生活但不必出賣靈魂的工作，卻如此困難？想要滿足單純的需求，不追求更高的成就、不把職業當成人生的全部，在這個時代似乎已經是相當「激進」的想法。我們把「我全都要」視為一種榮耀，導致許多人為這種理想生活苦苦掙扎，甚至讓身體、情緒、心智與社交全面瀕臨崩潰。等到崩潰實際來臨，我們只好休息、閉關、不回訊息、犧牲某些生活慣例，或是病懨懨地休養一陣子，直到我們感覺自己可以爬出倦怠的黑洞。但三個月後，我們卻再度崩潰。我們發現自己處在這種為了工作不夠努力而羞愧，又覺得自己無法「全都要」的惡性循環中。但當我們達到這些目標時，卻早已筋疲力竭。

認識倦怠

倦怠究竟是什麼？這個詞由美國心理學家赫伯特・弗洛伊登伯格（Herbert Freudenberger）於一九七〇年代提出，用於描述筋疲力竭的病患[4]。這些人往往從事所謂「助人」行業，如臨床心理師、教師、醫師等，這些工作需要他們投入大量的心力，或為了他們幫助的對象而有所犧牲。

如今，我們已知道任何職業都有可能發生倦怠。起因通常都相同，包括不合理的工時、超過負荷的工作量、專業工作的報酬過低、盛氣凌人或苛求過多的老闆、休息或休假不足、感覺對工作失去掌控、高壓環境等。我們一天工作超過八個小時，幾乎等於，甚至超過睡眠時間，相當於三分之一的人生。也難怪工作對我們的心理狀態影響這麼深遠。弗洛伊登伯格認為，倦怠可以分成十二個階段[5]：

階段一：雄心壯志，覺得需要證明自己。

階段二：鞭策自己。

階段三：犧牲。

階段四：衝突轉移。

階段五：被工作壓垮。

階段六：否認。

階段七：退縮。

階段八：行為改變。

階段九：漠不關心。

階段十：空虛。

階段十一：憂鬱。

階段十二：瀕臨倦怠——來到臨界點。

當工作把我們搾乾，每件事都會感覺不堪負荷，生活中各種要求堆得比天還高。倦怠的症狀通常包括：

- 對工作和以往熱衷的活動失去興趣。
- 無法集中注意力。
- 極為疲憊或失眠。
- 十分暴躁或易怒。
- 更容易生病。
- 對工作與人生態度偏激。
- 生產力與動機下降。
- 時刻感到擔憂、緊張。

羞愧與倦怠

不幸的是，當我們開始察覺到這些倦怠的階段，可能早已處在情緒、身體、心理和社交停滯的狀態。到了這個時候，你需要的已經不僅是好好睡一覺，或在週末休息充電。有些人曾談到持續好幾個月的慢性疲勞、長期的疲憊、對以往熱衷的事物完全失去熱情。他們發現自己除了辭職並重整工作與人生之外，似乎別無選擇。當然，你也可以逼自己繼續前進。我們之中有很多人就相信自己該這麼做。我們會認為這種壓力只是暫時的、幾週內情況就會緩和，屆時就會好轉。於是幾個月，甚至一年過去了。在這段時間裡，我們仍感到深深的疲憊，看著生活、心理健康、人際關係每況愈下並陷入危機，但我們仍一再為自己的付出辯護，因為我們認為苦日子終會過去，到時候自然而然可以放慢腳步。

我記得在公司上班時，我曾連續好幾週加班到九點，像罹患強迫症那樣，在睡前反覆檢查有沒有工作相關的電子郵件，擔心各種期限。有時我甚至會幻想自己出車禍，只要嚴重到讓我可以幾個禮拜不用上班就好；或是被診斷出罹患癌症，這樣我就有理由不用上班了。

這時我的治療師坦言，如果我開始會幻想發生悲劇以避免工作，就已經是不健康的狀態。讓我驚慌的是，我居然需要別人來告訴我這一點。倦怠最可怕之處在於，這種病態會滲透到生活中各個層面——不僅影響工作時的我們，更影響我們私人生活中的身分與需求。當你忙碌了一整天、已經沒有精力與人交談，就很難當個好朋友。當你因為工作而煩躁、沮喪，把情緒轉移到你所愛的人身上，你就很難當個好伴侶。當你只想關上門睡覺，就很難對自己和善一點。倦怠是一種從頭到腳、從裡到外侵蝕我們的身體經驗。

我們當然知道上述所有後果以及隨之而來的無窮後患，但我們仍羞於站出來說「我需要休息，我想退一步再說」。我們很難承認自己應付不來，因為我們隱隱約約把休息的需求與懶散相互連結。對於我們這個被期待要表現出色的世代來說，跟不上同儕或更高權威所設下的時間表，讓我們感到尷尬。此外，我相信奮鬥文化導致我們將產值與自身價值劃上了等號。我們的自尊變得與自身的生產力息息相關，我們努力應付大量不可能的任務，只為了讓別人瞠目結舌地問：「你是怎麼做到的？」

旁人的讚美變成一種外在的肯定與壓力，讓我們覺得把自己逼到極限以換取報酬是值得的。對於那些成就超出預期的人來說，情況更是如此。慢性的高成就者會無情鞭策自己，不計代價地贏過他人，因為他們的身分與物質成就緊密相連[6]。他們接受的訓練讓他們相信，唯有透過出色的成績、冗長的工時、榮譽與相關的成就來證明自己，才能獲得祝賀與肯定、才不會被認為是浪得虛名。

這種心態可能是某種匱乏、兒時被視為「天才」或「神童」，或是家人、師長對我們的期望過高所致。如此導致生活失衡，我們誤以為自己比他人更能幹。我們認為自己不是那種會倦怠的人、認為自己必須克服那種狀態。在此重申，休息與放慢腳步所引發的羞愧，創造出了一種內化的敵意，阻礙我們達成工作與真實生活之間的平衡。

休息不是壞事，而是我們身為人的主要身心需求。當我們忽視這種需求而過度操勞時，我們以為自己的生產力提升了，但表現其實往往是下滑的。為了證明這件事，我喜歡引用傳奇體操選手西蒙・拜爾斯（Simone Biles）的例子。她曾為了照顧自己的心理健康，離開體操界兩年。很多評論家對此不以為然，認為她永遠無法回到原本的水準、批評她所謂的照顧自己，其實是「浪費」才能。然而三年後，拜爾斯重返巴黎奧運賽場，奪下四面金牌，成為美國歷來贏得最多獎牌的運動員。有時休息正是我們充分發揮自我所缺少的那關鍵一環。

休息是一種練習，可以在生活中逐漸落實。請試著定期安排我所謂的「重置週末」（reset weekends）。我明白「不要時時都在活動」對你來說可能很難，但這些週末就是要你**什麼也不做**。那就是你那兩天的任務與目標。也許一開始你會覺得不自在，畢竟要你壓下內心那股「保持生產力」的衝動並不容易，但請將那種感覺轉向僅需要你付出少數心力的事情，讓你能真正騰出空間來，處理自己的感受、行為與需求。

因為感到羞愧而拒絕休息是一回事。但另一方面，有時我們根本覺得自己別無選擇，只能繼續逼自己超越身心極限。我們與生活成本、通膨和經濟衰退搏鬥時，整個社會層面的財務焦慮也日益加劇。這些環境因素實質上對我們的心理健康帶來很大的影響：穩定的工作讓我們不必害怕破產，不用擔心最後必須搬回家與父母同住，或無法維持生活、承擔財務責任。如果工作要我們無償超時工作，連週末也要上班，即使久而久之會讓我們疲倦不堪，但從生存的角度來說，那也無可奈何，否則我們無法在開銷與日俱增的世界中生存。上述這些因素都會為二十幾歲的年輕人帶來絕對的倦怠風暴，我們會感覺自己很難脫身。然而，我不認為一切都是命定，一定有其他選擇。**我們必須防止倦怠發生，不要等到瀕臨崩潰邊緣，才試圖絕地反擊。**

界線很重要

要避免倦怠，需要三個條件：反思、界線，以及設定界線的勇氣。不妨問自己以下三個問題，思考一下倦怠會讓你付出什麼代價，並探索是否還有其他選擇。

- **倦怠會讓我失去什麼？**
- **這些犧牲真的值得嗎？**
- **要改善我的生活，我必須做出哪些改變？**

我們必須做出哪些改變，往往需要我們重新思考自己的個人與專業界線。我們很容易認為界線只與私領域有關，以為界線僅限於與家人、伴侶和朋友的關係。但事實上，界線在許多脈絡中都是一股力量，比如職場就絕對是一個需要界線的地方。我們多少都知道，要感覺自己安穩健康，需要哪些條件、要做到哪些事才能達到工作與生活之間的理想平衡。如果我們願意在工作入侵私人生活時指出這種失衡，並表明自己的底線，就能使這種平衡成真。

請記得：在職場設立界線，並不代表你要變得挑三揀四，或成為難相處的人，而是實際營造一個更積極的環境。因為基本上你是在說：「我在乎這份職業或工作，不想放棄。我在乎這間公司，想長久待下來，所以我希望感覺這裡是自己待得住的地方，不用放棄某些讓生活更充實的部分。」

以下是一些設立職場界線的例子：下班時間不回信、週末不工作、不為請病假找理由、下班後不再進辦公室、不為同事承擔責任。除此之外，當你開始察覺自己進入倦怠的初期階段，最好能在「否認」的階段出現之前，就找人談談。

這些界線必須說到做到，而非只是口頭說說。身體力行能讓人明白，你對界線是認真的。如果別人一再跨越你的界線，那你的老闆、公司、主管會遭遇什麼後果或代價？設定界線時，請謹記這個問題。是不是只要加班時數累積超過八小時，你就會在方便的時候請假？還是對人資部門提出申訴？或是這代表你即將大動作離職？請務必讓自己和他人都清楚你的界線，以確保大家遵守並尊重你的需求。

如果工作上接觸到的對象不願聆聽並接納你的界線，也請記得：這只是一份工作。無論你與同事多親密，無論他們對你或為你做了什麼，大家都是來工作的，人人都是為了薪水而來。這是一種交易，你提供服務，公司則為此付錢。**他們付你薪水，並不代表他們可以全權**

掌控你整個人。如果你對他們而言不再有用，他們一刻也不會猶豫，馬上就會把你解雇。

我有個故事可以證明這一點。我和朋友艾蜜莉雅（Amelia）二十四歲那年，她進入一間公關公司工作。她入職時擔任低階職位，薪水比頭銜更高的同事少了幾千元，但她的老闆卻要她扮演更重要的角色。老闆要求繁多、不准她請假、會當眾批評她、時時嫌棄她，逼得她幾乎掉淚，還在她哭出來時問她是不是家裡出了什麼事。情況慘烈到她一度生病起疹子，但她仍試著證明自己，所以更加努力奮鬥。然而，在公司失去一個大客戶後，她被解雇了，得到的說詞是：「我們不再需要妳的服務了。」她把那份工作當成生活的重心，盡心盡力、願意成長，並忍受著如果是來自朋友或家人，她就絕對無法忍受的行為。一切都是因為她以為老闆會對她改觀，但一旦自己對他們而言不再有用，她的努力就全都不算數了。工作終究只是一份工作。請把這當成一筆交易。

這段經驗對我來說還有另一層意義：沒有哪一份工作、哪一種成功或成就，值得你犧牲健康。你的健康是你最寶貴的資產，而你在倦怠中所忍受的慢性壓力，會對你的健康造成實質且長遠的傷害。而你未必總是能恢復健康。如果有需要，就請你休息吧。把你無法處理的任務交給其他人，該請假就請假，勇於設定界線。我們的社會或許把焚膏繼晷的努力浪漫化了，但到了最後，也就是人生的終點，那些往往不是你會記得的時刻。

奮鬥文化要你相信，你的價值與生產力有關。但事實並非如此，提高生產力並非你唯一擅長的事。

你的健康是你最寶貴的資產。請以健康為最優先的考量。

年輕時，或許不容易在職場上設立界線。但界線是來自尊重：尊重自己、尊重身邊的人、尊重你的工作。請儘早學會這個技能，並持續練習。

第十六章 工作就是要賺錢！

金錢觀和理財之道

如果我能以任何身分重新回到這個世界，我想成為一個不用為錢煩惱的二十幾歲年輕人。坦白說，如果從來不用思考下一份薪水從哪裡來、不必擔心自己的財源長期來說是否穩定，人生中的一切就會變得容易許多。誰沒有想像過如果自己中了樂透要做什麼？那種感覺一定很自由、很解放。可以想去哪裡就去哪裡，所有大門一夕之間全都為你敞開。**二十幾歲這個階段，有一個普遍的事實是，沒有人覺得自己的錢夠用。即使夠用，我們也不知道如何管理，總是感覺撐不了多久。**

錢是很大的壓力來源

隨著「財源穩定」、「好薪水」、「過得去的收入」標準不斷改變，二十幾歲的年輕人經歷著嚴重的財務焦慮。由於通膨、生活成本上升，以及整體經濟的動盪，我們負擔不起以往父母或祖父母那一代負擔得起的生活。金錢決定著我們生活中許多層面：住在哪裡、如何社交與約會、擁有哪些機會、未來能做出哪些決定，甚至每天必須做出什麼犧牲。這些一再影響著我們的心理健康[1]。我們會將注意力完全集中於自身的財務狀況，彷彿那就是我們世界的中心，使得定義這個人生階段的其他所有經歷都黯然失色。原來金錢不僅是一種物質，還會對心理造成影響，對人際關係、心理健康，以及我們如何度過二十幾歲，都有著許多隱含的意義。

我二十歲那年曾在坎培拉（Canberra）的一間牛排館工作，為政治家、律師、企業高管，有時還有他們的孩子（其實是我的同學）端上價值上百美元的牛排與年份酒。當時我一貧如洗，會不吃早餐、週末騎腳踏車去上班，在下班前把賣剩的馬鈴薯吃掉，再付五美元買員工餐，留著隔天吃。我和其他四人分租一間有三個房間的房子，其中一人必須在客廳打地鋪。有時屋後的排水管會堵塞，汙水淹進後院。為了省錢，我們即使在隆冬也不開暖氣，早上起床會看見自己的呼吸變成白霧，飄浮在空氣中。一如我所說，我身無分文，但也因為我與室友們處境相似，所以彼此之間建立起了深厚的革命情感。

在那段時期，我每天腦子裡都想著錢，一天之中往往會反覆想好幾次。我的生活似乎只能延伸到金錢所能及的地方，金錢在我的生活中扮演著某種情緒角色。儘管我知道自己比大多數人幸運——政府為我負擔了大學學貸、我有工作，如果真的走投無路，家人也會伸出援手——但我仍像著了魔般時刻查看自己的銀行帳戶，思索萬一餘額見底，我該怎麼辦；買雜貨和其他必需品時，我也斤斤計較。我會因為擔心錢而夜不成眠，那是肯定的。我，以及許多如我一般二十幾歲的年輕人所經歷的，是一種「財務恐懼症」（financial phobia）[2]。這個詞是用來描述某些人看似適應良好，卻在面對金錢管理的問題時陷入焦慮、恐慌、內疚。

在二〇〇〇年代早期的一項開創性研究中，劍橋大學（University of Cambridge）社會學教授布蘭登．伯歇爾（Brendan Burchell）調查了一千名成年人，發現五分之一的人在提及或想起金錢時，會出現身心不適的症狀[3]。超過一半的人會感到憂心忡忡或心跳加快，伴隨暈眩或麻痺感。光是想到錢，就足以影響人們的生理狀況。而受影響最深的，是女性與二十四歲以下的受訪者[4]。這個結果十分合理，傳統上，女性沒有機會獲得男性可以獲得的金融知識，如今女性也仍在薪資上面臨歧視。人們在二十歲出頭時薪水通常也很微薄，往往在收到下一份薪水前僅能勉強度日。不過，這也是有趣之處：儘管日後我們賺錢的能力提升了，那種對財務的焦慮、不安，似乎仍縈繞不去。因為我們早期對金錢的知覺與感受，對心靈的影響遠比自己所以為的更深遠。

一般人常有一個錯誤觀念，以為我們的財務困擾與焦慮取決於銀行帳戶裡有多少錢。雖然沒有存款的人與百萬富翁的感受顯然不同，但我們對金錢的看法，其實主要來自三個因素：知識、價值觀或重視程度，以及情緒。

擁有良好的金融素養，無可避免地影響著你對自身財務狀況的焦慮與壓力程度。此外，你如何花錢和存錢，也受你的價值觀以及你心目中認為重要的事物所影響。人們似乎普遍都能理解這兩項因素，但金錢也在情緒層面扮演著重要角色，影響著二十幾歲的我們看待自身財務的態度（是隨遇而安，還是小心翼翼？）。許多這類情緒反應都源於我們對金錢的早期知覺與經歷，尤其是童年時期的經驗。

我們的金錢故事

我們每個人都有一段繼承自早期經歷的「金錢故事」，這段故事形塑著我們與自身財務的關係。在每個人的金錢故事中，我們是主角，而金錢或許扮演著反派或神明；可能是我們想保護的對象，也可能僅是一個過客。金錢在這些故事中所扮演的角色，影響著你所遵循的金錢腳本。二〇一一年，美國堪薩斯州（Kansas）的研究者根據四百二十二位受訪者的金錢故事與觀念，歸納出以下四套金錢腳本[5]：

迴避金錢型

傾向迴避金錢的人相信錢就是罪惡，會在某方面腐化他們，所以選擇與金錢保持距離。他們認為人很難既富有又善良，或者擔心錢會導致人際關係的疏離，所以恨不得擺脫財富。

崇拜金錢型

這類人與迴避金錢型恰恰相反。錢在這些人的生活中占據很重的分量，幾乎決定了他們的幸福程度。他們相信錢越多，人生就越美好，而他們擁有的永遠不夠。然而，他們也認為有些人總是想「阻撓」他們獲得財富，所以占有慾會變得很強。

金錢即地位型

追隨「金錢即地位」腳本的人，比「崇拜金錢型」更極端。錢不僅珍貴，更決定著你是哪一類人。他們相信，如果你很富有，就沒有理由不幸福。他們把許多價值投射在豪車、豪宅、名牌包等物質地位的象徵。有趣的是，研究者也發現，遵循這套金錢腳本的人，也更可能誇大自己的收入，以加深別人的印象。

金錢警覺型

這類人對金錢保持警覺，將金錢視為應該「存而不用」的東西。他們力求最划算的交易，用錢小心翼翼，杜絕一切浪費。他們也相信財務是私事，你不該詢問他人的收入，也不該讓自己的錢財露白。

我們每個人都能從上述金錢腳本中找出自己較認同的一種，而你的金錢腳本決定著金錢在你的人生中扮演著哪種心理角色。你通常是根據自身條件而下意識地採用某套金錢腳本，由童年繼承而來的腳本尤其重要。如果你生長在不富裕的家庭，從小就目睹父母為帳單發愁，那你就很可能形成「金錢警覺型」腳本。二十幾歲時你會成為非常節儉的人，極力存下每一分錢以備不時之需。突如其來的帳單或開銷會對你造成極大的壓力，因此你會預先想像最糟的狀況。對你而言，錢不僅是一張紙，更是一種情緒因素，會勾起你對過去那些苦日子的回憶。那種恐懼、害怕的感受，會讓你體會到以往父母的財務焦慮。你很清楚捉襟見肘的生活是什麼滋味，因此金錢對你而言有著全然不同的意義。

當然，也會有完全相反的情況。二〇一三年，一群研究者探究童年的匱乏是否會影響一個人成年後對待金錢的態度（傾向存錢還是花錢），而他們的研究結果與上述情形截然不同[6]。成長於低收入家庭的人，一旦手上有了點錢，反而更容易衝動、更容易冒險，也更容易受誘惑。雖然以往他們總是省吃儉用，但也從未學習如何在用錢這件事上控管自己的情緒，畢竟過去從來沒有學習的機會。以前他們沒有奢侈或揮霍的餘裕，想要的東西不見得可以擁有。但既然現在已經是可以掌控自身財務的成年人，一旦口袋裡有了點閒錢，就很難克制住自己。他們過去渴望卻得不到的所有事物，像是新衣服、美食和假期，現在都觸手可及，讓他們難以抗拒，畢竟他們渴望了那麼久。花錢也能給人一種掌控了金錢的幻覺，因為過去窮途潦倒、過得有一餐沒一餐的時候，哪裡談得上掌控金錢呢？

這造成了某種難以打破的情緒循環：你滿足了內心那股填滿匱乏的衝動或渴望，但又會被拉回過往的財務焦慮中，對控制預算沒有把握，心裡盤算著距離下次領薪水還要多久。另一方面，即使你出生在富裕人家，也可能落入類似的情況，只是心路歷程不同。如果過去你要什麼有什麼，從來不必為錢煩惱，在突然獲得對金錢的掌控權後，你也許反而不懂該如何掌管預算或開源節流，因此變得花錢如流水。

總而言之，我們處理金錢的態度與心理因素息息相關。決定這種態度的不是帳單數量或銀行帳戶餘額，而是金錢對我們來說的意義——它影響我們的自主意識、獨立感、安穩感，也紓解我們的童年匱乏、保障我們嚮往的生活。

對金錢進行情緒管理

了解用錢的心理學是一回事，懂得如何管理金錢又是另一回事。如果理論是正確的，我們可以藉由了解情緒如何對我們的儲蓄與消費習慣造成影響，來改變許多衝動或差勁的財務選擇，以及財務焦慮。這對二十幾歲的我們而言尤其重要，因為此時正是形塑長期財務習慣的階段。以下就來談談我們受情緒影響的四種用錢模式，以及該如何矯正這些行為。

迴避

俗話說：「眼不見為淨。」而這往往也反映了我們處理金錢的態度。當二十幾歲的我們花錢如流水時，因為難以面對帳戶餘額逐漸減少的壓力，往往會產生逃避心理。如果想到錢就會引發財務焦慮，那選擇不去想錢的事，多少能為心理帶來一點安寧，或至少暫時的平靜。這也有助於減少因為無法管理財務、無法處理後續的帳單、費用或眼前的債務，而產生的羞愧或恐慌。

我們可能會逃避面對帳戶的收支情形、不打開帳單、遲遲不還朋友錢，或是拖到最後一分鐘才整理收據，這一切都是為了延遲面對那種厄運臨頭又無法避免的感受。

迴避是一種適應不良的因應機制，我們會無意識地忽視某個情境或壓力源，以盡量減少那種不舒服的情緒反應。如果這種行為持續得夠久，就會形成一種**習慣迴圈**（habit loop），一種主宰著行為的神經模式，包含觸發因素（或信號）、行為與結果[7]。在財務迴避的例子中，每當我們意識到帳單過期，或是查看帳戶時發現赤字（觸發因素），可能就會馬上打電話給朋友聊天、衝去打開電視，或是乾脆把那種警訊放在一邊（行為），藉此壓抑內心的不安。如此周而復始，事情每況愈下，但因為我們不去面對這種行為的惡果（迴避），久而久之就成了習慣。然而，惡果終究會反噬，讓我們無法逃避。因為我們沒有監督自己的開銷，花錢毫無紀律。最終面對這種財務惡果時，我們會發現自己完全無能為力。

要打破這種惡性循環，請謹記這個最重要的法則：**越早處理，問題就越快解決**。你越早查看自己的銀行帳戶，就越能及時反應並制止自己過度消費。如果可以，你越早繳清帳單，就能越快卸下重擔。如果不行，你越早聯絡信用卡公司或銀行，告訴他們你無法繳清，就能越早擬出反擊計畫。

請提高警覺，追溯你迴避的根源：你迴避是因為對手頭拮据感到羞愧嗎？你想跟上朋友，但不想承認有時你就是沒辦法？你的父母總是為錢煩惱，而你不想像他們一樣？還是說，你迴避只是單純因為你不想承擔面對財務的心理壓力？得出結論後，請對自己提出這個假設性問題：迴避或是提高警覺，哪一種行為對脫離當前的困境更有幫助？在每種導致迴避的情境中了解問題的根源，都可能對你有所幫助，但你太害怕那股壓力，所以總是不願釐清。請在下個月對自己進行測試，仔細觀察開銷與財務狀況，儘管那會讓你感到不自在。觀察看看，如果你做出更多明智的決定，是否有助於減輕焦慮。

錙銖必較

另一種回應財務焦慮的方法，是對每一分錢錙銖必較。如果缺錢讓你失眠，那對自己保證日後絕不再重蹈覆轍（或至少給自己這種幻覺）確實能帶給你不少安慰。節儉需要很強的自律，找出最划算的交易、設立緊急基金、不過度消費等做法也確實能帶來不少好處。

不過，當我們拒絕購買實際需要的東西，或拒絕花錢投入年輕人的冒險，這樣的錙銖必較也可能讓生活失衡。這個年齡的你，擁有許多年齡漸長後越來越難獲得的機會。因為隨著年齡漸長，我們會因為家庭、伴侶或職業而變得不那麼有彈性。以旅行為例，這個年齡的我們會把旅行看得十分浪漫，也很重視。但旅行也需要犧牲，當然還需要錢。如果你總是覺得存錢比花錢好，那你可能會錯過朋友們拋開財務憂慮後所獲得的體驗。

二十幾歲的我們大多面臨著這個問題：「財富優先」還是「體驗優先」？我們真正想問的是，如果把錢存著不花，那要錢做什麼？錢真正的價值何在？對許多嚴守儲蓄紀律的人來說，答案是「金錢能帶來安全感」，能讓你知道自己永遠不虞匱乏、永遠衣食無憂。歸根究柢，這不僅關乎你的金錢腳本，更與你的價值觀有關。你重視的是「穩定」還是「冒險」？

其實你可以兩者兼得，前提是要先清楚了解自己的財務價值觀與財務目標。**財務價值觀是指你對金錢的核心原則與信念**。金錢腳本顯現出了其中一面，但更進一步來說，你的財務價值觀也反映了你在人生中重視的事物。如果你重視率性、體驗或對快感的追求，那你花錢可能比較漫不經心。但如果你重視恆久、長期財富或穩定，那你會用金錢來追求安穩，例如存錢買房，或進行長期投資。按照你的價值觀來行動，能減少你因為感覺錢花得不正確而產生的內疚感，進而減輕財務焦慮。

務必釐清財務目標，明白自己是為何而努力。沒有目標地過度儲蓄是毫無意義的，無論你是為了設立緊急基金或安全網、存錢買房、償還債務還是更小的目標，你確實需要一定的金錢來達成目標並維持生活，但金錢也是用來交換的——不僅是用來交換物品，也用來交換青春歲月獨有的體驗與回憶，那些體驗與回憶將隨著年齡漸長而變得更加寶貴，最後成為你的無價之寶。

因此，如果你發現自己被「錢途」壓得喘不過氣，要記得，只要你能把體驗納入預算之內，就不會冒險或過度消費。這些支出不過是你享受人生的開銷。遵行這種預算法則，就能將自己對花錢的認知失調與不安降到最低。以前，凡是你認為非基本或非必要的消費，都會讓你感到矛盾。你相信錢應該存而不花，所以晚上到酒吧喝酒或週末出門度假，都會造成你信念與行動之間的落差，你會因此感到困擾。但體驗是年輕歲月中不可或缺的一部分，因此也應該是你在這個時期基本開銷的一部分。你必須為這些體驗留出一點餘地。

衝動消費

如果錙銖必較和對財務的極度警覺是管理金錢的一個極端，那麼衝動消費就是另一個極端。當我們毫無計畫地亂買東西，就是在衝動消費。我們買的往往是既不需要也負擔不起的東西，讓我們購物後感到後悔、懊惱又恐慌。既然購物行為會帶來這種負面反應，為何我們無法收手？為何我們一起床就去收自己並不需要的包裹，買多餘的雜物、根本用不到的小東西，或是只穿一次就遺忘在衣櫃裡，等六個月後再次想起，卻發現早就不喜歡的衣服？研究者多年來都在探索這類非理性行為，而答案可歸納為內在與外在因素。

「購物療法」（retail therapy）聽起來像是個時髦術語，但背後確實有重要的心理學根源，可以解釋我們為何衝動消費。有時購物的快感比物品本身更令人陶醉，能提供立即的滿足。購物行為滿足了強烈的情緒渴望，壓倒了大腦中理智的部分[8]。購物後的那幾分鐘，我們會經歷快樂的化學效應與快感，但一回到家，當我們意識到自己其實並不需要這些東西時，這股快感就會迅速消退。這些物品往往是某種更深的心理欲望，像是賦權感、掌控感、自信心、興奮感等的替代品，否則生活將乏善可陳。此外，如果我們這一週或這個月過得很辛苦，自然也會想從中獲得片刻的幸福感。

簡而言之，購物讓我們快樂、讓我們感覺擁有權力。但過不了多久，那種陶醉感就會消失，只剩下散亂一地的淺薄物品。不過，這也不全是我們的錯。商家已經學會利用心理刺激來剝削我們的情緒，誘使我們衝動消費。其中一個方法就是老派但有效的打折促銷活動。

寫著「五折」的顯眼標籤能提升商品的價值，因為那讓我們感覺自己省下了錢，在某種意義上就像是賺到了。這類手法也會引發某種「損失規避」（loss aversion）的心理[9]。人們不喜歡感覺自己吃虧，因此面對大特價或不會再補貨的商品時，就容易失去理智。心理學家會告訴你，失去某樣東西（比如划算的交易）的痛苦，比獲得某樣東西的快感還強烈一倍。兩者相互結合，就構成了衝動消費的完美條件。

那麼，我們究竟該如何掌控自己的財務衝動？請檢視自己購物的動機與認知。問自己以下四個問題：

- 這次購物滿足了我今天以前的某個需要嗎？
- 如果我等幾天再買，會對日常生活造成重大影響嗎？
- 我買這樣東西，是因為一時興起，還是有實際需求？
- 買了這樣東西，我是否必須放棄或犧牲什麼？換句話說，我負擔得起嗎？

一旦你停下來思考，那種情緒迷霧就會逐漸消散，將購物後感到懊悔的可能性降到最低。選擇從可以退貨的地方買東西也很有效，因為一旦快感消退，你還有機會改變心意。你不妨給自己四十八小時，仔細考慮是否真的要買某樣東西。沒錯，也許你會錯過五折大特價，但如果你能忍住，不在那四十八小時內衝動消費，你就能存下更多錢。

生活開銷膨脹

到了二十幾歲的某個階段，我們可能會加薪、獲得分紅，或是升遷到可以帶來可觀收入的新職位。多年來捨不得花錢、連五美元咖啡錢都要計較的日子，終於被遠遠拋諸腦後。我們感覺生活方式開始出現變化，會更常外出用餐、買更好的衣服、更常搭Uber、買有牌子的雜貨——收入的變化開始緩慢但穩定地影響我們的消費習慣。儘管我們獲得了辛勤工作的報酬，但存款仍絲毫沒有增加。

通常我們會透過花錢來享受這種新發現的財務自由，因為突然負擔得起好東西了。但我們卻沒有考量到自己其他財務習慣能不能承擔這種變化。我就來坦白說說我自己的情況：我第一份全職工作的薪水是六萬五千澳幣，隔年加薪到七萬五千澳幣。工作第一年，我搭火車上班，一天花八澳幣左右。第二年，我開始更常搭Uber，一天的交通費提升到二十五澳幣。我的收入增加了一五%，但我日常通勤的開銷卻增加了兩倍之多。我自認負擔得起，可以讓生活輕鬆一點，但隨著開銷過度增加，我的存款根本不可能變多。因此當時的我其實沒有意識到，我在財務上不夠負責。

這種偏誤尤其常見於二十幾歲這個時期，因為我們的收入從最低薪升級到可以餬口，再升級到負擔得起幾件奢侈品，那可是一大躍進。此外，從窮困匱乏之中解放，進入豐衣足食的階段時，我們未必懂得如何掌控自己。看著朋友的薪水增加，我們也會感受到壓力，希望自己也有能力過那樣的生活，儘管那對我們來說其實更昂貴。這種心態也可能妨礙我們實現自己的短期與長期財務目標，無論目標為何。

要克服這種生活開銷的膨脹，就要**當心不要陷入那種情緒誘惑，以免生活開銷高到超出負荷，同時繼續區分「需求」與「欲望」**。要根據收入來安排預算，確保自己不會被他人的消費習慣沖昏頭。有時你負擔不起朋友可以負擔的餐廳、旅行、店家或其他開支。當出現這種差異，不代表你要透露自己的收入，只是你要像設立情緒界線那樣，在財務上設立與他人的界線：「抱歉，我現在不能花那麼多錢，我還在存錢。」、「我可能無法馬上還你錢，所以如果我們的計畫涉及到錢，請考慮這一點。」、「我們可以去便宜一點的地方嗎？」當你提出其他選項，也會感到比較自在——如此一來，你才不會感覺自己只是因為錢，就拒絕了與他人出遊或相處的機會，而是能積極找出解決之道。

要記得，每個人與金錢的關係都不同，而這段關係往往蘊含著強烈的情緒與心理因素，因為每個人的童年與早期經歷都獨一無二。金錢可能是個令人緊張的話題，對你或其他人來說都是。尤其在二十幾歲時，我們常覺得自己可以對財務漫不經心，所以比起直接面對，我們更傾向避而不談。但如果把握機會了解自己的金錢腳本，明白是哪些習慣與認知造成了我們的財務焦慮與內疚，那麼或許就能減輕那種被金錢主宰人生的感覺。

金錢不僅關於物質，更關於心理，對日常情緒狀態與心理健康具有深遠的影響。你看待父母處理金錢的方式，往往也會形塑你對這個主題的敘事。時光也許無法倒流，但你可以忘記那段敘事，重新學習對金錢的看法。

儘早面對財務問題，永遠都是最佳策略。

請按照你的價值觀來花錢，而不是情緒性消費。別人怎麼做，不代表你就要跟著做。你可以選擇用對自己的人生與財務來說更重要的方式來花錢。

第四篇

我們都在療癒某種傷痕

二十幾歲是成年人生活剛展開的時期，但我們已經開始出現傷疤與身為人的滄桑。滿二十歲時，我們已經擁有二十年的回憶，其中許多是美好的片刻，但也有不堪回首的往事。那些歲月會留下痕跡，沒有人能全身而退，不在心理、情緒或身體上留下一絲傷疤。

在成年之初，我們首次以自我覺察與成熟的態度，揭開童年與青少年時期的面紗，在必要的距離之外，清楚地回顧往日經歷。從那些回憶與片刻中，我們會發現許多我們之所以成為我們的原因，了解自己需要哪些療癒，才能找到內心深處的平靜。二十幾歲最重要的使命之一，就是設法接納並理解那些在人格形成的早期階段所經歷的事物，但又不讓那些經歷定義我們（或造成比原來更多的傷害，儘管這很難）。對大多數人而言，理解並轉化那些並非自己造成的傷害，是歷來最大的難題之一，但迴避這個任務並不會讓它消失，反而會讓它化膿，繼續創造出在無意間影響我們，甚至影響下一代的模式與行為。

儘管你可能認為自己過去遭遇的不快，比不上其他人曾經歷的巨大傷害，但人人都需要療癒。也許是童年創傷、艱難的家庭關係、霸凌、負面的身體形象等，但無論如何，那些經歷都需要你的關注，需要成人階段更懂事的你來溫柔地撫慰。往事也可能在今日留下痕跡。我們是史上最孤單的世代，有些人甚至認為，我們是史上最悲情，也最焦慮的世代。但今日的我們也擁有能說出那些創傷的語言與自覺，可以名正言順地訴說那些經歷、敞開心胸討論，並找出策略與知識來幫助自己因應。接下來，我們就來談談該如何，以及為何要療癒那些感覺陰暗多過光明的自我層面。一如二十幾歲階段的其他大多事物，即使在最艱難、最孤立的經歷中，你也從不孤單。

第十七章 我家有本難念的經

解開原生家庭的結

二十幾歲這個時期，充滿了複雜的經歷與關係。其中，我們與家人，尤其是父母的關係，又最為複雜難解。詩人菲力普·拉金（Philip Larkin）有一段著名的詩句，多年來深深烙印在我的腦海[1]：

「他們把你弄得一團糟，你的爸媽。
他們未必有意如此，但仍這麼做。
他們給了你種種缺點，
還另外給了你特別的。」

雖然只有短短幾句，卻無比深刻地道出了一個簡單的事實，讓地球上幾乎每個人都心有戚戚焉。無論你身處世界上哪個角落，無論你是誰，無論你今日與父母的關係如何完美無瑕，隨著成人階段的進展，你會領悟到，你之所以成為你，有一大部分是源於父母養育你的方式。無論是好是壞，他們的性格、焦慮、缺點、過錯、善意與過往，始終盤旋在你四周，與你自身的人生經歷彼此相融，共同塑造了如今的你。

隨著二十幾歲的你發展出越來越強的自我覺察，在努力了解自己究竟是誰、會變成什麼樣子時，你最大的挑戰之一，就是重新定義與父母的關係，設法以成人的姿態與他們交流，而非他們眼中永遠的孩子。你可能必須面對許多責怪與怨恨，但你要對他們養育你的方式產生同理心，了解他們和你一樣都是人。你或許還要學會放下他們曾經犯的某些過錯，並決定要帶著他們身上的哪些部分與你一起邁向未來，又要將哪些回憶或經歷留在身後。

一份統計數字顯示，年滿二十歲之際，我們已經度過了與父母相處的九成時間。我們未必能掌控自己要與父母相處多久，因為對穩定、安全、避風港和食物的需求，讓我們不得不待在照顧者身邊。如此，哭泣時才有人聽見，惹麻煩時也才有人伸出援手。但剩下的一成時間，才是改變最劇烈的時候，因為我們設定了自己的條件。在這段時期，我們自然會尋求脫離父母而獨立、自力更生，並在還有機會時與自己和解，無論我們是否因為父母才成了如今的自己。我們要如何在面對所有這些情緒包袱，或許是憤怒、傷害、困惑時，重新定義與父母的關係？這就是我們接著要尋找的答案。

我們與父母並無不同

我們經常把不喜歡的缺點歸咎於父母，卻把優點歸功於自己。至少以我的經驗來說，把我希望改變的缺點怪到我爸媽頭上很容易。比如缺乏運動細胞、容易自己嚇自己的滑稽傾向、對任何事都沒把握等。但當提及我自己喜歡的事，像是我的創意、智力以及敬業態度等，我就覺得是自己的功勞。

科學或許會說，這不無道理——父母確實要負一大部分的責任，因為在我們形塑人生的關鍵階段，他們就是掌握一切的人。父母決定要灌輸給我們哪些價值觀、讓我們在哪裡成長、信仰什麼宗教、就讀哪所學校、接受哪種訓練、如何愛我們、培養出哪種世界觀與對自我的觀點。但也有一些他們無法決定的事，而這個部分也無可避免地影響著們，像是社經地位、容易出現哪些心理健康問題、能夠獲得的機會，以及我們所置身的社會、文化或政治環境[2]。同樣地，缺少雙親也是一股形塑人生的力量，任何在生長過程中不幸失去父親或母親的陪伴、與雙親疏遠或遭到遺棄的人，都會告訴你這件事。

因此，以養育的角度來看，父母有特權（或負擔）決定我們人生初期的幾乎所有經驗。

就自然遺傳而言，無論我們有多想抗拒，我們DNA的每個部分若不是來自母親，就是來自父親。DNA中有著某些重要的東西，決定我們會成為怎樣的人。其中當然也包括我們容易罹患特定疾病的體質、長相、血型或眼球顏色，乃至性格。

近年來的估計告訴我們，我們約有三〇％到六〇％的性格特質是遺傳自父母[3]。這代表無論我們如何努力，性格中總有某些部分生來就與父母十分相近，包括對新體驗的開放程度、外向還是內向、有多焦慮或神經質、好不好相處，以及你多有責任感、有多謹守本分等。任何在網路上做過性格測驗的人都很熟悉這些特質，因為它們構成了著名的「五大性格特質」（Big Five）。這五大特質聽起來很重要，具有某種命定的意味，而我們確實可以用這五大特質來衡量並闡述自己的性格[4]。重點是，這五大特質構成了我們的獨特性。而這一切似乎都要拜我們的父母所賜。

接著來談談這種天性與養育的混合，如何顯現在我們成年後的自我，以及父母對我們的身分、行為還有其他相關的一切，究竟造成了哪些實質的影響。

道德與行為

道德品行讓我們成為好人。對他人親切、慷慨、誠實、尊重，能使人成為正向的社會成員，老實說也是大家願意親近的人。不過，我們的道德感並非與生俱來。我們並不是自出生起就懂得分辨是非善惡，而是透過觀察，以盡量學習如何分辨。

小時候，父母就是宇宙的中心，所以我們會格外關注他們在特定情境下的行為，以引導自己的行為反應與態度。在最具開創性的一份著名心理學研究中，心理學家亞伯特・班杜拉（Albert Bandura）觀察到，兒童的某些行為與道德觀，往往是有樣學樣地從成年人身上學來的[5]。最有趣的是與暴力有關的行為，尤其是我們對他人表現暴力的理由與方式。班杜拉先讓兒童觀看成年人攻擊一個名為「波波玩偶」（Bobo doll）的充氣娃娃，接著觀察兒童的攻擊行為。這可憐的娃娃遭受成年人的一連串虐待：他們踢它、錘它、把娃娃扔來扔去，兒童則在單向玻璃後目睹這一切。當輪到兒童去和「波波玩偶」互動時，班杜拉與同事們發現，兒童對待娃娃的方式與之前的成年人如出一轍。他們動作粗暴地對娃娃拳打腳踢。班杜拉特別觀察到，如果成年人看起來強大、能幹，且與孩子相近時，兒童的攻擊程度會提高。父母是我們兒時生命中最強大而有能力的人，因此他們立下的榜樣最突出，對我們的影響也最深遠，這是有道理的。

這份研究是比較極端的例子，說明了兒童是如何透過觀察和學習，繼承父母的某些道德品行與價值觀。以更普遍的角度來看，它提醒我們父母是孩子最早的老師，會將他們對世界的觀點與概念灌輸給孩子。這也是養育孩子的特別之處：你可以隨心所欲地把他塑造成任何一種人，在他們身上排除一切不合你意的成分。不過，從上述關於暴力的例子來看，如果我們的父母行為不端，並進而影響了我們的性格，即便他們無意為之，也讓人不寒而慄。

父母會反覆對孩子強調他們在生活中最重視的事物，因為那就是他們本身最看重的價值。舉例來說，如果父母支持利他主義，就會鼓勵你回饋社會，擔任志工幫助比較不幸的人，或時時提醒你意識到自己的特權。如果他們重視成功與權力，就會敦促你投入競技體育或選擇受人敬重的菁英職業、要求你參與各種加速學習的課程，或是要你展現出自信、主導的態度。

父母立下這些價值觀或道德標準，並藉由稱讚以及正增強來進一步強化。當我們遵循他們的價值觀來行事，他們會表現出愛與情感，並嘉獎我們；如果我們不聽話，他們會斥責我們。如此，我們成為了他們的迷你版，因為我們渴望他們認可，希望父母將我們視為成材的好孩子。不過，隨著年齡漸長，我們會逐漸形成自己的是非觀，這代表我們會自然地主張自己的個性，反抗父母立下的規範。

我們的信念

小時候，我們把父母當成神明崇拜。他們保護我們、教我們分辨對錯、供應一切所需，並告訴我們應該抱持哪些信念。透過這些方式，他們的引導產生了近乎精神性或宗教性的重要意義，因為他們是我們度過複雜人生的嚮導。我們對世界的信念，直接取決於父母選擇讓我們接觸什麼、保護我們避開哪些事物、教導我們如何詮釋周圍的世界。他們教我們要讚揚並重視哪些人、事、物，並相對地，要把哪些人、事、物視為應該敬而遠之的惡人惡事。因此，我們面對人生中的重大問題時所採取的心智態度，主要源於父母認為值得且重要的信念。當年齡漸長，我們或許會質疑他們的人生哲學，但那並不代表他們的信念已不再影響我們。舉例來說，大多數人仍傾向與父母信仰相同的宗教，採用父母對性、關係與金錢的道德判斷，並依父母教導的方式看待世界。

從投票決策中最能清楚看見這點。一份針對投票的研究顯示，我們的選擇多半在人生早期就已經成形。父母的投票行為不僅影響我們是否會去投票或接受民意調查，也影響了我們要投給誰。一份二〇〇五年的調查顯示，約有七一％的美國年輕人，與父母抱持著大致相同的社會與政治意識型態[6]。這代表我們大多數人對政治的信念，是父母的翻版。當然還有朋友、教育水準、居住地區、工作、自身的道德價值觀等其他影響力，但如果上述說法聽起來難以置信，只要想想你的見解與父母有多一致、為何投票模式要歷經好幾代才會改變、為何父母通常是你參與政治或加入組織的管道，就能大致明白了。

在心理層面上，這似乎不是非常重要，但你的世界觀形塑了表面下大部分的你。比如你選擇與誰來往、讀哪種新聞、想從事什麼職業、受金錢還是目標驅使（或者兩者皆有）、想住在哪裡、是否想生孩子、想如何養育孩子等。**你越是能察覺到父母對你人生的影響，就越難不將一切與父母的教養方式相互連結**。這也許會讓你產生身分認同危機。

我有自己獨有的想法或抱負嗎？還是我只是父母的翻版與再現？這個疑問多少會讓你煩惱，尤其在二十幾歲這個正在形成身分認同的極端時期。我們或許會出於恐慌而矯枉過正，為了證明自身的獨特而投入另一個極端。在你這麼做之前，請稍微思考片刻。難道只因為那是父母想給你的人生，就代表它不夠好嗎？我們有多少選擇可以完全不受朋友、條件、機遇、環境或脈絡的影響，而稱得上是所謂「自己的選擇」？每個人都反映了自身的經歷，但依然能在那個範圍內，做出自己的選擇，只是必須認清動機為何。你是在為自己做決定，還是為了滿足他人（父母）而做決定？受他人影響和完全為他人而活之間，是有區別的。

你如何看待自己？

價值觀與信念是我們身上很重要的一部分，但我們不會花很多時間思考這些事，它們只會在重要時刻或面臨人生交叉點時，才會浮現出來。不過，我們確實會花很多時間思考自己：**我是怎樣的人？別人怎麼看待我？我有哪些缺點與過失？我有做好每一件事嗎？還是我**

讓自己和身邊的人失望了？這種對自己的無形觀點，表現於我們的自我概念。如果你認為自己又壞又懶、卑鄙又不聰明，那是一種相當負面的自我概念。如果你認為自己親切大方、復原力強、堅強、聰明、能幹，那你的自我概念就很正面。一切取決於你如何與自己對話。

每個人腦海裡都有一個責備或推崇自己的小小聲音。值得注意的是，那個聲音最後會聽起來很像父母的聲音。一個朋友曾問我：「你腦海裡的那個聲音，聽起來比較像你媽媽還是爸爸？」聽到這個問題，我愣了一下，因為我馬上就有了答案。現在，請立刻問問自己：每當你小看或批評自己時，你在腦海裡聽見的是自己的聲音，還是你母親的聲音？當你發現自己生氣，想要尖叫或發脾氣時，那是你的衝動，還是你父親的衝動？往往會有某個聲音更為響亮。父母在我們兒時說過的話，通常會成為我們成年後的內在聲音。

如果你只聽得到批評，那就容易成為總是貶低或詆毀自己的人。如果你沒聽過讚美，成年後你也許會試著帶給某人深刻的印象，最後才意識到這麼做很荒唐。如果你總是被與手足比較，那種競爭不會隨著成長而消失。如果你在學校或生活中遇到問題，父母卻從不介入或為你挺身而出，那你的內在聲音會不斷告訴你：「你要靠自己。」而這代表隨著年齡漸長，你會容易推開他人，變得無比獨立。但如果那個內在聲音告訴你，你很可愛、大家都以你為榮、你很受寵愛，那些話也將成為你真心相信的真相。

在更深的層面，我們傾向吸收父母談論他們自己的方式。一個非常明顯的部分，是對身體的自信與正面感受[7]。許多人都會心有戚戚焉地想起自己的父母（尤其是母親）如何批評自己的身體，永遠在跟隨流行的減肥法，並將這種不健康的節食觀念或飲食習慣傳遞給孩子。對很多人來說，看著母親痛恨自己的身體，讓我們學會了這種對自己的負面評價。我們看到她們不滿地望著鏡中的自己，掐住自己的肉、扔掉家裡所有甜食、說自己很胖、宣布假期過後全家都要吃得更健康、要減重幾公斤……那些想法、見解和態度，後來也會變成我們自己的。我們如今肩負的負擔，是要忘記或改變這種想法，否則也可能會傳給我們自己的孩子，或是終其一生都讓這些觀點影響我們看待自己的方式。

如果你仍在努力改變那個聲音，也沒關係。起碼你意識到了它，那表示你的任務已經完成了九五％。因為一旦明白那個聲音不是來自你自己，你就能開始對它提出更多質疑，讓它閉嘴，並以新的觀點和信念取而代之。對自己釋出善意，就是療癒自己的方法：脫離腦海裡的內在批評者，與那個聲音保持距離，並選擇一條對自己更好的路，儘管此行一路艱險。

我們的創傷

童年或許是純真的階段，但那不代表我們不會遭遇極為艱難的事——儘管當時我們的認知能力還不足以理解究竟發生了什麼，有時還會不幸地受父母折磨。童年時的我們，對充滿情緒與創傷、威脅到安全感與歸屬感的事件格外敏感，因為我們是極為脆弱的小生物。當家人就是對安全造成威脅的人，我們就更無路可逃。我們落入困境，而那種無力感本身就是一種創傷。

創傷是一種難以捉摸的概念，因為十分主觀。某些人可以一笑置之、不會多想的事，對他人而言卻可能是威脅生存的重大事件，並形塑著他們往後多年的人生。提及創傷時，我們通常會想到車禍、父母過世、恐怖主義或是戰爭等極端情境。然而，情感上的忽視、持續的批評、羞辱、目睹父母的暴力行為、慢性疾病與傷害、父母濫用藥物或罹患心理疾病等，這些事或許不會像重大意外或戰爭那樣登上新聞頭條，但仍會對心理造成非常實質的影響。定義創傷時，不是只有一種真相。唯一能肯定的是，創傷是一種椎心之痛，深深影響著受到傷害的人。

任何類型的虐待都可能在分子層面上改變我們，因為虐待是一種「表觀因素」（epigenetic factor），顯示環境有能力影響人的基因運作[8]。換句話說，儘管我們的基因藍圖某方面來說早已確定，但特定事件仍會實際影響身體讀取DNA序列的方式，這代表我們會像變了個人。麥基爾大學（McGill University）的研究者進行了一系列研究，觀察到兒時曾遭受虐待的成年人，其大腦的皮質醇（cortisol）受體與活性會顯現出可觀察到的差異[9]。皮質醇是負責因應壓力的主要荷爾蒙，這表示遭受虐待會降低人類處理壓力的能力，或使其在感受到壓力時容易不堪負荷。如果我們難以處理壓力，就會難以因應關係中的問題，在學校與職場都會過得十分辛苦。對有些人而言很小的事，卻可能引發一連串的骨牌效應。

我大學畢業後第一年，就親眼見證了這種情形。當時我為澳洲歷來第一份「兒童不當對待研究」（Child Maltreatment Study）進行訪談，從早到晚都要面對來自全國各地的人，請他們透露人生中最陰暗的部分[10]。我在研究結果出爐前就離開了那份工作，但我不需要專家告訴我，也能從人們的故事中得出結論：雖然多數人甚至沒有意識到自己所經歷的就是虐待，但只要遭受過虐待，受害者回報自己有心理健康問題與危險行為（像是酗酒、抽菸或吸毒）的機率就高出許多。困苦與虐待的影響或許是無形的，連對當事人來說可能也是如此，但那些經歷仍是形塑他們的一股力量，尤其表現在他們待人處事的方式。

我們碰到痛苦的遭遇時，大腦就必須設法處理這段經歷，以免那種痛苦讓人不堪忍受。因此大腦會採取許多防禦或生存策略來幫助我們，其中有的方法健康且具建設性，但也有不健康也不具建設性的方法。積極的因應機制包括設立界線、尋求朋友支持、離開有毒或危險的情境，或以美麗或有益的事物來疏導、轉化那段經歷。我們都希望擁有積極的因應機制，但對於這類因應行為，你能察覺到什麼？這些沒有一項是兒時的我們做得到的事。兒童不明白何謂設立界線，大概也無法理解。我們兒時的朋友和我們一樣也是孩子，無法提供成熟的支持。我們也無法逃跑——就算能，後果也不堪設想。因此，我們被迫轉而透過自己能掌握的事來逃離，像是做白日夢、危險行為、發脾氣、濫用藥物或酒精、情緒性暴食、自我孤立，或是推開他人等。

從兒時經歷中存活所需的因應機制，會隨著我們成年而成為惡習、處理複雜情緒的方式和自我毀滅的模式。儘管當初是為了保護並協助我們生存，最後卻會妨礙我們培養療癒和成長的能力，讓我們無法與自己及他人建立健全的連結。那麼，我們該如何是好？難道我們二十歲以後的人生，最終也要由兒時經歷來定義嗎？答案是否定的。人類擁有一股自然且深刻的力量，只要我們能設法從那些經歷中找出意義，就有可能治癒過往的傷痛。我們需要一則故事來解釋發生在自己身上的事，讓我們能真正釋懷、接納它成為自己過去的一部分，同時也不讓這些經歷決定我們的未來。

其中一個選項是蓋棺論定，認為一切都是你活該，因為你是個壞孩子、可怕的人。另一個選項則是認知到，這一切壞事都不該發生在你身上。不是你的錯。你不該因為自己所受的苦而遭到責備。你的經歷也許是上一代傳下來的創傷產物——家族中代代相傳的痛苦與功能失調循環，形塑了你的環境，影響著你家人的行為與信念。那些行為源於父母的過去與種種問題，讓他們無法給你所需的照料與關愛。父母的行為大多是為了紓解自己的焦慮、經歷與痛苦，而無意識做出的反應，並非處心積慮要對我們造成不可逆的傷害。他們是根據自身的童年經歷來設定自身行為的最大可能，但那不是你應該承受的。辨識出這個模式是一個強而有力的步驟，協助你脫離責備與羞愧的循環，將焦點從個人內疚中轉移，不對家人產生憤怒，而是採取更寬宏的做法，邁向世代間的療癒，讓那種循環在你這一代結束。

重新定義與父母的關係

有些人認為，長大代表我們能開始喝酒、開車、獨立做決定、做愛、搬出家裡。**但我個人認為，當我們開始意識到父母不過是如你我一般的凡人，未必事事正確，才表示我們長大了。**在那一刻，兒時對世界的純真看法被打破，父母不再神聖不可侵犯，我們從內心深處體會到自己已經是獨立的人，能夠承認父母當時的所作所為或許並不正確。我想這個體會自然會帶來某種程度的怨恨，但也會讓我們獨立，讓我們渴望以自身觀點重新定義親子關係。

重新定義親子關係，可能會顯現在各種方面：對父母感到失望、更常與他們起爭執、渴望脫離他們、減少假日探訪、發現他們仍在接受心理治療、與朋友共組你心目中的理想家庭，或是越來越常反抗父母所灌輸的信念與價值觀。

對我而言，真正重要的，是思考未來該以哪種不同方式養育孩子。舉例來說，我會希望孩子多談談自己的感受、絕不會用「因為我說了算」這類措辭、會對他們應守的規矩更嚴格。我絕不會時常提到衣服尺寸，也不會要他們站上浴室的小磅秤量體重。我想我們可能都有一套「如果是我，就會換個方法」的做法。我從未聽過有人說：「一切都很完美。父母以前怎麼做，以後我就怎麼做。」因為要建立獨立性，提出自身的觀點、價值觀與信念，有一部分就涉及了對父母做法的質疑，思考有哪些事他們當初可以做得更好，然後與他們無心留下的傷口和解。此時你有兩個選項。放下過去，從此不再提起，也就是與父母言歸於好；或是選擇正視過往，並在過程中了解自己是如何因為童年而成為如今的自己，同時盤點自己想改變的地方。

在這過程中，不是每個人都需要請家人參與。因為首先，他們很可能不在身邊，或已不在人世。其次，要他們參與可能是危險或不健康的，不值得為了釋懷或尋求答案而冒這個險。第三，對每個人來說，更好的方法是與他們保持距離，自行療癒。儘管你可能想追究責任或要求認可，但父母未必會有反應。走到他們面前說：「都是因為你，我才永遠都覺得自己不夠好」、「都是你教我要痛恨自己的身體」，或是「你從未在我需要時保護過我」等，可能無法獲得你想要的回應。在多數情況下，他們的反應只會讓你震驚，感到被否定。

在那些時刻，你看見的多半是自己與父母之間的認知差異，因為他們也許認為自己是體面、有教養、親切、充滿善意的人，但你卻告訴他們，他們的舉動與行為和他們的自我概念相違。你的觀點挑戰了他們的自尊，為了克服這種不自在，他們要不是選擇相信你說的是事實並接受自己的錯誤與不當行為，要不就是否認你的經歷，繼續維持他們的自我知覺（self-perception），相信自己是個好人。你覺得哪種反應更有可能出現？

當我們只是想理解並釋懷、與自己的經歷和解，他們的否定無助於你療癒，只會重新撕開過去的傷口。此外，當我們陷入與父母的爭執或不合時，容易在情緒上退化。我們會出現小時候或青少年時期遭遇這類情境的反應，包括缺乏自信、不受控、容易激動，或強烈的攻擊性[11]。因為在這些針鋒相對與衝突中，上述反應就是我們能面對父母的唯一方式。那個當下，親子間會再度變得劍拔弩張，讓我們瞬間變回過去那個受傷而脆弱的自己。我們離開父母的影響與掌控後所獲得的療癒與成熟，會在那一瞬間消失無蹤。我想說的是，**我們不能永遠期待那些曾形塑或傷害我們的人，也能療癒我們**。

自行療癒

了解父母的養育方式如何形塑了今日的你，是一段艱難的過程。但願意付出努力，就表示對此你已經有心理準備。過往的經歷會如浪潮般一波接著一波湧來，但請你以下面四個原則來引導自己：

不以非黑即白的方式思考

你可以承認父母的過錯，但依然願意關愛父母。你可以意識到事情出了錯，但仍真心重視這段緣分。你可以擁有自覺，但不責怪他人。即使童年不完美，也不代表人生中一切都很險惡。還有一件值得注意的事：了解父母的影響力，不是為了保護他們的自尊，也不是要與父母鬥到至死方休，而是為了替自己找出答案，了解為何你成為現在的樣子，並思考你是否願意接納自己。

也許你仍能接受遺傳自父母的部分——你真心喜歡的特質，像是韌性、創意、自動自發、幽默、智力、對音樂的品味等，無論是什麼。如果我們是父母與環境的混合體，那麼嫌棄他們身上的每一個部分，也等於是嫌棄一大部分的自己。仍有很多部分，可以讓我們心懷感恩。

你比任何人都更清楚與自己有關的真相

你的回憶與經歷都明確地帶有你的獨家印記。沒有人能奪走你的經歷，儘管他人或許看法不同，但他們也無法剝奪你對這些時刻與回憶的詮釋。每個人對過去的回憶都不相同，因為我們會透過自身的獨特視角來詮釋那些經歷，而視角會受到個人情緒、信念與價值觀影響。儘管家人可能確實做了那些事，卻不承認或不認同你所經歷的事，這可能讓你很難受。但就算他們接受了責任，實際上又能改變什麼？這當然有助於我們釋懷，感覺到他們付出了努力，在他們身邊會讓我們感覺安全一點。但要從過往的傷痛中恢復，有時我們最需要的是自身的認可：**沒錯，確實發生了這件事，而且對我們造成了影響。沒錯，我們對這件事的回憶是正確的。沒錯，儘管父母相信他們已經盡力了，但我們的憤怒仍然是合理的。**這並不表示，你不需要面對並處理自己對童年的獨特詮釋。請相信你的內心與情感，並堅定地支持自己所知道的真相。接受他們的否認並且跟著否認，通常只會讓你最後的頓悟時刻更晚到來，並讓創傷惡化。

寬恕的力量很強大，但你必須做好心理準備

許多著作談到我們在成年後重新定義親子關係時，似乎將寬恕視為其中的重心。寬恕確實能帶來強而有力的療效，不僅赦免了他人的過錯，更能為自己帶來平靜。這表示你完成了體認、憤怒、理解、接受、釋懷的過程。你願意放下怨恨，繼續前進。寬恕擁有不可思議的力量，因為決定原諒的主導權在你。你領悟到選擇寬恕有多強大，沒有任何反應能與這種體面的行動抗衡，最終那將讓你從過往的陰影中解脫。然而，並非所有人都能選擇寬恕。沒錯，寬恕往往被描繪成能治癒所有童年傷痛的神奇解藥，但如果你尚未做好心理準備，請不

要強迫自己相信你做得到。那些情緒日後仍會不時湧現，屆時你可能會覺得自己已經無權表達，因為時機未到你就已關上了那扇門。**只有當你真正準備好了，寬恕的時機才算到來**，儘管那一天也許永遠不會到來。

從社群中尋找慰藉

我剛開始談論童年怨恨時，態度十分低調。我不希望人們誤以為我對父母與家庭給我的一切及所有快樂回憶不知感恩，或是我誇大了自己的經歷。我想這是因為我們長久以來都相信自己必須尊敬長輩，或私事應該私下談。但是，一旦讓問題公開，壓力就會少去一半。我越是能開口與朋友或身邊的人談論這些經歷，人們就越能敞開心扉吐露自己的過往。很多人不清楚如何談論這些事，因為找不到正確的途徑，也沒有所謂的指南或標準。但當我們向社群敞開心扉，以我們所知的方式分享自己的經歷，就會比較容易說出真相，而釋懷的感受也會隨之而來。你會開始領悟到，別人大多也擁有和你一樣的故事，你不是唯一有心結或滿懷複雜情緒的人，也不是唯一一個想打破親子間的詛咒、希望同時解決與自己和與父母這兩段關係的人。所以，請不要獨自承擔一切。

挑戰「父母的養育方式永遠完美無瑕」這個觀念，承認父母就和所有人一樣會犯錯。體認到他們的過錯，並無損他們的親情或你的感恩，反而能讓彼此的關係變得更真誠、實在。

檢視形塑自我概念的聲音從何而來，進而掌控你的內在敘事。辨認你腦海中批評或安撫的聲音，是否呼應著父母的聲音，並了解你有形塑自我知覺的力量。

並不是只有駭人聽聞的創傷才值得注意。唯有你是真正了解自身經歷的人。

很多人一輩子從未想過自己為何會成為現在的樣子。但如果你的傷口沒有被療癒，它將傳給下一代，並成為他們的創傷。

第十八章 揮別童年陰影

療癒內在小孩

你小時候是怎樣的人？最喜歡哪種打扮？最喜歡做哪些事？最愛看哪些電視節目？最喜歡吃哪種零食？你對那段時期有多少記憶？認真地問問自己，那些回憶是否真如當初所以為的那般奇妙？你是否能感覺到儘管你的外貌已經改變，當初那個孩子仍在你心裡？若是如此，你的直覺是正確的。

隨著人們深入了解如今的情緒傷口、反應、依附風格和行為模式大多可以追溯至童年，「內在小孩」的概念也日益受到關注。背後的邏輯在於「藉由療癒童年版本的自己，我們也能療癒今日的自己」。

了解過去的我與今日的我（也就是「孩子的我」與「成人的我」）之間的關係，是療癒自己重要的一部分。多年來，我的兒時回憶似乎都染上某種悲觀情緒，感覺自己渴望獲得接納卻未果。那些回憶中有某些我放不開的事，一部分的我成長得太快，但仍想再次成為孩子。我不認為世上只有我這麼想。童年時期的霸凌、父母的忽視、離異，甚至地理上的孤立與頻繁搬家等，都可能動搖我們兒時內心所渴望並需要的安全感。

「療癒內在小孩」聽起來像某種誘人的偽科學，吸引著正在尋找答案的二十幾歲年輕人。但這個概念背後確實有一些在現代詮釋中遭到忽視的重要科學與心理學依據，這種療癒形式起源於卡爾・榮格（Carl Jung）的研究——他是二十世紀最著名的精神科醫師與現代心理學的創始人之一[1]。透過他在精神醫療院所的工作及對人類心理的研究，榮格建立了以下的概念：人自呱呱墜地的那一刻起，內心就存在著一個自我的版本。你在嬰兒時期、童年時期、青少年時期的樣子，日後將一直與你同在，存在於無意識的陰影裡，影響著你的行動與決定[2]。

所有問題起源於童年

內在小孩保存著我們所有早期經歷，那些經歷影響著我們每個人的「內在小孩」是哪種類型。有些人的原型是受傷的內在小孩，有些人是純真的內在小孩，或是被遺棄的、非凡的，乃至脆弱的內在小孩。

各種理論顯示，我們成年後的功能失調、問題、怪癖與創傷，多半是來自童年經歷。一層層剝掉我們建立的保護罩後，我們會發現自己的核心是純真、受傷，只是希望被愛的自我。**藉由無條件地關愛這個我，用心療癒他、給予他我們兒時可能缺乏的東西，我們也是在表達成人的自我最想改變的地方**。

我們的童年是人生中最關鍵的發展時期，不僅在生理上是如此，在情緒與認知上亦然。我們在人生第一年便開始學習最基本的情緒，出生後幾個月內，我們就學會了要信任誰。一歲大時，我們就開始形成自己的依附風格；五歲大時，大多數人就已擁有獨一無二的性格，也建立了一套與他人連結的方式，預示了我們成年後的行為。

在心理學及類似學科像是哲學中，有個概念是，兒童出生時是一張「空白畫布」，他的經歷會以一個又一個意象層層鋪疊在這畫布上，最後鋪滿整個畫面，難以抹去或重來。那一層層的畫面就是我們的回憶，以及因應我們的經歷而形成的神經元網絡（network of neuron）。內在小孩則代表著與那些時刻同在的潛意識部分，他見證著一切。我們的內在小孩懷有過去的情緒、記憶與信念，還有對未來的希望與夢想。

內在小孩記得自己在遊樂場止不住咯咯笑的感覺。
內在小孩記得自己如何在父母懷中睡著，然後被放進被窩。

內在小孩記得被排擠和霸凌是什麼感覺。

內在小孩記得自己只是想乖乖守本分卻被大吼的感覺。

內在小孩記得被遺棄或孤單的感覺。

我們的內在小孩記得玩耍好幾個鐘頭、害怕大海、跌倒受傷時呼喚母親是什麼感覺；他們也記得吃到熱呼呼的餅乾、第一次失敗、第一次不被接納、膽顫心驚地進踏進校門是什麼感覺。

好壞參半的回憶，在無意識交織成了我們看待世界的心智架構。當那些陰暗的記憶淹沒了開心的回憶，童年傷口便會重現。治療成人時期諸多問題的第一步，就是辨識內在小孩是否受傷、有沒有留下傷口。

我還記得大學時期，我曾因為在某些事件中以為自己遭到排斥而觸發了某些情緒（儘管實際上別人並沒有排斥我）。我因為恐懼而產生了不理性的反應。經歷多年的霸凌後，我在兒時經常問自己的那句「他們真的喜歡我嗎？」仍縈繞不去，並未隨著時間消逝。那一刻，我意識到自己許多行為有不健康的起源——有毒的關係、強烈的自我批評、儘管疲憊不堪卻沒有能力回絕派對或社交活動的邀約。

如果你發現以下關鍵跡象，表示你或許有個受傷的內在小孩：

- 難以信任他人。
- 情感封閉。
- 感覺內疚或配不上好東西，包括愛或慷慨等美好的情感。
- 內在的批評聲音很強烈。
- 傾向取悅他人。
- 害怕被遺棄（abandonment issue）。
- 感覺自己必須籠絡人心或友情。
- 壓抑強烈的情感。

這種經歷帶來的影響因人而異，除了上述跡象外，也一定有其他更多徵兆。請記得，一如成年後我們每個人對現實都有不同的觀感，童年的我們也是如此。許多探討療癒內在小孩的文獻都會指出，這些反應與情感習慣，顯示你在童年的某個階段曾有某種經歷，改變了你與他人及自我連結的能力，讓你難以用健康而持久的方式建立連結。

這類反應往往是來自治療師與心理學家所謂的「童年創傷」（childhood wounds）。討論內在小孩的創傷時，心理學家會提到四種典型的創傷：內疚之傷、遺棄之傷、背叛之傷，以及忽視之傷。每種創傷的起源不同，各有獨特的表現。而你療癒內在小孩的方式，也取決於你的創傷是哪一種類型。

內疚之傷

內疚之傷往往源於你在童年時期承擔了超出可承受限度的責任，必須像他人照料你那般照料他人。也許你要負責照顧雙親的其中之一或手足，或是調解家中的紛爭。你可能從小就對要求別人滿足自己的需求感到內疚，因此成年後仍然感覺自己不該對基本的情感與身體需求提出要求。小時候，你的反應可能是盡全力成為乖孩子，以避免被道德綁架，尤其是來自周圍他人的內疚感，或是覺得自己必須為自己或親友人生中的不幸負責。

這種情形到在成年之後會如何表現？這類傷口如果未經處理，可能會造成嚴重的討好傾向，經常感覺必須道歉、對建立個人界線感到內疚，比如想要拒絕某些不想參加的社交活動，或是不想幫忙，卻說不出口。如果不正視這種內疚之傷，它也可能導致你用其他人在你小時候對待你的方式，透過激起內疚感來要脅他人。

要治療這種傷口，就必須建立健康的界線，避免讓自己陷入被內疚拖住而脫不了身的情境。有些人的做法是依據自己理想中的界線，對自己許下承諾，例如「遇到這種情況時，我會把自己擺在第一位」、「我會誠實表達自己的意見」、「我不會先為他人的需求著想」、

「我不會待在讓自己不自在的地方」。每天早上出門前，不妨先回顧一次自己的界線。

練習釋放潛意識中的內疚感也是治療這種傷口的一環，以免潛藏的內疚感影響了你的判斷力與自我寬恕的能力。「身體治療」（somatic therapy）尤其擅長辨識未處理的內疚在你身上留下的記號。藉由活動或身體覺察（bodily awareness）提供的情緒釋放出口，這類療法讓你察覺哪些肌肉與身體部位蘊含著情緒緊繃的跡象，透過身體而不僅是心智來疏導情緒，畢竟人類僅憑思考來處理情緒的能力有限。

每當你為過去、為某個過錯，或是因為讓他人或自己失望而感到內疚時，寫日誌也是一種簡單但能改變人生的方式。只要在每一頁的最後一行寫上「我原諒你」就可以了。聽起來簡單，但這麼做能容許你寬恕自己，進而釋放你相信他人加諸在你身上的內疚感。

遺棄之傷

遺棄之傷也許是最多人認同的童年創傷。之所以產生這類創傷，是因為感覺自己被本應照顧你的人所遺棄，最常發生在父母離異或分居過程波折不斷、失去父親或母親，或是與父母關係十分疏遠的人身上。

你會因此對孤立懷有很深的恐懼，所以容易執著於他人，只要察覺到他們有一絲退縮的跡象，你就會焦慮不安。近年的文獻證實，把遺棄怪罪在自己身上，並因而產生羞愧感的孩子，往往會認為自己有缺陷，不值得被愛[3]。由於童年時期的我們尚未意識到成人關係、世代創傷、藥物濫用、「愛無能」等因素的複雜性，無法理解為何別人要棄我們而去。因此，孩子只好獨自面對這種被遺棄的處境，往往會由此得出結論，以為一定是自己做錯了什麼。兒童的理性思考能力尚未發展成熟，無法理解人類關係的複雜與細膩之處。

長大成人後，你或許會害怕孤單與被拒絕，因為這些時刻喚起了你兒時被遺棄的記憶。你從過往的痛苦中學到如何設法避免在所有未來的關係中重蹈覆轍，對伴侶或朋友準備疏遠的信號極為敏感。如果這讓你想起焦慮的依附風格，那沒錯，這些經歷確實有關。帶有遺棄之傷的人往往會發現自己處於高度共依附（codependent）的關係中，或很難信任他人，尤其是另一半，因為他們心裡始終認為人人終有一天會突然離他們而去。

要療癒自己，你必須先治療自己對歷史一再重演的恐懼。儘管過去已經發生，但不代表那段經歷會一再重演。你必須體認到，也許你的因應與防禦機制本身正在透過迴避與自我遺棄，實現你所恐懼的預言。這裡也要提醒你，你確實值得被愛，對的人**必定**會留下，你的價值並不是由他人來決定。

背叛之傷

第三種創傷是背叛之傷。兒時你可能發現自己無法信任你的照顧者，也許是因為他們無法履行對你的承諾，從來沒有依照你的期待現身，或是他們會巧妙操縱你的心理，讓你陷入容易受傷的情境，或是他們沒有在你需要時為你挺身而出。你可能會因此發展出一種稱為「背叛創傷」（betrayal trauma）的特殊創傷形式。這是奧勒岡大學（University of Oregon）教授珍妮佛・弗萊德（Jennifer Freyd）於一九九一年提出的概念，描述孩子儘管已無法信任背叛他的照顧者，但基於依賴，仍不得不繼續與對方互動[4]。

當你成年並脫離了照顧者的掌控，你可能會發展出過度獨立的個性，且無法信任他人。過度獨立不僅是指你相信自身的本能、喜歡獨處、凡事習慣親力親為，也表現為社會退縮（social withdrawal）、完美主義，任何事都追求無懈可擊，才能感覺掌控了自己人生、儘管非常需要但拒絕求助、心思藏得很深、對自身感受或心理狀態三緘其口、拒絕表現脆弱等。

過度獨立往往會引發更多其他折磨，因為那讓你持續疏離社群，讓想幫助你的人無法接近你——但他們相信你值得無條件的善意與愛，也不會讓你失望。當然，由於你曾遭背叛，當你預設他人不會遵守承諾時，要求你不去質疑他們的本意、相信他們立意良善並信任他們，可以想見並不容易。孤立通常會伴隨著背叛之傷而來。

要療癒這種創傷，請先履行對自己的承諾並用心付出，以建立內在的信任感。可以從簡單的目標開始，也許是多喝一點水、起床後十五分鐘內不要碰手機、每天至少吃一種水果等。設定一個容易達成的目標，對自己展現出堅持到底的精神，有助於你期待他人也能堅守承諾。治療背叛之傷，還可以採用「信任他人」的暴露療法（exposure therapy），比如循序漸進地從小地方開始（「向他人傾訴我的日常挫折」），接著擴大信任（「仰賴他人給我忠告」），最後充分信任他人（「讓某人從醫院接我回家」或「分享我內心的恐懼或不安」）。這段過程可能會花上許多年，但背叛之傷是源於你對再次受傷的恐懼，上述練習能幫助你從小地方開始，逐步克服恐懼，帶來更大的療效，並卸下心防。

忽視之傷

最後一種創傷是忽視之傷。小時候，我們都渴望被看見。從嬰兒時期開始，孩子們就努力爭取大人的關注、回應、撫慰、連結，以維持社交接觸，並獲得那種特別的歸屬感與被重視的感覺[5]。那種感覺將伴隨他們一路走入成年。當孩子遭到忽視、冷落，或大人要他閉嘴乖乖坐好時，忽視之傷就會出現。帶有忽視之傷的人，或許會回想起兒時被漠視、總是最後才被想起、得不到支持的經歷，或是自己的情感、身體與社交需求無法獲得滿足。這種感受可能源於父母與家人，但我也聽過因為老師或指導者的忽視與不關心，導致人們相信自己的付出、努力和成就永遠不夠的例子。

我在公司上班時，有位老同事的哥哥是極受歡迎的童星，演過電影、拍過廣告，也上過電視節目。她的父母後來坦承，他們從未想過帶我的同事去參加試鏡，連栽培她的念頭都沒有，因為她的「臉蛋與個性」都不像她哥哥那樣亮眼、大方。哥哥與她在表面才華與成功上的不平衡，造成了父母對哥哥的偏愛。他是所有人注目的焦點，父母會陪他去拍電影，留下我的同事在家與阿姨作伴。他們認為這是在支持兒子的夢想，卻無意間造成了對女兒的忽視與無意識的偏心。這種經歷帶來的感受，對任何人來說都十分微妙且不同，但這種童年創傷往往會造成自我價值感低落、悲觀的人生觀、壓抑與隱藏真實感受、對朋友與另一半的標準低。如果你從未獲得自己所需要的深情，就很難認為自己值得更多的愛。

要治療忽視之傷，就要學會把自己擺在第一位，刻意推崇並讚揚你的內在價值，關注自己的成就、小勝利與小挫折，以及所有相關的情緒起伏。過去你的價值也許未獲承認，但往後你不會再讓這種事發生。過去你可能被應該好好照顧你的人忽視，但如今你是自己人生中最主要的成年人，從此你不會再忽視你的內在小孩。當然，你還要大肆宣揚，主動地放聲讚頌自己的勝利。你升遷了嗎？告訴身邊所有人，為自己買個蛋糕，就算只有你一個人慶祝，也要插上蠟燭。買花送給自己也很好。不妨也把這種做法延伸到看似微小的事情上。感覺害怕、孤單或不安嗎？不要壓抑這些感受，不要對自己隱藏，不要急著沉默。請反過來為自己提供慰藉。可能是生理上的，比如讓自己在一個安全舒適的地方享用能帶來安慰的美食、舒舒服服地沖個澡，然後看最愛的電視節目；或者你也可以反覆向自己保證一切安好，藉此尋求情感上的慰藉。此刻你唯一的任務是陪伴你的內在小孩，關心你當下的自我與經歷，盡量讓你的內在小孩感覺自己被看見。

療癒你的內在小孩

療癒你的內在小孩，要以所謂的「再撫育」為基礎[6]。當你成為自己人生中主要的成年人時，你就成為了撫育你內在小孩的父母。你的責任是打造一個以你的內在小孩為主的避風港，無論你心目中是否有可以參考的健全範本。藉由打造那個空間，你允許自己去探索也許讓你不自在或不舒服的重要經歷，去接觸自己的真實感受，了解過去被他人排斥，貼上「不當」、「不可愛」、「要求太多」等標籤的那些部分。

要呵護你的內在小孩，就必須推崇並表達你的感受，無論你認為那有多醜陋而危險。你可以透過所謂的「放膽宣洩」（shameless release）法來練習。前文提過，如內疚之傷這類深刻強烈的情緒，往往會盤踞在你的身體裡，造成某些壓力與緊繃。你壓抑得越久，這些情緒就越難以控制，越可能造成身心傷害[7]。「放膽宣洩」則是藉由創造宣洩傷害、恐懼、羞愧、憤怒所需的淨化條件，像是拳擊、在大自然中放聲吶喊、大聲唱一首淨化人心的歌、創作讓你能清楚表達情緒的作品等治療練習，使這些情緒變得具體可知。

經歷過忽視、背叛或遺棄的孩子，早已習慣在提出要求時被拒絕。因此，成為負責照顧內在小孩的成年人後，你必須答應自己的需要與渴求。也許是吃一頓美食、買一樣不實用但讓你開心的東西、晚上和朋友出去找樂子，或是一時興起就去看場電影。現在你是家長了——你必須照顧自己的內在小孩，要以過去他應得卻可能未曾獲得的關愛與慷慨來善待他。

而這也關乎責任感。

我們踏上再撫育的旅程，必須體認到照顧內在小孩不代表要變得孩子氣或臣服於自己所有衝動，更是要學會做出艱難的決定。在現實生活中，我們不會讓孩子整天吃垃圾食物、不會對他百依百順直至他筋疲力竭，更不會允許他繼續和帶壞他甚至不尊重他界線的朋友來往。因此，你也不能允許你的內在小孩與你當下的自我接受這樣的對待。除了同情與關愛，責任也同樣重要。你仍然需要設立界線，維持紀律。

值得一提的是，這些特定的範疇或傷痛，表面上看似源自極端的創傷。但忽視、遺棄、背叛與內疚也可能發生在日常小事上，甚至是內在小孩的潛意識未必能察覺的地方。將療癒內在小孩當成日常功課，並非一定要有客觀，甚至主觀經歷的創傷。療癒內在小孩不僅能修正源於童年的不良習慣或行為，也能協助我們尋回多數人隨著年齡漸長而失去的喜悅與傻氣。成年、義務與「本分」，讓我們變得嚴厲。但給自己一些空間、解開那些束縛，確實能帶來神奇的效果。

一個理想的起點，是重溫能讓你想起童年的事物，留意重新接觸這些事物帶給你什麼感受。例如某天我重看了《孟漢娜：電影版》（*Hannah Montana*）。那部電影是我九歲時上映的，我小時候很愛這部片，記下了所有歌曲、舞蹈，還買了飾演主角的麥莉．希拉（Miley Cyrus）在電影裡穿的衣服。當初我在電影院看了那部電影大概三次。在二十三歲時重溫這部電影讓我感慨萬千，也強烈意識到自己當年的純真與脆弱。那種正面反應提醒了我，我的內在小孩確實存在，因為我重看電影時所感受到的情緒，全都源於我兒時的回憶。

如果你感覺與自己的內在小孩很疏遠，不妨試著重現某些兒時的片刻與回憶，讓身處當前意識中的你與身處過去、潛意識中的你重逢。你可以藉由氣味、聲音、影像等感官刺激，比如看一部經典電影、煮小時候最愛的食物、讀小時候最愛看的書等，來助你一臂之力。因為集結了多種感官體驗的回憶，往往最強烈。你會驚訝地發現，你的身心會自然而然地從無意識深處回應這些體驗。

要進一步促成那種重溫與回憶的日常練習，請將你的手機桌布改成自己小時候的照片，或是把它擺在鏡子前，甚至其他每天都看得見的地方。我在家裡的電腦旁擺了一張自己小學四年級的照片，每當我感覺工作壓力很大，就會看向左邊的照片，那提醒了我，無論我正經歷著哪些事，我的所作所為都會影響她。她會為我感到驕傲嗎？我所做的事滿足了她的夢想嗎？她會對我們眼前的處境感到開心嗎？她得到了自己應得的嗎？如此能協助你審視自己的決定與對待自己的方式。我發現這會讓我對自己的評判變得溫和許多。

做點揮灑創意的事

小時候我們會上美術課，也有時間投入揮灑創意的活動。但隨著年齡漸長，就越來越難找到這樣的時間。素描、陶藝、編織、著色等，都屬於這類活動。二〇一九年的一項研究發現，藝術有益於身心健康，能提升你的韌性、因應技巧與整體幸福感[8]。

放任自己亂七八糟

我們可以接受小時候把東西弄得亂七八糟，但成年後就不行了。請試著走出「成為大人」加諸於自由的限制。大展廚藝、把植物移植到另一個花盆、弄髒雙手。這些活動對神經元與神經突觸的連結和成長，以及快樂都有好處。你可以事後再清理，但此刻，先把你的內在小孩釋放出來，放鬆片刻。

擁抱自己

被碰觸的感覺會讓身體釋放催產素，而我們也可以為自己做到這件事，因為大腦未必總是能分辨觸碰你的是別人，還是你自己充滿愛的雙臂。我知道聽起來有點傻，但請現在就擁抱自己一下：用雙臂環繞自己並停留片刻，深深擁抱自己。這會讓你馬上感覺好一些——這是一種愛自己的絕佳方式。

玩耍

玩耍幾乎就是童年的一切，能釋放你內心好奇、喜悅、無所顧忌的那一面[9]。偶爾玩玩鬼抓人吧。這聽起來同樣有點傻，但你從中感受到的幸福和興奮是如此純粹而奇妙，讓你能暫時忽略自己的「成人責任」。把「大富翁」（Monopoly）或ＵＮＯ拿出來玩、為自己做一大杯巧克力聖代，或是單純因為想要就買下幾個滑稽的絨毛玩偶。假裝自己正帶著兒時的自己出去玩一整天，給他過去應該擁有的一切體驗，為他創造更多正面的回憶。

意識到你的內在小孩是一回事，與他（也就是你自己）接觸、給他能夠展現脆弱的空間並呵護他，又是另一回事。這段建立關係的旅程對我的成人生活帶來最大的影響是，如今我對自己說話的方式改變了，也更看重自己的情緒。我們都傾向對自己過度嚴苛、對自己說出絕不會對他人說的惡毒、傷人的話。那對我們的自我價值與認同造成了很大的傷害，也是難以打破的習慣。而接觸你的內在小孩，可以幫助你大幅改善這一點。

當你失敗、被拒絕、討厭自己的時候，請留意一下自己內心的對話，並想像五歲的你此刻就坐在你面前，聽你對他說這些話。

你不會對五歲的你大吼大叫。

你不會對他說，他很胖。

你不會對他說，他很沒用。

或說他沒出息。

或說他是蠢蛋。

那麼，為何你要對現在的自己這樣說話？

同樣的道理也適用於你接受別人如何對待你。如果你不接受別人以你的朋友、伴侶、父母、同事對待你的方式，來對待一個孩子，那你就必須設下界線。當然，二十幾歲的我們，在情緒上已經比小時候成熟，因此如果有人給你有建設性的批評，或是請你做好工作、獨立一點，這對孩子來說可能顯得嚴厲，但對成年人來說是可以接受的。我想無須說明，療癒你的內在小孩，並不是要你退回到兒時的你，而是指更有能力了解他人和情境給你的感受，察覺你的反應從何而來，懂得以成熟的大人姿態妥善因應，同時重視兒時的你對關愛、尊重、安全感的需求。

你的內在小孩記得也反映出你的成年自我需要哪些療癒。請成為他需要成為的人。
理解內在的脆弱、純真與童心，在成年生活中騰出一個空間，容納這部分的自己。
療癒你的內在小孩，需要你溫柔一些，但也要誠實直率，對自己與對他人都是。

第十九章
與青少年時期和解
療癒內在青少年

療癒內在小孩是一回事，療癒內在青少年則要更小心謹慎。開導並支持那個天真、純潔又可愛的你，其實並不難。他是如此脆弱，怎可能造成任何傷害？但要我們的青少年自我去寬恕他人卻困難許多，他們也更容易責怪他人。他們內心充滿憤怒與困惑、血氣方剛，但又缺乏安全感。他們太年輕，以致難以找到立足之地，但又成熟到足以承擔些許責任。

你或許會問：一本談論二十幾歲的書，為何要提到青少年時期？理由是，這兩個階段息息相關。我們或許已經將那個人生階段拋諸腦後，但那並不表示要在如今的我和過去的我之間築起一道牆。那個版本的我，依舊存在於我的內心。照料青少年時期的你，去面對當時的回憶、經歷與信念，能帶來大量的自我覺察與釋放。青少年時期在情感、生理與社交方面，都會經歷重大的轉折，沒有人能毫髮無傷地從這個時期全身而退。如果你想了解自己的憤怒從何而來、為何你的自我價值感低落又缺乏安全感，答案也許就隱藏在這段暗潮洶湧的青春歲月裡。

回顧青少年時期，總有種不堪回首的感覺。為何我有六個月都穿著襪套上學？為何我對父母惡言相向？為何我要浪費寶貴的時間躲在房裡，不與兄弟姐妹相處？為何我如此痛恨這世界？為何我會如此深愛那個男孩？我們很容易輕忽這些青春期的經歷，因為那段時期總是充滿混亂，感覺事情時刻都在改變。

我們的內在青少年，反映出形塑如今的我們必須經歷的失敗、過錯與痛苦，所以我們自然想別過頭去不看他們。然而，雖然那時的我們麻煩不斷，但這不代表他們不值得我們像愛內在小孩一樣用心愛他。事實上，他們可能更需要愛，因為他們深受誤解。

受傷的青少年 vs. 受傷的小孩

受傷的青少年似乎與受傷的小孩非常不同。內在小孩（那個脆弱、純真，往往需要關懷的自己）是你的情緒內核，但你的內在青少年則棘手得多。他們憤怒、孤立、不安，很快就拒絕了你伸出的援手。以下一些指標顯示你內在可能有個受傷的青少年，或你正受那個內在青少年支配：

- 對拒絕極為敏感。
- 沒來由地大發脾氣，且難以抑制。
- 自我破壞的行為，如拖延、過度消費、情緒性暴食、濫用藥物等。
- 反覆選擇與早期的戀愛對象類似的伴侶，或重現早期的戀愛經歷。
- 退化到青少年時期的習慣與因應機制。

青少年時期，我們在智力和情緒上都有長足的發展，能夠為自己的經歷找出合理的原因，但未必能妥善處理。內在青少年的經歷，其性質與內在小孩截然不同，前者往往與在那段波濤洶湧的時期所發生的重要事件有關。這也是為何把療癒內在小孩與療癒內在青少年兩件事分開來討論是如此重要。

青少年時期的創傷與童年時期的創傷，主要差異在於發生的年齡不同。然而，根據發展心理學，童年與青春期的差異不僅是年齡。沒錯，我們傾向將青少年視為十三到十九歲的人，但在那段時期，我們也正經歷情感與社交上的迅速發展，讓我們與兒時有別。更特別的是，青春期的我們會開始思考自己的身分認同與在世界中的位置。

心理分析師（psychoanalyst）艾瑞克．艾瑞克森（Erik Erikson）認為，這個階段反映著身分認同與角色混淆（role confusion）之間的衝突[1]。在這個階段，青少年往往會反抗父母或更廣泛的社會規範，積極探索個人價值觀、信念與目標，以建立自我與個人認同，包括性別認同、關係認同（我們與父母及同儕的關係）與個人認同，也就是我們想成為怎樣的人。在青春期嘗試各種不同的角色或打扮，最後才專注於某個認同，是很自然的事。這些角色與打扮到了二十幾歲無可避免地會再度改變，並且往後也會經歷數次改變。艾瑞克森的結論是，如果我們未能成功度過這個階段，解決「我們認為自己是誰」、「社會認為我們是誰」與「我們的真實自我」三者之間的衝突，就會開始出現內在青少年最典型的情緒與社會創傷。

青春期的我們，會在情感、個人與社交上感受到更高的獨立性，同時也目睹著重大的生理轉變，加劇了我們終究必須解決的種種經歷。從青春期開始，大腦會透過所謂「突觸修剪」（synaptic pruning）或神經修剪的過程，進行實質的重塑。大腦會開始移除不再需要的連結，使約莫五〇%的突觸連結消失，以騰出空間來容納成年後新的經歷所形成的新神經路徑[2]。

當我們經歷這種迅速的修剪期時，身體會湧出大量的腎上腺壓力激素、生長激素、性激素（如睪固酮與雌激素）等。這些激素都會對情緒與衝動控制產生巨大的影響，甚至影響著心理健康。一些近期研究顯示，雌激素會影響血清素的產生[3]。血清素是負責快樂的主要神經傳導物質之一，因此血清素偏低代表化學性快樂也偏低*。這或許能解釋為何女性，尤其是青少女，比較容易感到焦慮和憂鬱，原因在於少女轉變為女人的過程中歷經的激素變化。

這類成長過程中的變化，為幾種同時發生的社交與情感轉變奠定了心理與生理背景，同時形塑了青少年普遍會感受到的大量痛苦與挫折，並反映於我們的青春期創傷，包括爭取獨立、感覺被誤解、社會排斥（social exclusion）、第一次性經驗、羞愧感等。這些經歷可能會留下成年後依然可見的傷口，我們每個人可能都曾經歷其中。

青少年時期的社會排斥

青少年有惡毒的一面，有時甚至很壞心眼。我們在十三到十九歲之間目睹的排斥與有毒的社交模式，可能一輩子都不會再經歷到。我青少年時期就讀一所美術高中，每個人都很酷，或至少看起來很酷：打扮得有點潮又不那麼潮、聽「小眾」音樂，還要擺出那種「去你的」態度。我一點都不酷，永遠沒辦法穿成那個樣子，也擺不出那種姿態。我是敏感的書呆子，但別人似乎都在注意我無法理解的事。我與同學們的小圈圈格格不入，因此經歷過許多主動與被動的排斥。那些小圈圈在我背後竊竊私語，我可能要到週一才知道我以為是朋友的人週末時曾舉辦派對，也會聽到同學談論我的穿著。我記得那時感覺異常孤單。他們越排斥我，我就越渴望獲得他們的認可。如果我得不到，就會轉而以勤奮好學的乖女孩角色，從老師或父母那裡尋求肯定。

這種情形讓我感覺自己錯過了很多青少年時期的經歷。因為，首先，我總是忍不住去想，不知道別人對我有什麼想法（但哪個青少年不是呢？）；其次，我一心想當個好孩子，所以發奮用功讀書，希望能徹底離開那間高中，到別的地方去。高中畢業後，我把那座城市拋諸腦後。但進入大學後，我的反應完全退化，開始試圖彌補錯過的青少年生活。我去刺青、染頭髮、在教室大樓後面抽菸、蹺課。由於我內在的青少年錯過了很多，永遠感覺有所匱乏，所以我試著彌補那段失去的時光。

青少年時期被排斥或霸凌，會造成許多久久不癒的心理傷疤，尤其是關於我們的自我價值、是否值得他人的愛等面向。我們每個人都有歸屬的需求，渴望被周圍的社會團體接納。根據馬斯洛的需求層次理論，歸屬感的需求緊接在對食物、遮風避雨和安全的需求之後。如果我們想探索自我認同，達成某種程度的自我實現，歸屬感是必要條件。

＊ 譯註：有些研究者認為，血清素、多巴胺等「快樂化學物質」會影響人所感受到的快樂。

因此，當社會排斥或霸凌剝奪了我們的歸屬感，我們就無法體驗那種自我探索、無法建立起愛自己與自信的重要基礎。這會影響我們成年後交朋友以及維持友情的能力。我們深知缺乏歸屬是一件多麼痛苦的事，因此當我們感覺到關係中的對方出現絲毫猶豫或懷疑、感覺他人疏遠我們，或甚至只是對我們不感興趣時，那個孤單受傷的青少年自我就會重新浮現。一旦任由他掌控我們，他就會帶著青少年的憤怒與不安來處理事情，那種保護機制也許會讓我們更加孤立——「如果我先抽身離開，就能阻止別人離開我，這樣一來，我就不會受傷了。」

我們可以從很多方面來觀察這種歸屬的需求：共依附、黏人、稍微被拒絕就震怒——這些行為都顯示出更深層的情感根源。我從自身行為中特別察覺到一點：我感覺自己需要累積或廣交朋友，有時甚至會在不同人或團體面前採用不同身分，以確保贏得他們的喜愛與友情。

另一個隱藏的指標是，我們會感覺自己必須填滿社交行程或社交圈，建立多到讓自己應付不過來的人際關係。這種看似保護自己或「療癒」自己的舉動，其實是無意識因應過往傷痕的防禦機制。如果我們交遊廣闊，擁有很多熟人與人脈，那就永遠不會再感覺孤單或被排斥了，因為永遠找得到人來陪伴自己。這顯示那個內在青少年的傷口仍未癒合。

爭取獨立

青少年追求獨立是為了顯得成熟，但尚未真正明白自己有多年輕、稚嫩。我們急著長大，急著打破限制、看起來成熟、渴望超越家庭的影響與掌控，所以我們有時不夠了解自己的處境，或是急著一頭栽進自己毫無準備的經歷。這段「離巢」期是人類成長中自然的一部分，也許是邁向成年最關鍵的里程碑。隨著對父母的依賴降低，朋友通常就成了我們主要的支柱。我們開始把自己視為「成人」，去找工作、喝酒、追求伴侶。性，尤其是我們許多人轉大人的轉捩點。還有什麼比越線投入只有父母與更酷的大孩子才能擁有的親密關係，更像大人的呢？

人的第一次性經驗可能發生在任何年齡，並非每個人都是在青春期或二十幾歲就開始有性經驗。我們都有權決定自己的時間，但我們忽略了，這些在爭取獨立期間的早期性經驗，其實會對心理產生長遠的影響，而我們往往要到很久之後才能與之妥協。近年的研究指出，第一次性經驗的年齡，往往決定著往後的戀愛結果。二〇一三年的一項研究顯示，這對女性及其日後在性方面的欲望影響尤其深遠[4]。因為在青少年時期，性是一種強而有力的學習經驗，與依附風格與自我概念的發展尤其相關。第一次性經驗的壓力是如此巨大，以致我們難以承認其中的信任與親密程度有多瘋狂，以及它造成創傷的潛在風險有多高。青春期的我們，無論從法律體系、投票制度還是健保系統的角度來看，其實都還只是孩子，但我們卻已經開始擁有十分「成人」的體驗。

無論是透過建立關係還是其他方式，尋求獨立是正常的。但有時父母不願給我們自由，於是我們就會叛逆，反抗他們設下的界線與規定。我們的憤懣與怒氣多半來源於此，因為感覺自己剛要萌芽的成人自我遭到壓迫。當父母嚴格壓抑我們的身分認同，也會引發這種憤怒，因為他們不准我們自行體驗那個角色混淆的階段，不允許我們自行探索、犯錯、試探自己的極限。這也許會助長我們對權威的仇恨，甚至到二十幾歲以後，我們會變得容易與上位者起衝突，例如老闆叫你做某件事，你卻反抗，因為那觸動了你內心受到誤解的青少年。自戀的父母及他們創造出的環境，會迫使青少年不得不為了他們而維持某種形象，這也是造成內在青少年創傷的一大主因，進而引發日後的叛逆或憤怒。

還有一些情況是，由於我們必須在家裡扮演照顧者的角色，導致獨立性被剝奪。這種情形又稱為「親職化」（parentification），這會發生在我們與父母或照顧者角色顛倒的時候。儘管自己也需要支持，但我們卻必須反過來提供父母情感上的支持，往往要成為他們密友或和事佬。這時我們就變成了父母。這種角色顛倒破壞了人格成熟的自然過程，因為身為青少年的我們必須承擔超出這年齡所應承擔的責任[5]。我們不被准許擁有片刻的無助、希望他人幫助我們或犯錯的機會。這種加速成熟的後果，可能會在日後透過某種發洩或衝動的行為展現出來，為了彌補自己擔任父母的照顧者而失去的青春時光，可能會鋌而走險。我們也可能出現情緒化的反應，尤其是在感覺到那種限制或責任的時候，因為那個內在青少年再度成為了我們的主宰。那些尚未癒合的傷口提醒我們，根據以往的經驗，我們應該採取某種行動來反抗。

羞愧

羞愧的經歷，代表一種從童年進入青少年的關鍵情緒轉變。我們開始擔心他人如何看待我們的行為，表示我們進入了情感的新篇章，意識到了其他人的內在生活，以及他們如何影響我們自己的內在生活。回想自己的童年，你會發現兒時的自我沒有那種顧慮，你四處奔跑、開心地玩耍，絲毫不擔心別人怎麼看你。如果你曾與七、八歲的孩子交談，就會發現他們往往口無遮攔，完全沒有控制衝動的能力。那個年齡的我們想穿什麼就穿什麼，每個人都能成為我們最好的朋友，也不會意識到自己身體的樣子。那種感覺是何時消失的？你從什麼時候開始意識到自己似乎無法融入別人的圈子，或是意識到他人對你的期待與意見？那對現在的你有何影響？你是在什麼時候，第一次感覺自己是壞人？儘管現在你已是成人，但你的內在青少年仍以哪些方式尋求他人的肯定，以迴避那種羞愧感？

羞愧是一種強大的心理工具，可以加強人的一致性與對現狀的順從，並要求我們否定真正的自我，或否定我們的經歷，因為別人可能難以接受[6]。這樣的羞愧感往往會表現為極端的自我排斥。

身為成人與二十幾歲的年輕人，我們往往很難接受自己青少年時期的尷尬模樣。羞愧讓我們本能地隱藏自己，甚至會越來越努力去證明自己不是那個樣子。這導致我們在成年後耗費極大心力去贏得他人認可，同時在我們所認識的自己和希望成為的自己之間，持續抗爭。

我有個朋友，從小就常被貼上「愛搗蛋、太吵鬧又不專心」的標籤。有一次，一個老師在全班面前數落她，那是她第一次意識到有人真的很討厭自己。青少年時期的她依然無法專注，好動亢奮的情況未曾改善。無法控制自己行為的羞愧感，加上她從大人身上感受到的敵意，迅速累積成她頻頻蹺課、逃學的原因。儘管進入大學就讀獸醫系是她的一大夢想，但最後她仍選擇退學。二十五歲時，她被診斷出患有注意力不足過動症（attention deficit hyperactivity disorder，ＡＤＨＤ），並努力控管那些讓她在童年和青少年時期持續感到羞愧的行為。然而，這種羞愧的記憶讓她再也無法回到學校。她還時常擔心自己在職場說話是否太大聲，或太干擾別人，甚至和朋友在一起時也小心翼翼。她的內在對話表現出某種自我仇恨。這種有毒的羞愧感會創造出受傷的內在青少年，阻礙我們在成年後找出穩定的自我概念與身分認同。

前進的道路

要療癒你的內在青少年，就要先承認自己曾經有過感到不被聆聽、被誤解、被拒絕、被怒斥或受壓迫的時刻，也要承認這些經歷持續影響著你。連結你的青少年自我，提供一個空間釋放這類經歷以及由此產生的情感模式，有助於你克服這個早期版本的自我帶來的傷痛。

如果你想療癒內在青少年，就要辨識出何時是他占上風、何時是他在對情境做出反應。請回到先前提過的指標：

- 對拒絕極為敏感。
- 沒來由地大發脾氣，且難以抑制。
- 自我破壞的行為，如拖延、過度消費、情緒性暴食、濫用藥物等。
- 反覆選擇與早期的戀愛對象類似的伴侶，或重現早期的戀愛經歷。
- 退化到青少年時期的習慣與因應機制。

以憤怒為例。我們受傷的內在青少年往往會透過憤怒、爆發、發脾氣等來表達，而這些僅是面對更深的不公、被誤解或失控感的情緒反應。也許在青少年時期，大人不准你深刻感受情緒，所以成年後，你就相對缺乏那種掌控情緒的能力。而像是憤怒這類情緒，就會在身體裡累積。

一項研究發現，憤怒會讓肌肉緊繃，並自動喚起大腦的某些區域[7]。因此，透過身體來表達這些感受，有助於防止你以不當的方式表現憤怒。允許自己真實地感受情緒，不要以父母、老師或同儕過去斥責你的口吻，來斥責你的內在青少年，這可以改善你的感受。釋放憤怒的感覺很好，能帶來不可思議的滿足感，但你必須以有建設性的方式疏導情緒，以滿足內在青少年的需要，同時履行身為成年人的責任。

找一間憤怒屋（rage room）*或上拳擊課，為自己尋求一個身體淨化的機會，進而連結內心的憤怒。更好的做法是，在大自然中尋找一個僻靜無人的好地方，放聲尖叫或大吼。你也可以在房間裡戴上耳機，聽「眨眼182」（Blink-182）樂團的歌，或是泰勒絲（Taylor Swift）的專輯《無懼的愛》（*Fearless*）（這是一張表達青少年憂懼的經典專輯），隨著音樂激烈起舞。

這裡還想討論最後一種方法，那就是「成年椅」（Adult Chair）。這是由了不起的治療師蜜雪兒．查爾芬特（Michelle Chalfant）所提出的方法，運用視覺化與精神分析技巧讓你與自己的內在青少年對話[8]。請你想像面前有三把椅子，一把代表你的童年自我，一把代表你的內在青少年，第三把代表你當下的自我。請假裝自己是治療師，和這三把椅子坐在一起，與每個階段的自我對話：現在最讓你心煩的是什麼事？有什麼困擾著你？哪件事讓你生氣或感到挫折？你需要我怎麼做？

與自己不同階段的經歷與記憶開啟開放性的對話，能讓你深入了解哪些青少年時期的回憶多年以來仍讓你耿耿於懷。如果你依然難以釋懷，可能是因為那些回憶對情感的影響非常深遠。這種方法也能讓你進入過去自我的心靈，具體看見那種不安、憤怒、恐懼是從何而來。做出反應時，請想像你要對當時的自己說什麼。告訴他事情已經好轉。如今的你已發現了愛，發現了友情，並學會如何接納曾經那麼不喜歡的自己。告訴他，船到橋頭自然直。

和療癒內在小孩類似，當你把自己視為無辜、擔驚受怕的青少年，對話自然會變得更有同理心、更親切和藹。有些人認為這種技巧很怪，但你有責任處理青少年時期的回憶與經歷，了解它們如何形塑了現在的你。而要做到這點，一部分的任務便在於將他們整合到你當下的自我中，騰出一些空間，將這些經歷納入你目前的現實。這僅是一個練習，藉由回顧你在兒時或青少年階段所缺乏的事物，了解你成年後的自我有哪些渴望。

人生中每件事都有選擇。你可以選擇對自己溫柔，也可以選擇嚴厲。決定權在你，但痛恨自己的人是無法愛自己的。

＊ 譯註：一種出租以供人發洩情緒的房屋。

和自己當朋友，過去的自我能協助你做到這點。無論他們過去經歷過什麼、犯過哪些錯，又如何讓如今的你感到不堪回首，了解這些事，有助於形塑現在的你。

如今，你是自己人生中最主要的成年人。你就是父母。請確保你的內在小孩與青少年明白，他們和你待在一起安全無虞。

第二十章

獨自一人的旅程

探索與成長是孤獨給你的禮物

越接近三十歲，我們就越明白，所有人都在與某種孤獨搏鬥。即使是我們在網路或真實生活中所認識最忙碌、最長袖善舞的人，也會有渴望與人更深入往來的孤獨時刻。即使是身處人群之中、與所愛的人相處一整天，或是在明白自己需要休養生息的時候，我們也可能感覺孤獨。我們可能會認為自己一定是唯一一個有這種感覺的人，否則人們應該會更常談論這個問題，不是嗎？事實上，關鍵似乎並不在於我們進行了多少社交互動，而是在於我們對孤獨的知覺。更重要的是，我們越是害怕孤單，那種感受就越強烈。也許解決之道是勇敢迎向孤獨，而非避之唯恐不及。

孤獨人口的提升

二十到二十九歲的人感到孤獨的比例提升，早已不是祕密。多數人不需要看到統計數字，就能在自己的真實生活中觀察到：如今的人際連結可謂前所未有地緊密，我們內心的失聯感（disconnection）卻達到史無前例的高峰。我們這一代是受苦的世代。諷刺的是，科技提供了那麼多途徑讓人們保持聯繫，卻反而削弱了人們在真實生活中建立有意義且真實的連結的能力。也許原因就在於，我們已經過度暴露在網路生活的半連結（semi-connection）狀態中。研究者一直在尋求更精確的解釋，檢視從遺傳學到改變生活的全球性事件（如流行病）等因素，當然也包括社群媒體。但我想在這裡提出我的「Z世代（Gen Z）理論」。

一切都要從我們對孤獨的知覺說起。與普遍的觀點相反，孤獨感並不罕見，也無須害怕。承認孤獨似乎是一種恥辱，我們認為那代表自己有問題。我們覺得如果告訴別人自己感到孤獨，人們會以為我們是交不到朋友的社會邊緣人、和我們在一起很無趣、我們不受大家歡迎。但我認為，有九九%的時候並非如此。**孤獨僅是一種對環境與經歷的情緒反應，表現出我們主觀地認為自己需要多少連結**。這種演化信號告訴我們，是時候重新連結了，但它並不是用來定義你的個性，或說明你是怎樣的人[1]。孤獨之所以感覺很深刻，是因為社會連結對我們的需求與生存而言十分重要，我們的身體想確保自己有建立連結感的自然驅力，一如我們會自然而然覺得需要進食與睡眠。

重複而持續的人類互動，是心理健康與幸福感的核心成分。但從更偏向演化的角度來看，人類不喜歡感到孤獨或孤立，是因為過去我們的生存仰賴彼此間的連結和歸屬感。身為一個團體的一分子能給我們安全感，讓我們能獲得食物、避風港、伴侶與保護。如果我們自立門戶或被團體孤立，長期而言生存的機會就大幅下降。孤獨是一種將我們拉回團體保護的神經機制。孤獨也許令人痛苦，但孤獨所引發的反應（重新與人類連結），仍遠比被飢餓的野獸殺掉或死在野外好得多，過去如果我們拒絕了社會團體，可能就會落入這種下場。

孤獨的真正涵義

我們可能都忽略了演化上的解釋，因而看不清孤獨真正的涵義，對孤獨的汙名避之唯恐不及。有時這種汙名是我們加諸於自己的，因為我們認為自己的生活並未達到二十幾歲應該擁有的精彩與充實。文化將這種裝模作樣的觀點浪漫化，灌輸給我們，要我們相信二十幾歲是「人生中最美好的時光」。如果二十幾歲是人生的黃金期，那我們就要盡力揮灑青春，否則之後豈不是就要走下坡了？因此，我們認為自己必須時刻被朋友圍繞，每個禮拜都要出遊、約會、持續社交、建立我們所信任的交友圈——這是我們遇見一生摯友的時期。我們以為孤獨是年長者的問題，不應該發生在二十幾歲的年輕人身上[2]。因此當我們的經歷不符期待時，便感覺自己一敗塗地，同時讓我們的孤獨感加劇，讓我們對此變得極為敏感。

有別於傳統觀念，二十幾歲未必是人生中製造回憶或建立關係最好的時期[3]。英國市調與數據分析公司YouGov在二〇二一年進行的一項調查顯示，在一萬三千五百五十七位美國成年受訪者中，多數人深信他們當前的年齡就是人生黃金期。唯一的例外是六十幾歲與七十幾歲，他們認為自己三十幾歲的時期比較美好。你之所以認為二十幾歲的階段最重要，其實是因為你正處於這個時期。但你大可放心，因為最美好的時光似乎尚未到來。

二十幾歲確實充滿人生中重要的轉折與經歷，有時這無可避免會帶來孤獨。心理分析師艾瑞克森認為，身分認同與孤獨會在這個時期彼此相爭。此時我們積極尋求穩定的關係，同時歷經數個改變人生、迫使我們孤立的經歷。我們從高中畢業，離開熟悉的生活環境，自行探索外面的世界。對多數人而言，這代表著與某些友情與關係自然而然地分道揚鑣。人生的前十八年大多都是「剪下貼上」，但突然之間，你二十三歲了。朋友之間有人已經論及婚嫁、有人還在讀書、有一半的人開始全職工作，還有人到秘魯去探索世界——你們分散各地，友情不再觸手可及。此外，隨著條件與環境改變，我們自身也逐漸改變。

二十一歲的我和現在的我完全不同，十八歲的我更是和現在相差十萬八千里。**因此，我們連結並感覺自己被看見的能力也改變了，在獲得新身分認同的時候尤其如此。**如果我們還不那麼認識自己，就更難讓別人深入了解我們。對多數人而言，二十幾歲是離家自立、脫離家庭（尤其是父母）影響的時期。起初我們會感覺自己有如脫韁野馬，終於擺脫了父母的監管而獨立（也許甚至遺憾這一刻來得太晚）。但家人的穩定支持依然能讓人感到十分欣慰，提供了我們身為人類所需的歸屬感。如果沒有家庭的後盾，我們可能會覺得情感上沒有著落。在這段時期，我們也許會歷經第一次分手，首次體驗到與某人的親密，大部分時間都與對方共度，然後幾乎就在一夜之間，那段關係消失無蹤。在那之後，我們才會回頭把因為愛情而忽略的友情找回來。

三十歲之前，還可能出現其他典型的事件與經歷，造成我們的社會隔離。進入職場時，我們建立並維持健全人脈所需的時間，往往會被工作與職責擠壓得所剩無幾。社交活動只能安排在早上九點前、下午五點後。我們根本沒剩下多少時間。人、事、物的輕重緩急有所改變，不僅是因為工作與職業，還因為主要的長期伴侶進入了人生。我們都明白看著朋友進入一段新關係是什麼感覺，很清楚自此之後，友情將成為次要。隨著一連串的事件與轉折，我們產生很深的孤獨感，有時甚至會感到困惑，不清楚自己是否只能無奈地接受社交生活會隨著年齡而逐漸沉寂，還是要繼續感覺生命中有所匱乏。

這種感受並不愉快，有時甚至令人感覺受傷。我相信如果恐懼孤獨、把這種經歷視為洪水猛獸，其實也會剝奪孤獨能帶給我們的許多益處。如果我們不學習獨處，因害怕孤獨而急著結識新朋友或輕易陷入情網，由此而來的壞處通常多於好處。因為這樣其實是讓感覺掌控我們、壓抑我們成長，而非接受孤獨是人類經歷的一部分。

孤獨有其可貴之處，因為它讓我們明白，即使我們把人際關係與舒適圈拋諸腦後，我們永遠還有自己，我們可以成為自己最好的朋友，儘管會帶來孤獨的副作用[4]。

另一個赤裸裸的真相是，某些時候，無論你多麼努力，仍不免感到孤獨。你的條件會改變，某些事會阻礙你的正常社交模式，或是你避免孤獨的門檻變得太高，連自己也無法滿足。不妨把孤獨視為對連結的渴求與實際連結之間的落差[5]。這表示我們對孤獨的容忍度是主觀的，是根據我們所渴求的互動程度。同時，我們可能也過於依賴他人來逃避那些負面感受。我們渴求的連結有可能超過一天中所能實際達到的程度，以至於即使身處群眾之中，我們仍感覺孤獨。即使最親愛的人就在身邊，我們也可能因為過度聚焦於避免孤獨，導致反而未能從與他人的關係中真正獲得滿足。

重視獨處

獨處很重要，尤其在二十幾歲的時期。獨處讓我們能實際享受與他人共度的時光、了解哪些關係最好留在過去、更深入了解自己，並變得更獨立，因為我們不再仰賴他人陪伴來做自己想做的事。獨處讓我們能真正深入思考自己是誰、想要什麼。我自己就親身經歷過獨處帶來的好處。

二十歲時，我曾心碎過一次，感覺天崩地裂，孤獨到我以為解決悲傷唯一的辦法就是完全獨處。我需要讓悲傷完全主宰我，才能度過難關。我必須與自己的情緒獨處，而非透過他人的陪伴來讓自己分心。說實話，我就是因為太依賴那個人（但也很焦慮朋友是否會因此拋棄我），所以想逼自己獨處，只為了證明即使一切分崩離析、即使我會變得比以往更孤獨，但我仍一切安好。

因此，我回到兒時的家鄉住了兩個月，每天都獨自去沙灘散步、健行、睡到自然醒。白天悶頭做陶藝，到了晚上就哭，拒絕打電話給任何人，因為我認為我必須自己處理好自己。那幾乎就像自我放逐。現在我會承認，這種做法絕對不是解答。我不贊同那種極端的獨處。

然而，在那期間，我經歷了只有在虛構的成長電影裡才看得見的飛躍式成長。我從未如此清楚地看見自己想要怎樣的未來。那讓我重拾對自身能力的信心，因為每天我都學著依靠自己、聆聽自己的直覺、處理自己的情緒。越來越多研究證實，獨處能提升人的生產力，孤獨能增進同理心，並使人感覺更獨立、更能減輕壓力。無論是主動還是非自願的獨處，在孤獨的時刻，我們往往看不見自己正以各種方式成長、看不出獨處何其可貴。**在這個連結比以往都還要緊密的世界，接受自己的孤獨是一種正常，甚至有益的經歷，是一種激進的舉動。**

這並不表示你必須持續受孤獨刺激，或等自己「撐過去」，那依然會讓人非常不舒服。不過，那也不代表你必須與孤獨為敵，只要你認知到孤獨很正常、終有一天會過去，並擁抱孤獨所給你的機會。如果你想擁抱孤獨，你必須在感到寂寞前獨處。**容忍孤獨是一種需要練習的技能，這樣一來，當那個非自願的時刻到來時，你會明白自己該怎麼做。**你無須驚慌。請在一週中找出時間獨處，比如說自己去看電影、自己去一間新咖啡廳，或是獨自旅行一整天。隨著這些經歷，你會逐漸調整並訓練自己接受孤獨是現實的一部分。如此一來，負面的情緒副作用就會越來越少出現。

另一種擁抱孤獨的方式是，承認孤獨是因為未獲滿足的需求而產生的自然反應，而那種需求未必有社交性的起源。有時孤獨是因為沒有感覺到與自己的連結，即使大量社交也無法恢復你與自己的關係，而這對你來說是最關鍵的。人們的本能是用社交活動填滿行程，以將孤獨降至最低。但一天或一週結束之際，你仍會發現自己回到原地，同樣感覺孤獨、失落，懷疑為何接連不斷的社交仍無法減輕你的孤獨。

如果可以，不妨每週找一天好好為自己充電。首先是感受與自己的連結，其次是與朋友相聚時，要充分展現真實的自我，而非平白消耗社交能量。如那句老話所說：「重質不重量」，你的社交互動也應如此。請安排自己和真正喜歡的朋友聚會，而非盡力填滿無關緊要的行程。

最後，請探索自己的「祕密花園」。這是指唯有自己喜歡的私密活動，別人得知後可能會很驚訝，但這些事能給予我們深刻的啟發。我們把自己的這一面鎖在心門後，因為它非常珍貴。那些是別人不在場時我們才會做的事。也許是極其古怪的嗜好，例如觀察人群或欣賞老人家手牽著手。也許是你的創意、你在腦海裡創作的小曲子、有趣的夢、你深藏的愛意、你對動物的關懷、你在手機裡的備忘錄上寫下的詩、你全心全意追求的目標、你的靈性、你不凡的音樂品味、你深藏不露的特殊才能。這些都無須外人肯定，但與身邊的人感覺疏離時，你卻能從這些事中找到平靜。在這祕密花園裡，我們不受孤獨侵襲。

重要的是在這裡暫停片刻，承認孤獨並非自願的選擇。上述有些例子是為了因應未來無可避免的孤獨，而非自己此刻的經歷。但人人都可能感覺孤獨，此刻許多人正處於這個深淵。孤獨是人類生存的普世真相之一，無須羞愧或逃離。你擁有隨時與他人恢復連結的必要工具與關係。如果你無力抵抗孤獨來襲，我想提出以下四則重要的箴言，協助你度過難關：

> 我還未遇見所有愛我的人。人生很長，未來還有美好的人與關係等著我，只是目前還無法預見。我會引頸期盼與這些人相遇。
>
> 我從不孤單。我的大腦讓我相信我很孤獨，這只是一種生存機制。即使現在還看不見，但愛我的人將會出現。

世事無常。孤獨的感覺也是如此，就像人生中的起起伏伏，一切終將過去。
孤獨是我的朋友。我會趁機加強對自己的認識，了解自己想要什麼、重視什麼。

第二十一章 讓我們開誠布公地聊聊心理健康這件事

迄今我們談了很多二十幾歲的年輕人所面臨的挑戰，但有個主題我們僅搔到皮毛，那就是心理健康。把這個主題擺在最後一章來談，其實有些諷刺，因為對許多人來說，心理健康問題在這段時期占據了生活的核心，可能是籠罩我們日日夜夜的烏雲、突如其來的焦慮，讓我們想待在床上，卻不得不起身前進，儘管世界已失去色彩與樂趣。也可能是我們無法掌控的思維與衝動、似乎只是稍微困難一點的里程碑與目標。那條無形的線，把許多人的經歷綁在一起。我們也感到不可思議地孤獨。心裡生病時，我們很難與他人分享，因為那是獨一無二的個人經歷，有時也難以言喻。

我們要如何解釋這些看不見、摸不著、無法言說的事物？我們要如何讓他人理解這種如同人類一般複雜而獨特的經歷，才能獲得自己需要的同理心與支持？我們的經歷很難被看見，即使人們真的看見了，也會讓他們不自在。這表示我們面臨著兩難：要因為永遠無法獲得所需的支持而假裝自己沒事，還是坦白說出自己的健康問題，但從此承受汙名？我很了解這種掙扎。

我十四歲時第一次恐慌發作（panic attack）。表面上，那是關於死亡及無可逃避的感受，但更深入來看，其實是對未來缺乏掌控所引發的焦慮。自從第一次發作以來，那些情緒從未完全消失。它們不僅是對內在憂慮的反應，我的朋友、學業、身體和家庭也是引起恐慌的因素。我有可能連續幾個月感覺完全穩定，卻在某個週一傍晚在火車上突然崩潰。

十九歲時，我的焦慮加上了憂鬱。臨床研究告訴我們，這是一種典型的結合，是心理健康界的一對難兄難弟[1]。二十幾歲以來，每當我遇到人生低谷，就會持續列出一連串可以期待的事物，以免自己鑽牛角尖。人生感覺很沉重，會讓我連續數日無法從床上起身；即使起身，也只是為了吃冷凍食品。我擔心自己不該生孩子，因為產後憂鬱症（postpartum depression）可能會讓我支離破碎，也許會活不下去。我也擔心永遠找不到愛我的人，因為難過的日子可能會比開心的日子還要多。我很少談起這件事，但最糟糕的時候，男友曾送我入院，打電話請我父母從其他州來照顧我。最後醫院開了鎮靜劑給我就讓我出院，並給了我一支電話號碼，以防事情重演。此後情況並未再次落入那種境地，但任何有心理疾病的人都會告訴你，那種感覺就像有個時鐘在倒數，滴答滴答，直到症狀再度出現。生活因而染上了讓人不安、困擾的異樣色彩。

某種程度上，社會對這個主題的討論已有長足進展。但寫下自己的經歷時，我仍會想到身為讀者的你會如何看待我。在你心裡，現在我是否已成了不可靠的敘事者，脆弱、不那麼值得信賴？我是否讓自己難堪，或是讓你不自在了呢？那種內化的汙名仍可見於各種敘事。我們或許能大方承認自己的心理疾病、它所帶來的影響，並與伴侶討論，但我們仍缺少一些對話，以致世人對此仍缺乏理解。以下是我希望自己以前能進行的對話，以提供資訊與認可，以及最重要的：「希望」。

對話一：心理健康沒有「放諸四海皆準」的標準

世界上約有一三%的人口有心理健康問題[2]。有鑑於在某些偏見較深、汙名化情形較嚴重，或是健保體系與心理健康服務發展尚未完善的國家，求醫人數可能偏低，所以這數字也許還更高。無論如何，一三%是個龐大的數字，構成了社會一大部分的人口。既然如此，心理疾病不是應該更容易被看見嗎？我們在路上遇到的人，每八個就有一個罹患心理疾病，為什麼會看不出來？這是因為社會告訴我們，心理疾病患者似乎有某個特定的樣子，但其實每個人展現的樣貌各不相同，一如每個人的個性、價值觀、興趣或偏好。

電影、媒體、新聞等通常將具有心理健康問題的人，描寫成以下兩種刻板印象：**暴力型**

或悲傷型，但這類描寫往往缺乏深度。暴力型是我們常在新聞裡看見的類型，這類人的心理已經完全失控，無法掌控自己的衝動、完全脫離現實，因而對他人暴力相向。有太多文章與新聞報導把心理狀況欠佳的人描寫成這種樣子，但事實上，有嚴重心理健康問題的人，與其說是暴力加害者，更可能是受害者[3]。接受支援與心理治療的人，往往不比社群內的其他人更暴力，但這類描寫把心理疾病視為洪水猛獸。

相對於暴力型，另一種刻板印象是悲傷型。我們常在電影和電視裡看到這種類型，他們被描述為行動遲緩、孤立、無法在社會中運作。這種敘事也同樣危險，因為視角同樣狹隘。將心理疾病患者描述成無助、無法活出充實人生的人，會助長人們對心理疾病的迷思，也就是認為它會讓人生變得乏味且不快樂。在此重申，事實並非如此。患有心理疾病的人仍持續任公職、創業、成家、創作美好的藝術品、過著美好的生活、形成社群並生氣蓬勃。

多數人並不認為自己符合上述兩種刻板印象，就算可以勉強套用，那種觀點也流於簡化、偏頗。每個人的經歷都不同，會基於不同的症狀產生不同的現實，也擁有不同的個性、支持網絡與成長背景，人生旅程也因人而異。如果採用放諸四海皆準的典型，就代表許多獨特、不符合刻板印象的心理疾病患者，會被排除在外。這導致制度與社會看不見他們，因為只要他們沒有表現出某個特定的樣子，就一定是「裝出來的」。而汙名正是由此而來：將心理狀況欠佳描述成危險、目無法紀、喪失功能，因而是可恥的。

《精神疾病診斷與統計手冊》（*Diagnostic and Statistical Manual of Mental Disorders*，DSM）是心理健康的終極指南，列出了三百多種不同的心理健康狀況，包括焦慮、憂鬱等情感疾患（mood disorder），以及精神病疾患（psychotic disorder）、神經發展疾患（neurodevelopmental disorder）等。這表示，並非所有狀況都能歸類為暴力型或悲傷型。就算可歸為這兩類，其中也包含數千種人們可能符合或不符合的標準，每種標準都形成一個獨特的樣貌，而那些標準本身也不是非常具體精確。對於嚴重憂鬱症，DSM的標準是「對一切或幾乎一切日常活動的興趣或樂趣顯著降低，幾乎每天如此」，又稱失樂症（anhedonia）。有些人表現出來的可能是社會退縮，想整天待在家；有些人可能不再有動力享受嗜好，但仍會想與朋友碰面；有些人則可能保持嗜好，但對假期、外出吃美食、慶祝、達到重大里程碑等經歷完全無感。或者，你也可能完全沒有上述情形，但感到無止境的疲乏與空虛。

你的經歷無須滿足別人對心理健康不佳者的想像。心理疾病不是用來表現的，無須迎合他人期待。即使你「看起來」不像是憂鬱症、焦慮症、心理疾病患者，沒有那種肩頭千斤重的樣子，也不代表那不是你實際經歷的日常生活。

對話二：你的現實不同，不代表你壞掉了

你的現實與他人不同，不代表你是「壞掉」或「破損」的人。有時我們所經歷的難關讓我們相信自己天生就難以獲得他人的愛，畢竟誰會想承擔我們自己都難以承受的「負荷」呢？那種負荷讓我們對世界與自己的觀點有別於他人，甚至有時更為嚴厲。那種負荷讓我們並不「正常」，如果所謂的「正常」真實存在的話。這是我們的心理健康狀況要我們相信的最大謬誤之一，而這類謬誤是受社會殘存偏見的影響，讓情緒與心理痛苦或差異長期以來被過度病理化、罪行化。

我一次又一次發現，內心抗爭不斷的人，往往也比大多數人更具同情心、更真誠、更有愛心、更寬容、更有感情——這些特點讓他們成為絕佳的伴侶、朋友、同伴、孩子。數百年來，人們皆知心理疾病與創造力息息相關[4]。某些類型的神經多樣性（neurodivergence）能帶來不可思議的能力，甚至讓有些在數學、記憶或語言等特定領域擁有非凡才華的人，贏得「能人」（savant）的稱號。我們有絕佳的韌性與自我覺察，懂得自省；我們持續透過自身的生活經驗與彼此及他人形成社群。我們懂得改變態度，促成更開放的對話。

這並不是在說，心理健康狀況會帶來某種「福利」或「益處」，而是指如果人們只因為你的現實感受不同而不接納你，那他們才是因為封閉而有所損失的人。**你的心理健康狀況和**

你不能劃上等號。你是更錯綜複雜的人，值得他人愛你，而這包括你的心理健康及一切，你無須將之排除。要捨棄「壞掉、破損」觀念的另一個理由是，這種觀念暗示著你必須被「矯正」。**但你需要的不是拯救，而是支持**。永遠都有人將心理健康問題渲染成某種樣子，或是把自己投射於我們的經歷，透過我們活出他們心目中的理想自我。換句話說，他們想成為「救世主」。

在心理學中，「救世主情結」（savior complex）是指有些人強烈希望他人向自己求助，讓他們可以感覺自己是好人。他們想要「矯正」或「拯救」你。如果更深入檢視他們的動機，就會發現你對他們的需要，反而讓他們獲益，他們暗地裡其實更希望你就此陷入黑暗之中，他們才能繼續扮演救世主。這些人本身未必能意識到這一點，但如果你們的關係是建立於這種救世主情結，雙方都自行安排好了角色，那你就很難學會以其他方式因應並處理問題，因為那將表示你不再那麼需要對方。如此一來，他們能從你身上獲得的也就變少了。

心理疾病不會讓你成為壞掉或破損的人，這種觀點暗示著你一度是完整的，只是出了問題，或者彷彿你一出生便缺少了某個要件。如果我們能停止使用這類詞彙，就能不再感覺自己是某種需要他人來矯正的重擔。我們只不過是經歷著不同現實的個體，但在社會中同樣享有合法的一席之地，也對社會有所貢獻。

對話三：事情不會永遠不變

當你掙扎於自己的心理健康問題時，如果有人對你說「你會好起來的」，反而會讓你深感困擾。你可能明白確實是這樣，但明白這點並不會帶來人們以為能帶來的安慰。當我們只是想活下去，又該怎麼專注於「好起來」這件事？「好起來」是給有能量與資源去規劃未來的人。不過，在此我要以過來人的身分告訴你，事情也許不會立即好轉，但人生能給你的唯一承諾就是改變。壞事依舊會發生，但也會有變成好事的時候。

在我最低潮的時候，最可怕也最關乎生存的念頭是，我可能一輩子都會這樣。我還記得我媽曾告訴我：「問題不會這麼輕易消失，它永遠都會是你人生的一部分，所以你必須設法因應。」她說得沒錯，當時我就明白了，但這還不是事情的全部。與心理健康問題搏鬥就像衝浪，有時你處在一種心流中，面對事情全憑反射，根本無須多想；有時你則會從衝浪板上摔進湍急的水裡，因為沒有更好的說法，我會說那種感覺就像溺水。隨著你的因應技巧變強，你學會預先制止某些場面發生、對生活做出一些調整、更能掌握事態、更了解你希望親友為你做什麼、更能找到正確的治療師或人，你的人生衝浪技巧也會隨之增強。你會成為箇中高手。當然，有時仍會出現一下子就把你打進海裡的大浪，但你的經驗會讓你知道，最終你還是能回到衝浪板上。

令人欣慰的是，即使有著嚴重的心理疾病，隨著年齡漸長，症狀也會變得比較輕微。老化似乎是一種強力解藥，與改善心理健康有關[5]。從這方面來說，生理與認知功能下降，似乎反而是一件可以期待的事。但目前正值二十幾歲的我們正處於戰壕之中，每件與人生和成年經歷有關的事，對我們來說都很新鮮，包括隨之而來的心理困擾與低潮。請善待自己——這一切都不是你的選擇。你並非自願患上心理疾病，你無法選擇要接受哪種現實或大腦如何運作，因此你沒有理由為事情的發展或人生的變化而責怪自己。

你必須堅守人生中美好、真實且能夠掌控的部分，以及未來會帶來的一切。請你明白，前進的道路始終都在——對我而言是如此，對在你之前打過同一場仗並存活下來的數百萬人來說，也是如此。你人生中許多精彩的部分還未到來，要到你三十歲、四十歲，甚至八十歲以後才會出現。我希望你能見證那些事，在回顧二十幾歲期間所有的教誨、難關和韌性時，能夠明白你就是始終陪著自己度過一切的支柱。

沒有人能定義心理健康「應該」是什麼樣子。儘管你的經歷不符合人們的想像，依然是合理而正當的。

心理疾病並不會讓你「壞掉」或「破損」。你無須被矯正或拯救，也不必躲起來。

對的人會留在你身邊。最好的人會現身在你面前。

你的故事尚未完結。在勝利與喜悅之中也會有艱難的時刻，而你會以韌性來因應。

請為未來的自己堅持下去，他會帶著清晰的洞見與理解回顧這一切。

結語

自始至終，你都走在成長的路上

二十幾歲是人生中重要的階段，但不是一切。如果你誤以為這段時光就是全部，從這本書的主旨來看，也是情有可原。但如果要說二十幾歲的你在「人生中最美好的時光」承受了很大的壓力，那你必須明白，人生還長，你還有幾十年要過。到了三十歲，你仍然很年輕，還有漫長的人生等在你面前，到了四十歲也是如此。並非所有事都必須現在決定，你不需要現在就提出所有答案，而且很可能你永遠不會有答案。再說，如果你凡事都胸有成竹，那人生豈不是很無趣？如果二十幾歲的我們就已經知道接下來五十年會怎麼過，那人生中所有興奮感都會被剝奪。如果我們知道自己最後會和誰在一起、會遇見哪些朋友、工作會如何、會住在哪裡、會賺多少錢……那人生還有什麼樂趣可言？現在就可以收拾收拾回家了。事實上，所有的混亂與紛擾必定會讓你不舒服，但還是好過可預測而了無生趣的人生，所以請挺身面對一切。面對自己的失落，面對所有心碎、孤立、職涯焦慮，因為雖然現在感到彆扭而艱難，但最後你對這段時期的回憶將是美好的。你會發現，某些絕佳的回憶與教誨，正是奠基於這片混亂。

還有一件希望你記住的事，那就是「別把自己看得太重要」。聽起來好像很偽善，但人確實有自我意識過強的傾向，也因此失去了許多人生樂趣。我發現自己以前就是如此，習慣用一條看不見的線來連接所有經歷、用過去來解釋今日，或是尋找「治癒」自己、獲得快樂的終極療法。以下是我的心得。

首先，自我意識過剩讓我苦不堪言。其次，不是每件事都有答案、科學解釋或解決之道。有時事情就是發生了，沒有什麼規律或理由，你試著賦予它們意義，只會讓自己筋疲力竭。請讓自己休息片刻，不要鑽牛角尖，暫且不要尋求自救的建議，而是全心感受人生。我們為人生最大的問題尋找緣由或解決之道時，往往反而無法體會生而為人的意義，無法感受、支持、接觸、體驗今生。親身感受有時正是最強力的解藥，也是你在釐清答案時能給自己最大的禮物。

最後，雖然聽起來可能有點刺耳，但你二十幾歲時的經歷並不獨特。你與他人的曖昧關係、你的青年危機、你的孤單寂寞、你的生涯困擾，都不是獨一無二的。世上某個地方總有人正和你經歷著一模一樣的事。我發現，當你知道在越南、肯亞、愛爾蘭或紐西蘭，也有另一個二十五歲的年輕人正擔心自己工作不保、看著父母年事漸高、感覺自己朋友不夠多，其實會獲得一種安慰，而我們都走過來了。你和這些人都在同一艘船上，經歷著同樣的情緒亂流。

因此，闔上這本書以前，我希望你能獲得慰藉。無論是青年危機、身分認同、戀愛、友情、職涯、財務還是過往的經歷，你終究會找到出路。**你會存活下來。有一天，你會想通每件事的意義**。你所面對的掙扎不是失敗的跡象，而是代表你的成長。感到質疑和有所把握的時刻都同樣重要，而你的旅程還遠遠沒有結束。請擁抱未知與不安，並相信一切終將塵埃落定——因為你，始終走在成長的路上。

致謝

謝辭永遠是一本書中我最喜歡的部分，因為讓人感覺很親密。但寫下自己的謝辭，卻讓我感覺很不真實。開始撰寫這本書時，我彷彿置身夢中。一部分的我忘了這本書終將出版，因為寫書這件事，是我從小的人生目標。當它實現時，感覺格外奇妙，尤其這本書對我而言又是如此重要。最近我翻閱小時候的日誌，發現九歲時，我就將成為作家視為人生中的首要目標。

首先，我要感謝我的podcast《你的二十幾歲心理學》的聽眾，是你們讓這本書成為可能。透過我們的共同經歷，我感覺自己與你們每個人心連心，讓我明白在世界上某個地方，有人正一面聽我說話，一面想著：「原來我不孤單。」儘管聽起來很老套，但你們改變了我的人生，我對這個社群中和善、體貼、睿智的人們，懷有滿心的感激。

還要感謝我的經紀人雪爾碧・申克曼（Shelby Schenkman），但願每個podcast主持人或創作者都能找到他們自己的雪爾碧。她把最微小的夢想化為最宏大的計畫，比你所能想像的更偉大。我衷心感激她發現了我。我也想謝謝聯合人才經紀公司（United Talent Agency）的喬安娜・歐爾蘭（Joanna Orland），感謝她的支持與喜悅。

此外，我要感謝我的文學經紀人丹・米拉休斯基（Dan Milaschewski），他始終要我保有身為新進作家的信心，一路上表達了諸多熱忱與鼓勵。我很期待在紐約隨時與你相見。

我也要謝謝諾爾斯集團（Nous Group）的許多同事，感謝你們不僅包容我，也協助我在全職工作、podcast與本書之間取得平衡。你們的耐心與鼓勵是這段旅程中重要的一環。

我還要感謝羅代爾圖書公司（Rodale Books）的編輯瑪爾妮・柯克蘭（Marnie Cochran）與凱薩琳・里克（Katherine Leak）。沒有你們的信任、強化、專業與可貴的貢獻，本書無法完成。感謝你們總是能設法應對我們之間極大的時差，希望本書的出版，代表深夜與清晨的視訊會議能暫時減少。

我也要感謝我的母親。謝謝妳在我們小時候帶我們聽《美國生活》（*This American Life*）和其他podcast。儘管我走的路並非最有保障的選項，也謝謝妳支持我所有選擇。妳是我的英雄。還有我父親。我想你是世上最懂我的人。我很高興我們之間可以公開談論彼此的掙扎與感受。謝謝你讓我感覺自己被看見。另外是我的妹妹艾麗（Ellie）與漢娜（Hannah），謝謝妳們讓我成為大姐，我等不及要和妳們一起變老。

還要感謝我的貓熊與克莉絲小姐（Missy Chrissy），你們不僅是我的祖父母，也是我親愛的朋友（當然也是很了不起的祖父母）。謝謝你們烤的麵包、傳統與溫暖的回憶。

另外要感謝我的外婆瓦爾（Val），感謝妳創造出那些奇妙無比的時刻，給予我們這群孩子一個溫暖的家。還有已經過世的外公，你養大了一群古靈精怪、深愛彼此超過一切的靈魂。我知道你一定會為我們感到驕傲，我們想念你。

還有我的伴侶湯姆（Tom），你始終保持耐心與智慧，還時常逗我笑。你教會我何謂真愛。遇見你，我真的很幸運。

最後，我想說的是，我與湯姆的朋友們，正是最能定義二十幾歲這個階段的人，我從經驗中學到了這點。凱特（Kate），謝謝妳與我共享對世界的焦慮，也謝謝妳陪我胡鬧。梅格（Meg），謝謝妳成為我的知音，妳是我多年的人生中真正的磐石。傑克（Jack），謝謝你傾聽我每個大大小小的點子，總是鼓勵我勇於實踐。我也要感謝親愛的艾琳（Erin）、史蒂夫（Steph）、莎拉（Sarah）、葛蕾西（Gracie）、柔伊（Zoe）、EJ、艾莉卡（Erika）和許多其他朋友，你們始終鼓勵我，允許我在寫書期間推掉許多約會、電話和餐敘。感謝辦公室夥伴艾力克斯（Alex）和莎莉（Sally）的支持，我信任你們的金玉良言。

對我來說，本書像是一份歷史文件，日後當我的孩子長成二十幾歲的年輕人，我將回來這裡，回顧那些已經遺忘的感受。感謝各位的閱讀。

註釋

第一篇

第一章

1. Grupe, D. W., & Nitschke, J. B. (2013). Uncertainty and Anticipation in Anxiety: An Integrated Neurobiological and Psychological Perspective. *Nature Reviews Neuroscience*, 14(7), 488-501.
2. 亞伯拉罕・馬斯洛（Abraham Maslow），《動機與人格：馬斯洛的心理學講堂》（*Motivation and Personality*），商周出版，二〇二〇年五月九日。
3. Kim, E. S., Shiba, K., Boehm, J. K., & Kubzansky, L. D. (2020). Sense of Purpose in Life and Five Health Behaviors in Older Adults. *Preventive Medicine*, 139, 106172.

第二章

1. The Olympic Snowboarder Lindsey Jacobellis: Pinelli, B. (March 21, 2024). Olympic Snowboardcross Champion Lindsey Jacobellis Shows No Sign of Slowing Down. Team USA. teamusa.com/news/2024/march/21/olympic-snowboardcross-champion-lindsey-jacobellis-shows-no-sign-of-slowing-down.
2. Dunbar, R., Duncan, N., & Marriott, A. (1997). Human Conversational Behavior. *Human Nature*, 8(3), 231-246.
3. Aczel, B., Palfi, B., & Kekecs, Z. (2015). What Is Stupid? People's Conception of Unintelligent Behavior. *Intelligence*, 53, 51-58.

4. Gaze, E. C. (October 3, 2023). The Dunning-Kruger Effect Isn't What You Think It Is. *Scientific American*.
5. Bennett, J. (June 24, 2017). On Campus, Failure Is on the Syllabus. *The New York Times*. nytimes.com/2017/06/24/fashion/fear-of-failure.html.

第三章

1. Adolphs, R. (2013). The Biology of Fear. *Current Biology*, 23(2).
2. Durlauf, S., & Blume, L. (2008). Risk Aversion. In *The New Palgrave Dictionary of Economics*. Palgrave Macmillan.
3. Eisenberg, A. E., Baron, J., & Seligman, M. E. P. (1998). Individual Differences in Risk Aversion and Anxiety. University of Pennsylvania. sas.upenn.edu/~baron/papers.htm/amyold.html.
4. School of Life (March 13, 2024). On Bounded and Unbounded Tasks. theschooloflife.com/article/on-bounded-and-unbounded-tasks/.

第四章

1. 希薇亞・普拉絲（Sylvia Plath），《鐘形罩》（*The Bell Jar*），好讀出版，二〇二三年十一月十二日。
2. Iyengar, S. S., & Lepper, M. R. (2000). When Choice Is Demotivating: Can One Desire Too Much of a Good Thing? *Journal of Personality and Social Psychology,* 79(6), 995-1006.
3. Roese, N. J., & Summerville, A. (2005). What We Regret Most... And Why. *Personality and Social Psychology Bulletin,* 31(9), 1273-1285.
4. University of Queensland (2023). How Many Career Changes in a Lifetime? study.uq.edu.au/stories/how-many-career-changes-lifetime.
5. Ramachandran, V. S., Vajanaphanich, M., & Chunharas, C. (2016). Calendars in the Brain: Their Perceptual Characteristics and Possible Neural Substrate. *Neurocase,* 22(5), 461-465.

第五章

1. Cartwright, T., Hulbert-Williams, L., Evans, G., & Hulbert-Williams, N. (2023). Measuring Authentic Living from Internal and External Perspectives: A Novel Measure of Self-Authenticity. *Social Sciences & Humanities Open,* 8(1), 100698.
2. Winnicott, D. W. (1960). Ego Distortion in Terms of the True and False Self. In *The Maturational Process and the Facilitating Environment* (pp. 140-152). International Universities Press.
3. Gilovich, T., Medvec, V. H., & Savitsky, K. (2000). The Spotlight Effect in Social Judgment: An Egocentric Bias in Estimates of the Salience of One's Own Actions and Appearance. *Journal of Personality and Social Psychology,* 78(2), 211-222.
4. Carr, B. (April 11, 2013). Live Your Core Values: 10-Minute Exercise to Increase Your Success. TapRooT Root Cause Analysis. taproot.com/live-your-core-values-exercise-to-increase-your-success/.
5. Gold, J., & Ciorciari, J. (2020). A Review on the Role of the Neuroscience of Flow States in the Modern World. *Behavioral Sciences,* 10(9), 137.
6. Csikszentmihalyi, M. (2008). Flow, the Secret to Happiness. TED Talk. ted.com/talks/mihaly_csikszentmihalyi_flow_the_secret_to_happiness.

第二篇

第六章

1. Nahman, H. (March 30, 2022). Why Are We Obsessed with Symmetrical Faces? An Investigation. *The Guardian*. theguardian.com/lifeandstyle/2022/mar/30/symmetry-filters-tiktok-symmetrical-faces-beauty.
2. Feinberg, D. R., Jones, B. C., Little, A. C., Burt, D. M., & Perrett, D. I. (2005). Manipulations of Fundamental and Formant Frequencies Influence the Attractiveness of Human Male Voices. *Animal Behavior,* 69(3), 561-568.

3. Strachey, J., Freud, A., Strachey, A., & Tyson, A. (1961). The Dissolution of the Oedipus Complex. In *The Standard Edition of the Complete Psychological Works of Sigmund Freud* (pp. 173-179). Hogarth Press.
4. Khan, M., & Haider, K. (2015). Girls' First Love: Their Fathers. Freudian Theory Electra Complex. *Research Journal of Language, Literature and Humanities,* 2(11), 1-4.
5. Gordon, A. (March 27, 2022). The Role of Familiarity in Attraction. *Psychology Today*. psychologytoday.com/au/blog/between-you-and-me/202203/the-role-familiarity-in-attraction.
6. Goddard, N. (2012). Social Psychology. In *Core Psychiatry* (pp. 63-82). Saunders Elsevier.
7. Faur, S., & Laursen, B. (2022). Classroom Seat Proximity Predicts Friendship Formation. *Frontiers in Psychology*, 13.
8. Anton, C. E., & Lawrence, C. (2014). Home Is Where the Heart Is: The Effect of Place of Residence on Place Attachment and Community Participation. *Journal of Environmental Psychology,* 40, 451-461.
9. Philipp-Muller, A., Wallace, L. E., Sawicki, V., Patton, K. M., & Wegener, D. T. (2020). Understanding When Similarity-Induced Affective Attraction Predicts Willingness to Affiliate: An Attitude Strength Perspective. *Frontiers in Psychology*, 11.
10. Hillman, J. G., Fowlie, D. I., & MacDonald, T. K. (2022). Social Verification Theory: A New Way to Conceptualize Validation, Dissonance, and Belonging. *Personality and Social Psychology Review,* 27(3), 309-331.
11. Stevens, G., Owens, D., & Schaefer, E. C. (1990). Education and Attractiveness in Marriage Choices. *Social Psychology Quarterly,* 53(1), 62-70; Kent. M (2015). Most Americans Marry Within Their Race. Population Reference Bureau. prb.org/resources/most -americans-marry-within-their-race/; Van der Wal, R. C., Litzellachner, L. F., Karremans, J. C., Buiter, N., Breukel, J., & Maio, G. R. (2023). Values in Romantic Relationships. *Personality and Social Psychology Bulletin,* 50(7), 1066-1079.
12. Ingram, P., & Morris, M. W. (2007). Do People Mix at Mixers? Structure, Homophily, and the "Life of the Party." *Administrative Science Quarterly,* 52(4), 558-585.

13. Hall, J. A. (2018). How Many Hours Does It Take to Make a Friend? *Journal of Social and Personal Relationships,* 36(4), 1278-1296.

14. Grover, N. (July 12, 2021). Two-Thirds of Couples Start Out as Friends, Research Finds. *The Guardian*. Theguardian.com/lifeandstyle/2021/jul/12/two-thirds-of-couples-start-out-as-friends-research-finds.

15. Vinas, A., Blanco, F., & Matute, H. (2023). Scarcity Affects Cognitive Biases: The Case of the Illusion of Causality. *Acta Psychologica*, 239, 104007.

16. Earp, B. D., Wudarczyk, O. A., Foddy, B., & Savulescu, J. (2017). Addicted to Love: What Is Love Addiction and When Should It Be Treated? *Philosophy, Psychiatry, & Psychology,* 24(1), 77-92.

17. Sternberg, R. J. (2007). Triangulating Love. In Oord, T. J. (ed.), *The Altruism Reader: Selections from Writings on Love, Religion, and Science* (p. 332). Templeton Foundation.

第七章

1. Mickelson, K. D., Kessler, R. C., & Shaver, P. R. (1997). Adult Attachment in a Nationally Representative Sample. *Journal of Personality and Social Psychology,* 73(5), 1092-1106.

2. Bretherton, I. (1992). The Origins of Attachment Theory: John Bowlby and Mary Ainsworth. *Developmental Psychology,* 28(5), 759-775.

3. Ainsworth, M. D. S., Blehar, M. C., Waters, E., & Wall, S. N. (2015 [1978]). *Patterns of Attachment: A Psychological Study of the Strange Situation*. Routledge.

4. Hazan, C., & Shaver, P. (1987). Romantic Love Conceptualized as an Attachment Process. *Journal of Personality and Social Psychology,* 52(3), 511-524.

5. Simpson, J. A., & Rholes, W. S. (2017). Adult Attachment, Stress, and Romantic Relationships. *Current Opinion in Psychology,* 13, 19-24.

6. Bowlby, J. (2001). Forty-Four Juvenile Thieves: Their Characters and Home-Life. In *The Mark of Cain* (pp. 155-162). Routledge.
7. Andriopoulou, P. (2021). Healing Attachment Trauma in Adult Psychotherapy: The Role of Limited Reparenting. *European Journal of Psychotherapy & Counselling,* 23(4), 468-482.
8. Kansky, J., & Allen, J. P. (2018). Long-Term Risks and Possible Benefits Associated with Late Adolescent Romantic Relationship Quality. Journal of Youth and Adolescence, 47(7), 1531-1544; Moore, S., & Leung, C. (2002). Young People's Romantic Attachment Styles and Their Associations with Well-Being. *Journal of Adolescence,* 25(2), 243-255.
9. Schacter, D. L., & Thakral, P. P. (2024). Constructive Memory and Conscious Experience. *Journal of Cognitive Neuroscience,* 36(8), 1567-1577.
10. Rubin, K. H., Dwyer, K. M., Booth-LaForce, C., Kim, A. H., Burgess, K. B., & Rose-Krasnor, L. (2004). Attachment, Friendship, and Psychosocial Functioning in Early Adolescence. *Journal of Early Adolescence,* 24(4), 326-356.
11. Main, M., & Solomon, J. (1986). Discovery of a New, Insecure-Disorganized/ Disoriented Attachment Pattern. *Affective Development in Infancy,* 18(1), 32-46.

第八章

1. Darling Montero, M. (December 7, 2017). Is History Repeating Itself in Your Relationships? *HuffPost*. huffpost.com / entry/is-history-repeating-itse_b_672518.
2. Bibring, E. (1943). The Conception of the Repetition Compulsion. *Psychoanalytic Quarterly,* 12(4): 486-519.
3. Bibring, Conception of the Repetition Compulsion.
4. Cooke, S. F. (2006). Plasticity in the Human Central Nervous System. *Brain,* 129(7), 1659-1673.
5. Firestone, R., & Catlett, J. (1985). *The Fantasy Bond: Structure of Psychological Defenses*. Human Sciences Press.
6. Felmlee, D. H. (1995). Fatal Attractions: Affection and Disaffection in Intimate Relationships. *Journal of Social and*

Personal Relationships, 12(2), 295-311.

第九章

1. Stavrova, O. (2019). Having a Happy Spouse Is Associated with Lowered Risk of Mortality. *Psychological Science,* 30(5), 798-803.
2. Klein, J. (December 13, 2022). “Single Shaming”: Why People Jump to Judge the Un-Partnered. *BBC News*. bbc.com/worklife/article/20220405-single-shaming-why-people-jump-to-judge-the-un-partnered.
3. Bem, S. L. (1981). Gender Schema Theory: A Cognitive Account of Sex Typing. *Psychological Review,* 88(4), 354-364.
4. Patrick, W. (February 28, 2021). Why So Many Single Women Without Children Are Happy. *Psychology Today*. psychologytoday.com/au/blog/why-bad-looks-good/202102/why-so-many-single-women-without-children-are-happy.
5. Apostolou, M.; O, J.; & Esposito, G. (2020). Singles’ Reasons for Being Single: Empirical Evidence from an Evolutionary Perspective. *Frontiers in Psychology*, 11.
6. 蓋瑞・巧門（Gary Chapman），《愛之語：永遠相愛的秘訣》（*The 5 Love Languages*），中國主日學協會，二〇二三年六月二日。
7. Grady, C. (February 14, 2024). What the 5 Love Languages Get Right, and What They Get Very Wrong. *Vox*. vox.com/culture/24067506/5-love-languages-gary-chapman.
8. Dreisoerner, A., Junker, N. M., Schlotz, W., Heimrich, J., Bloemeke, S., Ditzen, B., & van Dick, R. (2021). Self-Soothing Touch and Being Hugged Reduce Cortisol Responses to Stress: A Randomized Controlled Trial on Stress, Physical Touch, and Social Identity. *Comprehensive Psychoneuroendocrinology*, 8, 100091.

第十章

1. Blasco-Belled, A., Zyskowska, E., Terebu, M., W odarska, K. A., & Rogoza, R. (2021). Sociosexual Orientations and

Well-Being: Differences Across Gender. *International Journal of Sexual Health,* 34(2), 254-266.

2. Spielmann, S. S., MacDonald, G., Maxwell, J. A., Joel, S., Peragine, D., Muise, A., & Impett, E. A. (2013). Settling for Less Out of Fear of Being Single. *Journal of Personality and Social Psychology,* 105(6), 1049-1073.
3. Salmon, G., James, A., & Smith, D. M. (1998). Bullying in Schools: Self-Reported Anxiety, Depression, and Self-Esteem in Secondary School Children. *BMJ,* 317(7163), 924-925.
4. Hadden, B., Agnew, C., & Tan, K. (2018). Commitment Readiness and Relationship Formation. *Personality and Social Psychology Bulletin,* 44(8), 1242-1257.
5. Arkes, H. R., & Blumer, C. (1985). The Psychology of Sunk Cost. *Organizational Behavior and Human Decision Processes,* 35(1), 124-140.
6. Keppler, N. (November 9, 2018). The Psychology of Commitment Phobia. *Vice*. vice.com/en/article/is-fear-of-commitment-real-what-to-do/.

第十一章

1. Fisher, H. E., Xu, X., Aron, A., & Brown, L. L. (2016). Intense, Passionate, Romantic Love: A Natural Addiction? How the Fields That Investigate Romance and Substance Abuse Can Inform Each Other. *Frontiers in Psychology,* 7, 687.
2. Zou, Z., Song, H., Zhang, Y., & Zhang, X. (2016). Romantic Love vs. Drug Addiction May Inspire a New Treatment for Addiction. *Frontiers in Psychology,* 7, 1436.
3. Fisher, H. E., Brown, L. L., Aron, A., Strong, G., & Mashek, D. (2010). Reward, Addiction, and Emotion Regulation Systems Associated with Rejection in Love. *Journal of Neurophysiology,* 104(1), 51-60.
4. Kross, E., Berman, M. G., Mischel, W., Smith, E. E., & Wager, T. D. (2011). Social Rejection Shares Somatosensory Representations with Physical Pain. *Proceedings of the National Academy of Sciences,* 108(15), 6270-6275.
5. DePaulo, B. (August 3, 2022). The Pain and Shock of Losing Custody of Friends After a Breakup. *Psychology Today*.

psychologytoday.com/au/blog/living-single/202208/the -pain-and-shock-losing-custody-friends-after-breakup.

6. Lewandowski, G. W., & Bizzoco, N. M. (2007). Addition Through Subtraction: Growth Following the Dissolution of a Low Quality Relationship. *Journal of Positive Psychology*, 2(1), 40-54; Divorce Takes 18 Months to Get Over. *The Telegraph* (October 30, 2009). telegraph.co.uk/news/uknews/6464020/Divorce-takes-18-months-to-get-over.html.

7. 伊莉莎白・庫伯勒—羅斯（Elisabeth Kübler-Ross），《論死亡與臨終：生死學大師的最後一堂人生課》（*On Death and Dying: What the Dying Have to Teach Doctors, Nurses, Clergy and Their Own Families*），遠流，二〇二三年九月二十七日。

8. Jabr, F. (February 20, 2024). Mind-Pops: Psychologists Begin to Study an Unusual Form of Proustian Memory. *Scientific American*. scientificamerican.com/article/mind-pops/.

9. Rosen, A. (May 30, 2024). How to Offer Support and Find Strength on a Trauma Anniversary. Johns Hopkins Bloomberg School of Public Health. publichealth.jhu.edu/2024/the-anniversary-effect-of-traumatic-experiences.

10. Dember, W. N., & Penwell, L. (1980). Happiness, Depression, and the Pollyanna Principle. *Bulletin of the Psychonomic Society,* 15(5), 321-323.

11. McDonald, M. (2023). *Unbroken: The Trauma Response Is Never Wrong*. Sounds True.

12. Christensen, J. P. (2018). Human Cognition and Narrative Closure. In *The Routledge Handbook of Classics and Cognitive Theory* (pp. 139-155). Routledge.

13. Brumbaugh, C. C., & Fraley, R. C. (2014). Too Fast, Too Soon? An Empirical Investigation into Rebound Relationships. *Journal of Social and Personal Relationships,* 32(1), 99-118.

第十二章

1. Choi, K. W., Stein, M. B., Nishimi, K. M., Ge, T., Coleman, J. R. I., Chen, C.-Y., Ratanatharathorn, A., et al. (2020). An Exposure-Wide and Mendelian Randomization Approach to Identifying Modifiable Factors for the Prevention

of Depression. *American Journal of Psychiatry*, 177(10), 944-954; Abrams, Z. (June 1, 2023). The Science of Why Friendship Keeps Us Healthy. *Monitor on Psychology,* 54(4), 42. apa.org/monitor/2023/06/cover-story-science-friendship.

2. Holt-Lunstad, J., Smith, T. B., & Layton, J. B. (2010). Social Relationships and Mortality Risk: A Meta-Analytic Review. *PLoS Medicine,* 7(7), e1000316.
3. Bond, R. M., Fariss, C. J., Jones, J. J., Kramer, A. D., Marlow, C., Settle, J. E., & Fowler, J. H. (2012). A 61-Million-Person Experiment in Social Influence and Political Mobilization. *Nature,* 489(7415), 295-298.
4. Parkinson, C., Kleinbaum, A. M., & Wheatley, T. (2018). Similar Neural Responses Predict Friendship. *Nature Communications,* 9, 332.
5. Apostolou, M., & Keramari, D. (2020). What Prevents People from Making Friends: A Taxonomy of Reasons. *Personality and Individual Differences,* 163, 110043.
6. Cesur-Soysal, G., & Arı, E. (2022). How We Disenfranchise Grief for Self and Other: An Empirical Study. *OMEGA—Journal of Death and Dying,* 89(2), 530-549.
7. Dunbar, R. I. M. (1992). Neocortex Size as a Constraint on Group Size in Primates. *Journal of Human Evolution,* 22(6), 469-493.

第三篇

第十三章

1. Maslow, A. H. (1971). *The Farther Reaches of Human Nature*. Penguin.
2. Paulise, L. (August 3, 2023). 75% of Women Executives Experience Imposter Syndrome in the Workplace. *Forbes*. forbes.com/sites/lucianapaulise/2023/03/08/75-of-women-executives-experience-imposter-syndrome-in-the-workplace/.

3. Clance, P. R., & Imes, S. A. (1978). The Imposter Phenomenon in High Achieving Women: Dynamics and Therapeutic Intervention. *Psychotherapy: Theory, Research & Practice*, 15(3), 241-247.
4. Feather, N. T. (1989). Attitudes Towards the High Achiever: The Fall of the Tall Poppy. *Australian Journal of Psychology*, 41(3), 239-267.
5. Herman, J. L., Kolk, B. A., & Perry, J. C. (1991). Childhood Origins of Self-Destructive Behavior. *American Journal of Psychiatry*, 148(12), 1665-1671.
6. The Concept of the Death Drive: A Clinical Perspective. *International Journal of Psychoanalysis*, 90(5), 1009-1023.

第十四章

1. James, S., Mallman, M., & Midford, S. (2019). University Students, Career Uncertainty, and the Culture of Authenticity. *Journal of Youth Studies*, 24(4), 466-480.
2. 埃克特・賈西亞（Héctor García）、法蘭塞斯克・米拉萊斯（Francesc Miralles），《富足樂齡：IKIGAI，日本生活美學的長壽祕訣》（*Ikigai: The Japanese Secret to a Long and Happy Life*），文經社，二〇二〇年四月三十日。
3. Buettner, D., & Skemp, S. (2016). Blue Zones. *American Journal of Lifestyle Medicine*, 10(5), 318-321.
4. Simon, H. A. (1956). Rational Choice and the Structure of the Environment. *Psychological Review*, 63(2), 129-138.
5. Lufkin, B. (March 30, 2021). Do "Maximisers" or "Satisficers" Make Better Decisions? *BBC News*. bbc.com/worklife/article/20210329 -do-maximisers-or-satisficers-make-better-decisions.
6. Zhenjing, G., Chupradit, S., Ku, K. Y., Nassani, A. A., & Haffar, M. (2022). Impact of Employees' Workplace Environment on Employees' Performance: A Multi-Mediation Model. *Frontiers in Public Health*, 10, 890400.

第十五章

1. Abramson, A. (2020). Burnout and Stress Are Everywhere. *Monitor on Psychology*, 53(1), 72. apa.org/monitor/2022/01/

special-burnout-stress.
2. Smith, M. (March 14, 2023). Burnout Is on the Rise Worldwide—and Gen Z, Young Millennials and Women Are the Most Stressed. CNBC. cnbc.com/2023/03/14/burnout-is-on-the-rise-gen-z-millennials-and-women-are-the-most-stressed.html.
3. Burn-Out an "Occupational Phenomenon": International Classification of Diseases. World Health Organization (May 28, 2019). who.int/news /item/28 -05-2019-burn-out-an-occupational-phenomenon-international-classification-of-diseases.
4. 喬納森・馬萊西克（Jonathan Malesic），《終結職業倦怠：工作為何將人榨乾，又該如何建造更優質的生活？》（*The End of Burnout: Why Work Drains Us and How to Build Better Lives*），游擊文化，二〇二四年四月二日。
5. Freudenberger, H. J. (1974). Staff Burn-Out. *Journal of Social Issues*, 30(1), 159-165.
6. Smits, J. C. (November 1, 2011). Field Guide to the Overachiever. Psychology Today. psychologytoday.com/au / articles/201111/field-guide-the-overachiever.

第十六章

1. Ryu, S., & Fan, L. (2022). The Relationship Between Financial Worries and Psychological Distress Among U.S. Adults. *Journal of Family and Economic Issues*, 44(1), 16-33.
2. Shapiro, G. K., & Burchell, B. J. (2012). Measuring Financial Anxiety. *Journal of Neuroscience, Psychology, and Economics*, 5(2), 92-103.
3. Bachelor, L. (February 2, 2003). Feel the Fear and Face the Finance. *The Guardian*. theguardian.com/money/2003/feb/02/observercashsection.theobserver.
4. Elsesser, K. (October 4, 2022). Women's Financial Health Hits Five-Year Low, According to New Survey. *Forbes*. forbes.com/sites/kimelsesser/2022/10/04/heres-why-women-are-worrying-about-money-more-than-men-according-to-new-survey/.

5. Klontz, B., Britt, S. L., Mentzer, J., & Klontz, T. (2011). Money Beliefs and Financial Behaviors: Development of the Klontz Money Script Inventory. *Journal of Financial Therapy*, 2(1), 1-18.
6. Griskevicius, V., Ackerman, J. M., Cantú, S. M., Delton, A. W., Robertson, T. E., Simpson, J. A., Thompson, M. E., et al. (2013). When the Economy Falters, Do People Spend or Save? Responses to Resource Scarcity Depend on Childhood Environments. *Psychological Science*, 24(2), 197-205.
7. 查爾斯・杜希格（Charles Duhigg），《為什麼我們這樣生活，那樣工作？》（*The Power of Habit: Why We Do What We Do in Life and Business*），大塊文化，二〇一二年十月一日。
8. Rodrigues, R. I., Lopes, P., & Varela, M. (2021). Factors Affecting Impulse Buying Behavior of Consumers. *Frontiers in Psychology*, 12, 697080.
9. Sediyama, C. Y. N., de Castro Martins, C., Teodoro, M. L. M. (2020). Association of Loss Aversion, Personality Traits, Depressive, Anxious, and Suicidal Symptoms: Systematic Review. *Clinical Neuropsychiatry*, 17(5), 286-294.

第四篇

第十七章

1. Larkin, P. (2001). *Collected Poems*. Faber and Faber.
2. Likhar, A., Baghel, P., & Patil, M. (2022). Early Childhood Development and Social Determinants. *Cureus*, 14(9), e29500.
3. Zwir, I., Arnedo, J., Del-Val, C., Pulkki-Råback, L., Konte, B., Yang, S. S., Romero-Zaliz, R., et al. (2018). Uncovering the Complex Genetics of Human Character. *Molecular Psychiatry*, 25(10), 2295-2312.
4. Soldz, S., & Vaillant, G. E. (1999). The Big Five Personality Traits and the Life Course: A 45-Year Longitudinal Study. *Journal of Research in Personality*, 33(2), 208-232.

5. Bandura, A., Ross, D., & Ross, S. A. (1961). Transmission of Aggression Through Imitation of Aggressive Models. *Journal of Abnormal and Social Psychology*, 63(3), 575-582.
6. Lyons, L. (April 3, 2005). Teens Stay True to Parents' Political Perspectives. Gallup. news.gallup.com/poll/14515/teens-stay-true-parents-political-perspectives.aspx.
7. Jones, C. C., & Young, S. L. (2021). The Mother-Daughter Body Image Connection: The Perceived Role of Mothers' Thoughts, Words, and Actions. *Journal of Family Communication*, 21(2), 118-126.
8. Ibrahim, P., Almeida, D., Nagy, C., & Turecki, G. (2021). Molecular Impacts of Childhood Abuse on the Human Brain. *Neurobiology of Stress*, 15, 100343.
9. Lutz, P. E., Tanti, A., Gasecka, A., Barnett-Burns, S., Kim, J. J., Zhou, Y., Chen, G. G., et al. (2017). Association of a History of Child Abuse with Impaired Myelination in the Anterior Cingulate Cortex: Convergent Epigenetic, Transcriptional, and Morphological Evidence. *American Journal of Psychiatry*, 174(12), 1185-1194.
10. Scott, J., & Matthews, B. (2023). The Australian Child Maltreatment Study. *Medical Journal of Australia*, 218(6), 3-56.
11. Hunt, E. (December 6, 2023). I'm an Adult. Why Do I Regress Under My Parents' Roof? The Guardian. theguardian.com/wellness/2023 /dec/06 /adult-millennials-gen-z-regression-to-childhood.

第十八章

1. Davis, S. (July 13, 2020). The Wounded Inner Child. CPTSD Foundation. cptsdfoundation.org/2020/07/13/the-wounded-inner-child/.
2. Sjöblom, M., Öhrling, K., Prellwitz, M., & Kostenius, C. (2016). Health Throughout the Lifespan: The Phenomenon of the Inner Child Reflected in Events During Childhood Experienced by Older Persons. *International Journal of Qualitative Studies on Health and Well-Being*, 11(1), 31486.
3. Marici, M., Clipa, O., Runcan, R., & Pîrghie, L. (2023). Is Rejection, Parental Abandonment or Neglect a Trigger for

Higher Perceived Shame and Guilt in Adolescents? *Healthcare*, 11(12), 1724.
4. Freyd, J. J. (1996). *Betrayal Trauma: The Logic of Forgetting Childhood Abuse*. Harvard University Press.
5. Over, H. (2016). The Origins of Belonging: Social Motivation in Infants and Young Children. *Philosophical Transactions of the Royal Society B: Biological Sciences*, 371(1686), 20150072.
6. 羅伯特・傑克曼（Robert Jackman），《看不見的傷，最傷：透過HEAL療法，擁抱內在小孩，停止制約反應，建立健康人際界線》（*Healing Your Lost Inner Child: How to Stop Impulsive Reactions, Set Healthy Boundaries and Embrace an Authentic Life*），商周出版，二〇二三年八月十二日。
7. Bukar, A., Abdullah, A., Opara, J. A., Abdulkadir, M., & Hassan, A. (May 2019). Catharsis as a Therapy: An Overview on Health and Human Development. *Journal of Physical Health and Sports Medicine*, 31-35.
8. Mastandrea, S., Fagioli, S., & Biasi, V. (2019). Art and Psychological Well-Being: Linking the Brain to the Aesthetic Emotion. *Frontiers in Psychology*, 10, 739.
9. Ho, W. W. (2022). Influence of Play on Positive Psychological Development in Emerging Adulthood: A Serial Mediation Model. *Frontiers in Psychology*, 13, 1057557.

第十九章

1. Weiland, S. (1993). Erik Erikson: Ages, Stages, and Stories. *American Society on Aging*, 17(2), 17-22.
2. Spear, L. P. (2013). Adolescent Neurodevelopment. *Journal of Adolescent Health*, 52(2), S7-S13.
3. Kundakovic, M., & Rocks, D. (2022). Sex Hormone Fluctuation and Increased Female Risk for Depression and Anxiety Disorders: From Clinical Evidence to Molecular Mechanisms. *Frontiers in Neuroendocrinology*, 66, 101010.
4. Smith, C. V., & Shaffer, M. J. (2013). Gone but Not Forgotten: Virginity Loss and Current Sexual Satisfaction. *Journal of Sex & Marital Therapy*, 39(2), 96-111.
5. Dariotis, J. K., Chen, F. R., Park, Y. R., Nowak, M. K., French, K. M., & Codamon, A. M. (2023). Parentification

Vulnerability, Reactivity, Resilience, and Thriving: A Mixed Methods Systematic Literature Review. *International Journal of Environmental Research and Public Health*, 20(13), 6197.

6. Stuewig, J., Tangney, J. P., Heigel, C., Harty, L., & McCloskey, L. (2010). Shaming, Blaming, and Maiming: Functional Links Among the Moral Emotions, Externalization of Blame, and Aggression. *Journal of Research in Personality*, 44(1), 91-102.
7. Barusch, A. S. (2023). Angry Bodies. In *Aging Angry: Making Peace with Rage* (pp. 35-43). Oxford University Press.
8. Chalfant, M. (2024). The Adult Chair Model. theadultchair.com/adult-chair-model/.

第二十章

1. Cacioppo, J. T., Cacioppo, S., & Boomsma, D. I. (2013). Evolutionary Mechanisms for Loneliness. *Cognition and Emotion*, 28(1), 3-21.
2. Lawton, G. (August 19, 2017). Loneliness Is Not Just for Older People. I've Found It Crushing in My 20s. *The Guardian*. theguardian.com/lifeandstyle/2017/aug/19/loneliness-is-not-just-for-older-people-ive-found-it-crushing-in-my-20s.
3. Ballard, J. (June 25, 2021). Are Your Twenties Really the Best Years of Your Life? What Americans Think. YouGov. today.yougov.com/society/articles/36637-best-years-of-your-life-decades-age-poll; Stauffer, R. (June 12, 2021). The One-Size-Fits-All Narrative of Your 20s Needs to Change. *The Atlantic.* theatlantic.com/ideas/archive/2021/06/your-20s-dont-have-to-be-the-best-time-of-your-life/619187/.
4. Weinstein, N., Vuorre, M., Adams, M., &Nguyen, T. (2023). Balance Between Solitude and Socializing: Everyday Solitude Time Both Benefits and Harms Well-Being. *Scientific Reports*, 13, 21160.
5. 268 One way of seeing loneliness: Danvers, A. F., Efinger, L. D., Mehl, M. R., Helm, P. J., Raison, C. L., Polsinelli, A. J., Moseley, S. A., et al. (2023). Loneliness and Time Alone in Everyday Life: A Descriptive-Exploratory Study of Subjective and Objective Social Isolation. *Journal of Research in Personality*, 107, 104426.

第二十一章

1. Levine, J., Cole, D. P., Chengappa, K. N., & Gershon, S. (2001). Anxiety Disorders and Major Depression, Together or Apart. *Depression and Anxiety*, 14(2), 94-104.
2. World Health Organization (June 8, 2022). Mental Disorders. who.int/news-room/fact-sheets/detail/mental-disorders.
3. Rossa-Roccor, V., Schmid, P., & Steinert, T. (2020). Victimization of People with Severe Mental Illness Outside and Within the Mental Health Care System: Results on Prevalence and Risk Factors from a Multicenter Study. *Frontiers in Psychiatry*, 11, 563860.
4. ndreasen, N. C. (2008). The Relationship Between Creativity and Mood Disorders. *Dialogues in Clinical Neuroscience*, 10(2), 251-255.
5. Thomas, M. L., Kaufmann, C. N., Palmer, B. W., Depp, C. A., Martin, A. S., Glorioso, D. K., Thompson, W. K., et al. (2016). Paradoxical Trend for Improvement in Mental Health with Aging. *Journal of Clinical Psychiatry*, 77(8), e1019-e1025.

商周其他系列　BO0362

正在成為大人的我們，就算迷惘也沒關係
關於成長路上的每一個難題，心理學給你的21個解答

國家圖書館出版品預行編目（CIP）資料

正在成為大人的我們，就算迷惘也沒關係：關於成長路上的每一個難題，心理學給你的21個解答／潔瑪．史貝格（Jemma Sbeg）著；林易萱、謝汝萱譯. -- 初版. -- 臺北市：商周出版：英屬蓋曼群島商家庭傳媒股份有限公司城邦分公司發行, 2025.08
面；　公分. --（商周其他系列；BO0362）
譯自：Person in Progress : A Road Map to the Psychology of Your 20s
ISBN 978-626-390-597-9（平裝）
1.CST: 青年　2.CST: 青少年心理　3.CST: 生活指導
173.2　114008233

線上版讀者回函卡

原文書名／Person in Progress: A Road Map to the Psychology of Your 20s
作　　者／潔瑪．史貝格（Jemma Sbeg）
譯　　者／林易萱、謝汝萱
企劃選書／鄭宇涵
責任編輯／鄭宇涵
版　　權／吳亭儀、江欣瑜、顏慧儀、游晨瑋
行銷業務／周佑潔、林秀津、林詩富、吳藝佳、吳淑華

總 編 輯／陳美靜
總 經 理／賈俊國
事業群總經理／黃淑貞
發 行 人／何飛鵬
法律顧問／元禾法律事務所　王子文律師
出　　版／商周出版
115台北市南港區昆陽街16號4樓
電話：(02)2500-7008　傳真：(02)2500-7579
E-mail：bwp.service@cite.com.tw
發　　行／英屬蓋曼群島商家庭傳媒股份有限公司　城邦分公司
115台北市南港區昆陽街16號8樓
電話：(02)2500-0888　傳真：(02)2500-1938
讀者服務專線：0800-020-299　24小時傳真服務：(02)2517-0999
讀者服務信箱：service@readingclub.com.tw
劃撥帳號：19833503
戶名：英屬蓋曼群島商家庭傳媒股份有限公司城邦分公司
香港發行所／城邦（香港）出版集團有限公司
香港九龍土瓜灣土瓜灣道86號順聯工業大廈6樓A室
電話：(852)2508-6231　傳真：(852)2578-9337
E-mail：hkcite@biznetvigator.com
馬新發行所／城邦（馬新）出版集團 Cite (M) Sdn Bhd
41, Jalan Radin Anum, Bandar Baru Sri Petaling, 57000 Kuala Lumpur, Malaysia.
電話：(603)9056-3833　傳真：(603)9057-6622
E-mail：services@cite.my

封面設計／張巖　內文設計排版／李秀菊　印　　刷／鴻霖印刷傳媒股份有限公司
經 銷 商／聯合發行股份有限公司　電話：(02)2917-8022　傳真：(02) 2911-0053
地址：新北市231新店區寶橋路235巷6弄6號2樓
ISBN／978-626-390-597-9（紙本）978-626-390-596-2（EPUB）
定價／480元（紙本）340元（EPUB）

2025年8月初版

城邦讀書花園
www.cite.com.tw